Christian Kuster

MÄNNER
WERKBUCH
BIBEL

D1678185

Christian Kuster

# MÄNNER
# WERKBUCH
# BIBEL

Bibelarbeiten, Gottesdienste, Rituale
in Gruppe und Gemeinde

 bibelwerk

© 2018 Verlag Katholisches Bibelwerk GmbH, Stuttgart
Alle Rechte vorbehalten

Für die Texte der Einheitsübersetzung der Heiligen Schrift
vollständig durchgesehene und überarbeitete Ausgabe
© 2016 Katholische Bibelanstalt, Stuttgart
Alle Rechte vorbehalten

Umschlaggestaltung: Finken & Bumiller
Umschlagmotiv: Foto links: © shutterstock.com, rdonar;
                 Foto rechts: © shutterstock.com, Riccardo Piccinini
Satz: SatzWeise GmbH, Trier
Druck und Bindung:  CPI books GmbH, Leck, Germany


www.bibelwerk.de
ISBN 978-3-460-25267-7
Auch als E-Book erhältlich unter
ISBN 978-3-460-51052-4

# Inhaltsverzeichnis

# Männerarbeit – brauchen wir das wirklich?

Viele Männer fühlen sich in der Kirche nicht beheimatet. Die Liturgie ist ihnen zu weich, sie vermissen gesunde, klare, aussagekräftige Formen und Worte. Außerdem sind etliche Männer immer noch einsame Einzelgänger. Frauen sind uns in dieser Hinsicht weit voraus. Die Frauenseelsorgeangebote boomen seit Jahren. Frauen vernetzen sich geschickter, stehen nicht alleine da und sorgen spirituell und menschlich für sich. Meine Frau war es auch, die mich vor zwanzig Jahren auf ein Männer-Seminar nach Regello (ca. 50 km südöstlich von Florenz) ins Waldenserhaus „Casa Cares" geschickt hat. Der (deutschstämmige) amerikanische Franziskanerpater Richard Rohr hat uns Männer aus Deutschland, Österreich und Italien eine gute Woche lang durch diese Tage begleitet.

Seither lässt mich das Thema „Männer" nicht mehr los. Ich habe schlussendlich eine Männerrunde in meinem Heimatdorf gegründet, die heute noch Bestand hat, viele Seminare in Bayern, Kärnten (Bildungshaus Tainach) und Südtirol, einige Rosenheimer-Männertage und Gottesdienste speziell für Männer abgehalten und eine Vielzahl von Büchern zu diesem Thema verfasst.

Mein Entschluss steht fest: Wir brauchen Männerarbeit dringend. Männer haben es redlich verdient, literarisch und pastoral beachtet, gewürdigt und herausgefordert zu werden. Auch wenn Männer nicht so gerne Männerbücher lesen – oftmals übernehmen auch dies die Frauen – tut es ihnen jedenfalls gut, sich in zweckfreien kirchlichen Nischen, ohne Konkurrenzgedanken und fernab vom üblichen Leistungsdruck zu begegnen.

Dieses Werkbuch ist sozusagen eine Zusammenfassung zwölfjähriger, ehren- bzw. nebenamtlicher Männerarbeit und ein Ausblick zugleich. Mit ihm sollen Männer unterschiedlicher Lebensstationen angeregt werden, sich mit dem christlichen Glauben, mit der Bibel und mit ihren wesentlichen Lebensfragen auseinanderzusetzen. „Ein Christ ist kein Christ", hat schon der Theologe Tertullian (150–220) aus Karthago (Tunesien) geschrieben. Umso mehr gilt es für viele Männer, die meinen, alleine die Besten sein zu müssen und irgendwann zwangsläufig daran scheitern.

Das Buch ist in zwei Teile gegliedert:

1. Am Beginn steht die Bibelarbeit, wie sie sich in Männerrunden oder Einkehrtagen bzw. Männerseminaren bewährt hat. Die Bibel bildet die Basis für das männerpastorale Schaffen. Rituale in Gruppe und Gemeinde ergänzen meist gegen Ende der Kapitel den ersten Teil. Sie sagen mehr als Worte und können in dementsprechendem Ambiente den Mann innerlich bewegen und dazu anregen, mit sich in Berührung zu kommen. Zumeist sind sie sehr einfach gehalten und können ohne größeren Aufwand mit ein bisschen Mut und Fantasie umgesetzt werden.

2.  Nun folgen Gottesdienste in unterschiedlicher Form, so z.B. im Freien, als Eucharistiefeier, beim Lagerfeuer, als Andacht nach einem Einkehrtag oder auch als Fackelwanderung. Sie bilden einen feierlichen Ausdruck unseres Glaubens, der letztlich immer nur das eine möchte – dass wir leben und dass unser Leben durch das Jahr hindurch gelingt.

Das Männerwerkbuch lässt sich wie ein Buch lesen, um Impulse für das persönliche Männerleben zu gewinnen, es kann aber auch nach Bausteinen gemäß genützt und so für den persönlichen und pastoralen Bedarf zusammengesetzt und verwendet werden. Es gibt bei der Anwendung kein „richtig" oder „falsch". Manche Übungen sind den kooperativen Lernformen, wie sie z.B. auch in der Schule oder in der Wirtschaft als wirksame Interaktionsmodelle und Lernarrangements angewandt werden, entnommen. Sie sind dementsprechend auf die Männer hin angepasst. Es ist allerdings wichtig, dass die Gruppen- oder Gottesdienstleiter darauf achten, dass die Angebote zu ihnen passen, dass sie für die Gruppe stimmig sind, dann kommen sie auch bestimmt gut an.

Ich wünsche mir, dass viele Männer durch das Werkbuch in ihrem Leben und in ihrem Glauben bestärkt werden, dass sie sich zusammenschließen und gemeinsam in den kleinen und großen Herausforderungen ihres Alltags bestehen. Denn was auch immer in einem Männerleben geschehen sein mag und egal, in welcher Lebensphase wir Männer uns befinden mögen: Wir haben noch sehr viel vor uns!

Christian Kuster                                    Großkarolinenfeld, im August 2018

# Allgemeine Tipps zur Männerarbeit

## Sieben Punkte der Gesprächsführung

1.  Bei allem was wir hier erleben, geht es vordergründig darum eine neue Perspektive für eigene Erfahrungen zu finden und diese im Lichte der persönlichen Entwicklung in und mit der Männergemeinschaft zu deuten.

2.  Wir agieren jenseits von moralischem „gut und böse", „richtig oder falsch", unser Sprechen ist rein erfahrungsorientiert und frei von kritisch-urteilender Bewertung. Wir sprechen vorrangig über uns und nicht über andere.

3.  Was hier an Persönlichem zur Sprache kommt, bewahren wir klug und bedächtig im Herzen, wir verlassen uns darauf, dass es den Raum nicht verlässt (vor allem nicht namentlich).

4.  Wir manipulieren niemanden. Wir geben Impulse zu einem gelingenden, versöhnten Leben als Mann und regen zum Nachdenken und Nachhandeln an.

5.  Damit es uns leichter fällt, bei uns selbst und im Hier und Jetzt zu bleiben, verzichten wir auf Verallgemeinerungen wie „man, alle, keiner, niemand, immer, nie" und leben ohne „soll, möchte, muss ..." Wir bewegen uns in der Wirklichkeit des Augenblicks und sprechen in der Ich-Form.

6.  Jeder Mann sagt, was er will und schweigt, wann er will. Die Männer-Begegnung steht in seiner vollen Verantwortung.

7.  Die Männer verlassen sich darauf, dass sie so kommen dürfen, wie sie sind: ohne Vorleistung, ohne Erwartungen, ohne Gruppenzwang. Freiwilligkeit und Zweckfreiheit ist ein hohes Gut, denn Abzuleisten haben die Männer in der Regel mehr als genug.

## Was spricht für die Männerrunde?

- Männer sind oft innerlich verschlossen, es tut ihnen gut, sich im vertrauten Kreis auszutauschen
- es gibt nichts, was in der Männerrunde nicht zum Thema gemacht werden könnte: egal ob die Paar-Beziehung, die Arbeit, der Glaube, das Älterwerden, die Kindererziehung, die Krankheit, die Einsamkeit, das Hausbauen, ein anstehender Umzug, die Sucht ... alles hat Platz in den Männerrunden und kann gut vorbereitet und vom Leiter oder von den Impulsgebern wohl bedacht bearbeitet und thematisiert werden
- Männer sind oft zwar sehr aktiv, tun aber wenig für sich, ihre Herzensbildung, ihre spirituelle Entwicklung, hier können sie aneinander reifen
- Männerfreundschaften stabilisieren Männer, sie festigen ihre Beziehungen und Arbeitsplätze
- viele Männer sind einsame „Helden", sie brauchen ein heilsames, männliches Korrektiv
- Männerrunden kräftigen Männer für ihre vielen Aufgaben
- der Austausch hilft manchen aus ihrer Vereinzelung und gefühlten Isolation
- Männer genießen absichtslose Räume, wo sie endlich ungeniert so sein dürfen, wie sie eben sind ohne etwas leisten und vorgeben zu müssen
- Männerrunden wecken versteckte Kräfte in den Männern, es bleibt selten „nur" beim Sitzen und Reden, mancher entdeckt für sich durch die vielen Begegnungen eigene Talente, Fähigkeiten, Neigungen, die er gerne an die Welt verschenkt (actio et contemplatio)
- Männerrunden haben therapeutische Wirkung auf Männer: so werden z. B. sehr oft alte Vater-Wunden liebevoll angeschaut, vieles im Leben der Männer wird durch die Männerrunden vervollständigt, heiler und runder, davon profitieren vor allem auch die Partnerinnen/Ehefrauen und Kinder der Männer
- ein Mann aus unserer Runde schreibt: „Nach meiner Familie, meinen engsten Freunden und meinen guten Nachbarn, hat die Männerrunde inzwischen die größte Bedeutung für mich erlangt. Der Glaube an Gott ist ein zentrales Element meines Denkens. Auch wenn ich am Kern der christlichen Botschaft nicht den geringsten Zweifel habe, stellen sich im Zusammenhang mit den Abläufen in dieser Welt viele Fragen. Darüber in einer so angenehmen Runde mit kompetenter Leitung sprechen zu können, ist für mich eine große Bereicherung."
- und ein anderer bekennt: „Bin noch nicht der fleißigste Männerrunden-Geher, aber in letzter Zeit schaff ich es immer öfter, mir den Donnerstagabend frei zu halten ... Umso mehr schätze ich an der Männerrunde, dass ich selbst als Teilnehmer einfach auftauchen kann und jemand etwas für mich vorbereitet hat ... Wir Christen ermutigen und begleiten uns gegenseitig auf dem Weg zu immer größerer innerer und äußerlicher Freiheit, wir treten gemeinsam an gegen ein-

engende Erfahrungen und Erlebnisse und vertrauen darauf, dass Gott sich in unserem Wachstum selbst verwirklichen will."

- Männer lernen mit ihren Unvollkommenheiten gut zu leben, wenn sie sehen, dass andere fernab von seichten Diskussionen über Erfolg, Fußball, Frauen und Politik auch ihre größeren Herausforderungen im Leben (Arbeit, Beziehung, Krankheit ...) ausdrücklich Platz haben

## Struktur der Männerrundenbegegnungen

Einfache Strukturen bei den Treffen machen Sinn und geben den Männern Halt, schaffen Vertrauen und Sicherheit, geben der Begegnung eine heilsame Ordnung:

### ■ Vorbereitung:

- genaue Zeit- und Ortsangaben im Vorfeld, eine gute, treffende Ausschreibung (evtl. eigene Männerhomepage, kostenlos z. B. auf: hpage.de) oder ein ansprechendes Bild (z. B.: kostenlos auf www.pixelio.de oder pixabay.de) sind die halbe Miete, da wissen die Männer in etwa, was sie erwartet und können sich gut darauf einstellen
- der Leiter ist schon ca. eine Stunde früher zur persönlichen Aussprache zugegen, zur Vorbereitung des Raumes (Einheizen im Winter, Kerzen, Duftöl, kleiner Snack ...), zur Begrüßung der Männer, das schafft Atmosphäre und Ruhe und heißt die Ankommenden ausdrücklich willkommen
- Sitzkreis
- das Bodenbild besteht aus: großem Tuch, Blumen, Männerkreis aus Ton mit Kerze, Bibel, evtl. passendes Symbol und Klangschale. Das sorgt für ein stimmiges, passendes Ambiente, die Regelmäßigkeit gibt den Männern Halt und Orientierung, sie bietet Verlässlichkeit

### ■ Ablauf der Begegnung:

- kurzer Gong als Einstieg von der Klangschale (kurzer Austausch wo ich gerade stehe, was mich gerade bewegt ... mit dem Sprechklöppel ist möglich)
- Begrüßung, Kreuzzeichen, Lied und Perikope
- kurzer Impuls (max. 7 Minuten, es soll ja kein Vortrag werden) des Leiters, evtl. auch mit passendem Symbol (Stein, Holz, Kette ...): Impulse bieten sich aus Männerbüchern, aus der Bibel und besonders auch aus eigenen Erfahrungen an ...

- gemeinsam erfahrene Stille (darf auch mal 10 Minuten dauern) ist ausdrücklich erwünscht und stiftet Beziehung
- offenes Gespräch (keine Diskussion, keine Anklagen, keine Phrasen, klare Ich-Botschaften, keine Belehrungen)
- einfaches Ritual (im Kreis-Stehen, Hände auf die Schultern und Vaterunser beten, Segensgebet, Kreuzzeichen …)
- mit einem Lied, Hinweis auf künftige Veranstaltungen oder Literatur/Kopie des Impulses, mit einem ausdrücklichen Dank fürs Kommen, für das Vertrauen der Männer, für die Bereitstellung des Raumes … lässt sich die Runde beschließen
- Gongschlag am Schluss der Runde, ein akustisches Signal für das (vorläufige) Ende des Treffens
- möglich ist es, ein Körbchen für den Leiter hinzustellen oder auch Kursgebühren zu erheben, das hängt davon ab, ob das Ganze (neben-)beruflich oder ehrenamtlich veranstaltet ist, auf jeden Fall darf man den Männern etwas Adäquates abverlangen, sie bekommen ja auch sehr viel … Im Idealfall entstehen echte und tiefe Freundschaften, die über Jahre halten
- gemütlicher Ausklang beim Wirt, einer Privatperson oder am Veranstaltungsort

## Tipps zur Gründung und Leitung von Männerrunden

- In dir muss brennen, was du in anderen entzünden willst. (Augustinus von Hippo)

- Welche Motivation habe ich, eine Männerrunde zu gründen?

- Die zündende Idee ist der Anfang, das Durchhaltevermögen ist seine Vollendung …

- Die Leitung von Männerrunden ist keine Frage des Könnens oder Wollens, sondern vor allem eine Frage des Unvermögens (vgl. Ex 4, 10 ff.: Mose wehrt sich gegen die Sendung nach Ägypten; Jer 1, 6: Jeremia fühlt sich zu jung, um das Wort des Herrn zu verkünden; Jona 1, 3: Jona flieht vor dem Wort des Herrn nach Tarschisch)

- Es braucht nicht viel, eher weniger und vor allem noch mehr Geduld …

- Männer wollen gebraucht und persönlich angesprochen werden …

- Männer wollen auch etwas tun, machen (kreativ schreiben, malen, werken, gestalten, Stellungsspiele ...), sie wollen auch gelegentlich öffentlich (z. B. im Sonntagsgottesdienst Fürbitten lesen) auftreten und sich zeigen

- Das Umfeld der Männertreffen muss stimmen (entweder ein privater Raum oder vielleicht noch besser ein – nicht allzu – kirchlicher)

- Es hat seinen besonderen Reiz, wenn Männer aus unterschiedlichen Altersgruppen zusammenkommen

- Spiritualität erweist sich im Tun, Männer wollen sich auch bewegen – Radfahren, sie wollen Ausflüge, Bergsteigen, Grillen (evtl. mit Frauen und Kindern), Lagerfeuer, Sonnwendfeiern ...

- Wahrscheinlich ist der Einfluss des Männerrundenleiters (oder mehrerer Leiter) größer als man denkt, er darf aber bitte auch ausdrücklich schwach und fehlerhaft sein ..., das macht ihn nicht nur glaubwürdig, sondern auch greifbar menschlich, auch das stiftet Nähe

# A.
# Bibelarbeiten
# mit
# einfachen Ritualen

# Beispiele für gelungene Männerabende

Wenn die Idee zum Männertreffen geboren ist, braucht es mindestens einen zweiten Mann, um sie auch effektiv umzusetzen. Wir haben im Jahre 2006 die ersten zwei bis drei Treffen zu zweit abgehalten, bis sich uns dann nach und nach immer mehr Männer anschlossen. Heute sind wird regelmäßig ca. sieben Männer, manchmal auch deutlich mehr, aber insgesamt ist das eine gute Zahl, um in fruchtbare Gespräche zu kommen und die Abende bewusst und erbaulich zu erleben.

Die Vorbereitungsthemen zu den Männertreffen können von einem, aber auch von mehreren gewählt werden. Am Stimmigsten für die Vorbereitung ist mit Sicherheit ein Thema, das den/die Verantwortlichen spontan anspricht. Das kann eine Zeile aus einem guten Buch sein oder auch ein Bild aus der Welt der Bilderdateien; es kann ein politisch aktuelles Thema (Väterteilzeit ...) sein, etwas aus dem Jahreskreis (Pfingsten, Advent ...) oder am besten ein persönliches Thema (biblische Männergestalten, männliche Archetypen, Älterwerden, Arbeitsleben, Misserfolge, Krankheiten, Suchtverhalten, Kindererziehung ...).

Es hat sich in unserer Runde bewährt, dass wir ausdrücklich dem Impuls eines Bibeltextes (meist ist dies das Evangelium vom folgenden Sonntag) folgen, den zumindest der Gruppenleiter gut vorbereitet durchdacht haben sollte. Die Bibel ist ein verlässlicher Impulsgeber, der nicht abstrakt neben dem Manne steht, sondern ihm zu mehr Lebensqualität zu führen vermag und in alle Lebenslagen hineinwirken kann. Dazu braucht es natürlich eine gute Aufbereitung des Themas und das erfordert vom Gruppenleiter ein gehöriges Maß an Zeit und konstruktiver, gut bedachter Auseinandersetzung.

Meist gilt: In der Kürze liegt die Würze. Weniger wollen ist oft mehr und weglassen ist großzügiger als horten und sammeln. Wer weglässt, hat Mut und Vertrauen in die Gruppe, denn auch und gerade in der Stille kann etwas wachsen.

Die folgenden Beispiele sind zumeist aus den Abendbegegnungen der Großkarolinenfelder Männerrunde entnommen. Sie bilden einen Anhaltspunkt, eine Möglichkeit zur Gestaltung einer Männerbegegnung. Wir treffen uns gewöhnlich am dritten Donnerstag im Monat. Es wird vor dem Treffen eine halbstündige, persönliche Aussprachemöglichkeit angeboten, die auch immer wieder gerne genutzt wird. Das offizielle Treffen dauert dann ca. eine gute Stunde mit einem offenen Ende beim nahegelegenen Wirt.

## Das Stellungsspiel

Oftmals wird ein Stellungsspiel (z. B.: Zwischen Alpha und Omega; ein Vater-Sohn-Stellungsspiel; Mutter-Sohn-Stellungsspiel, Königsspiel u. a.), das bei den Männern erfahrungsgemäß sehr gut ankommt, angeboten. Voraussetzung dafür ist ein gewachsener, vertrauter Kreis, in dessen geschützten Rahmen ein persönliches „Outing" ausdrücklich möglich und auch erwünscht ist.

Der Gruppenleiter (GL) führt die Männer – auch räumlich sichtbar – in Lebenssituationen, die von den Männern im Kreis wahrgenommen, freundlich interpretiert und gegebenenfalls höflich und respektvoll bestärkt und ergänzt werden.

Kluge, dezente Fragen und Anregungen sind dabei vom Gruppenleiter angebracht und ausdrücklich erwünscht, z. B.: Wie fühlt es sich für dich an, wenn du …? Was brauchst du jetzt? Sprich aus, was du dir von der Gruppe wünschst!

Das Ganze verliert insofern ein wenig an Intimität und Selbstentäußerung, als mehrere Männer an diesem Spiel beteiligt sind. Das nimmt den Männern die Scham, alleine vor der Gruppe „etwas sagen zu müssen".

Es sei ausdrücklich darauf hingewiesen, dass es sich dabei um keine psychotherapeutische Übung im Rahmen einer „Selbsthilfegruppe", wo „Männer im Pfarrhof weinen", wie mir einmal ein zynischer Mann gesagt hat, handelt. Es ist ein Spiel, eine Übung, die sehr bereichern kann und den Männern in der Regel sehr viel gibt.

Dass allerdings dort, wo Männer zusammenkommen und sich vertrauensvoll mitteilen, heilsame Männerenergie frei wird, steht außer Zweifel. Sie bereichert die jungen Männer, jene, die vor oder gar nicht in der Familiengründungsphase stehen, gleichermaßen wie die erfahrenen Urgroßväter, die bereits mit vier Urenkeln aufwarten können.

# Themen durch das Jahr

## Lebenswenden – Lebensweichen – Lebensübergänge (Dtn 30,15–16.19 f.)

- ■ **Material:** Gotteslob, Bibeln, Bodenbild

- ■ **Hinführung**

Dieser Baustein ist für Männer, die sich in Lebenswenden befinden, konzipiert. Er ist eher allgemein formuliert und müsste der entsprechenden Situation nach (Vaterschaft, frisch verheiratet, Diagnose Krebs, Arbeitsverlust, Krise der Lebensmitte, Eintritt in den Ruhestand …) noch der jeweiligen Phase umgeändert und den persönlichen Lebensumständen angepasst werden. Lebenswenden sind zwar einerseits bedrohlich, weil wir nicht wissen, was passiert, aber dem Wortlaut nach sind sie völlig neutral, d. h., dass sie für alles offen sind – in unserem Falle besonders für das Leben!

- ■ **Begrüßung und Lied:** Ausgang und Eingang, Anfang und Ende (Gotteslob 85)

- ■ **Perikope:** Dtn 30,15–16.19f

Siehe, hiermit lege ich dir heute das Leben und das Glück, den Tod und das Unglück vor, nämlich so: Ich selbst verpflichte dich heute, den Herrn, deinen Gott, zu lieben, auf seinen Wegen zu gehen und seine Gebote, Satzungen und Rechtsentscheide zu bewahren, du aber lebst und wirst zahlreich und der Herr, dein Gott, segnet dich in dem Land, in das du hineinziehst, um es in Besitz zu nehmen … Den Himmel und die Erde rufe ich heute als Zeugen gegen euch an. Leben und Tod lege ich dir vor, Segen und Fluch. Wähle also das Leben, damit du lebst, du und deine Nachkommen. Liebe den Herrn, deinen Gott, hör auf seine Stimme und halte dich an ihm fest; denn er ist dein Leben. Er ist die Länge deines Lebens, das du in dem Land verbringen darfst, von dem du weißt: Der Herr hat deinen Vätern Abraham, Isaak und Jakob geschworen, es ihnen zu geben.

- ■ **Predigtgedanken**

Das Leben besteht – auch entwicklungsbedingt – aus vielen Wenden, Aufbrüchen, Abbrüchen, Durchbrüchen und Neuanfängen. Wenn Jugendliche erwachsen werden, wenn der Führerschein geschafft ist, wenn die jungen Erwachsenen ihr Abi in der Tasche haben, wenn das Studium vorbei ist, wenn sie den Weg in die Ehe wagen, wenn sie die erste Arbeitsstelle annehmen, wenn die Partner sich voneinander trennen, wenn eine schwere Krankheit ganz unerwartet und urplötzlich hereinbricht, wenn der Ruhestand naht, wenn ein vertrauter Mensch stirbt … Immer haben wir es mit Lebensübergängen zu tun, sie prägen unser Leben, ob wir es wollen oder nicht. Es verläuft zumeist alles andere als glatt, weil wir Männer nicht alles im Griff haben, wir haben nicht die Kontrolle über unser Leben, das wird uns in späteren Lebensjahren, wenn die Kräfte allmählich nachlassen, immer klarer.

Das Buch Deuteronomium stellt den Menschen vor eine Entscheidung: Sie bringt Segen oder Fluch. Wer auf die Stimme Gottes hört und sich an ihm festhält, darf leben. Wer sich von ihm abwendet, wird verflucht. Die Verfasser dieses Buches – es hat eine längere Wachstumsgeschichte – legen dem Menschen Leben und Glück, Tod und Unglück vor. Der biblische Text verpflichtet den Gläubigen den Herrn zu lieben.

Diese Worte sind natürlich aus unserer Sicht schwarz-weiß gemalt und wollen erst einmal in unser Leben übersetzt werden, denn vieles in unserem Leben ist eben grau und nicht so klar unterscheidbar.

Was ich aus dem Text deutlich heraushöre, ist die Botschaft vom Gott des Lebens. Er möchte, dass wir leben, dass wir glücklich sind, dass wir ihn lieben. Aber wie geht das in schwierigen Lebensweichen, in Krisenzeiten, wo man die Kontrolle über das bisherige Leben verliert?

Jesaja drückt es so aus: „Ich sprach: In der Mitte meiner Tage muss ich hinab zu den Pforten der Unterwelt, ich bin gefangen für den Rest meiner Jahre. Ich sprach: Ich darf den HERRN nicht mehr schauen im Land der Lebenden, keinen Menschen mehr sehen bei den Bewohnern der Erde. Meine Hütte bricht man ab, man deckt sie über mir ab, wie das Zelt eines Hirten …" (Jes 38, 10 ff.). Jesaja beschreibt eine Wende, eine Krise, vielleicht ist es auch die Krise der Lebensmitte, wo nichts mehr ist, wie es vorher war und alles völlig neu geordnet werden will?

Vielleicht ist gerade jetzt der Glaube, das Vertrauen in einen guten Ausgang gefragt? Manchmal muss man(n) gerade an den Bruchstellen des Lebens einen Neuanfang mit Gott wagen. Der Mensch klammert sich nicht automatisch an Gott, auch Männer nicht, allen voran jene, die sich ein Leben lang vor Glaubensfragen gedrückt haben. Vielleicht ist jetzt die Zeit, ausdrücklich an Gott festzuhalten? Er ist die einzige bleibende und verlässliche Konstante unseres Lebens. Er ist die Länge unseres Lebens, das wir in dem Land unserer Verheißung verbringen dürfen.

■ **Austausch unter Brüdern**

■ **Lebensübergabe**

Gruppenleiter: Ich lade jetzt alle Männer ein, die sich im Umbruch befinden, nach vorne zu kommen, sich vor dem Kreuz niederzuknien und gemeinsam folgenden

Text zu sprechen. Wer möchte, kann sich einen Mann aussuchen, der ihm die Hand von der Seite auf die Schulter legt.

### ■ Lebensübergabegebet

Ich stehe vor einem Lebensübergang.
Ich weiß nicht, was auf mich zukommt.
Ich weiß nicht, wie es weitergehen wird.

Herr, erbarme dich.

Vor mir tut sich eine große Wende auf.
Ich bin mitten drin, ich habe Angst.
Zugleich lebt in mir die Hoffnung, dass alles gut enden wird.

Herr, erbarme dich.

Herr, lass mich nicht im Stich.
Führe du alles zu einem guten Ende.
Begleite mich jetzt und morgen und alle Tage.

Herr, erbarme dich.

Ich schenke dir mein Leben.
Ich vertraue darauf, dass du alles zum Guten wenden wirst.
Mein Leben liegt in deinen Händen.
Amen.

### ■ Vaterunser

### ■ Segensgebet

Gott, allmächtiger Vater,
unser Leben liegt in deinen Händen.
Du siehst, wie wir fehlen und leiden,
du siehst, wie wir hoffen und beten.
Hör auf unser Gebet und führe uns Männer
auf einem guten und heilsamen Weg
durch Christus, unseren Herrn.
Amen.

# Kohelet – ein tiefgründiger und schwermütiger Geselle (Koh 1,1–11)

▪ **Materialien:** Bodenbild, Wein, Brot, Gläser, Bibeln

▪ **Hinführung**

Kohelet hat es mir persönlich angetan. Vielleicht auch deshalb, weil ich selbst gerne über das Leben philosophiere, weil ich gerne Wein trinke und meine Frau sehr gerne habe? Kohelet regt zum Nachdenken an. Man muss nicht alles gutheißen, was er sagt, aber er sprüht vor Ideen, die durchaus bedenkenswert sind.

Die Männer begeben sich bei dieser Einheit auf die Spuren Kohelets. Sie bleiben im Gespräch und tauschen einander ihre persönlichen Erfahrungen und Deutungsmuster zu diesem biblischen Autor aus. Bei der Think-Pair-Share-Methode arbeitet zunächst ein Einzelner an den Fragen, dann tauscht er sich mit einem Partner aus und zum Schluss kommen alle wieder in die Runde zum großen Plenumsgespräch.

▪ **Begrüßung, Kreuzzeichen und Lied:** Hilf, Herr meines Lebens
(Gotteslob 440)

▪ **Perikope:** Koh 1,1–11

▪ **Predigtgedanken**

Kohelet (hebräisch: Versammler/Gemeindeleiter) ist ein biblischer, letztlich unbekannter Autor. Früher hat man das Buch König Salomo zugeschrieben. Kohelets Werk zählt zur Weisheitsliteratur des Alten Testaments und wurde lange nach König Salomo im 3. Jh. v. Chr. verfasst. Man könnte ihn einen hellenistisch beeinflussten „Existenzphilosophen" nennen. Durch seine vordergründig pessimistischen Aussagen wäre er auch den Nihilisten oder Pessimisten zuzuordnen. So schreibt er über die Ausgebeuteten, dass sie weinten und ungetröstet blieben.

Wörtlich heißt es: „Glücklicher aber als beide [Lebende und Tote] preise ich den, der noch nicht geworden ist, der noch nicht das schlimme Tun gesehen hat, das unter der Sonne getan wurde. Denn ich beobachtete: Jede Arbeit und jedes erfolgreiche Tun bedeutet Konkurrenzkampf zwischen den Menschen. Auch das ist Windhauch und Luftgespinst." (Koh 4,3 f.)

Und dann gibt er den Menschen seiner Zeit, also bereits vor knapp 2.300 Jahren, den Rat: „Besser eine Handvoll und Ruhe als beide Hände voll und Arbeit und Luftgespinst." (Koh 4,6). Die Weisheitsliteratur versorgt uns mit Impulsen für ein gelingendes Leben, so auch Kohelet. Viele Workaholiker, viele Männer, die sich nur über ihre Arbeit definieren, ihre Familien hintanstellen und schnurstracks auf das nächste Burnout zusteuern oder andere mit ihrer Gier unterdrücken und ausbeuten, könnten sich von diesem Satz eine Scheibe abschneiden.

Bekannt sind „die sieben maskulinen Imperative" von Herb Goldberg (*1937), sie stehen im Gegensatz zu Kohelets Rat und lauten:

1. je weniger Schlaf ich benötige,
2. je mehr Schmerzen ich ertragen kann,
3. je mehr Alkohol ich vertrage,
4. je weniger ich mich darum kümmere, was ich esse,
5. je weniger ich jemanden um Hilfe bitte und von jemandem abhängig bin,
6. je mehr ich meine Gefühle kontrolliere und unterdrücke,
7. je weniger ich auf meinen Körper achte,

desto männlicher bin ich.[1]

Und den Lebenden, jenen, die sich nicht übernehmen, die sich nicht im Hamsterrad der Konkurrenz, des Erfolges, der Gewinnsucht, drehen, spricht Kohelet zu: „Für jeden Lebenden gibt es noch Zuversicht. Denn: Ein lebender Hund ist besser als ein toter Löwe." (Koh 9,4)

Für mich bedeutet dieser Satz, dass die Welt nichts von einem Menschen hat, der sich total verausgabt, der mit wehenden Fahnen untergeht. Da ist es sprichwörtlich klüger, den Spatz in der Hand zu haben, als die Taube auf dem Dach. Wer kleine Brötchen bäckt, erreicht mehr im Leben, ist zufriedener und bescheidener. Sehr oft lernen Männer dies durch bittere Erfahrung, es kann ihnen aber auch auf Exerzitien oder in der geistlichen Begleitung nahegebracht werden. Das ist unsere Aufgabe als Seelsorger.

Kohelet ist ein Befürworter des Lebens vor dem Tode. Er vertritt einen klaren Diesseitsglauben und rät zur Freude und zum Genuss des Augenblicks, eben weil in dieser irdischen Existenz alles Windhauch, Dampf, Flüchtigkeit … (hebräisch הבל *häbäl*) ist.

Kohelet findet von Gott her gesehen alles schön, er schreibt: „Das vollkommene Glück besteht darin, dass jemand isst und trinkt und das Glück kennenlernt durch seinen eigenen Besitz, für den er sich unter der Sonne anstrengt während der wenigen Tage seines Lebens, die Gott ihm geschenkt hat." (Koh 5,17)

Kohelet ist ein schwermütiger und tiefgründiger Geselle. Mit Windhauch spricht er das Vergängliche, Eitle, Unsinnige und Erfolglose im Schaffen des Menschen an. Was bleibt, ist einzig die Lebensfreude vor Gott. Der Prediger, wie er in den evangelischen Bibelübersetzungen genannt wird, weiß, was richtig Spaß macht im Leben und dazu lädt er auch ausdrücklich ein.

Mit dem abschließenden Vers erinnert er an einen möglichen Ausspruch Luthers: „Wer nicht liebt Wein, Weib und Gesang bleibt ein Narr sein Leben lang." Und Kohelet bezeichnet es so: „Also: Iss freudig dein Brot und trink vergnügt deinen Wein; denn das, was du tust, hat Gott längst so festgelegt, wie es ihm gefiel. Trag jederzeit frische Kleider und nie fehle duftendes Öl auf deinem Haupt! Mit einer Frau, die du liebst, genieß das Leben alle Tage deines Lebens voll Wind-

---

[1] Vgl. Goldberg, Herb, Man(n) bleibt Mann. Möglichkeiten und Grenzen der Veränderung, Reinbek 1986, S. 42.

hauch, die er dir unter der Sonne geschenkt hat, alle deine Tage voll Windhauch!"
(Koh 9, 7–9)

■ **Stille**

■ **Austausch unter Brüdern nach der Think-Pair-Share-Methode mit Bibeln**

1. In zwei Extremen *Libido* (Liebe) und *Thanatos* (Tod) lässt sich nach Sigmund Freud die Welt deuten. Zieht Parallelen zu Kohelets Lehre und begründet eure Entscheidung.
2. Überprüft, inwieweit Kohelets Denkansatz dem Mann von heute standhält bzw. eine praktikable Lebenshilfe sein kann.
3. Sucht im Buch Kohlet nach mindestens zwei Perikopen, die ihr entweder für fragwürdig, ansprechend oder auch bedenkenswert haltet.

■ **Vaterunser**

■ **Segen über die Gaben**

Herr, lass uns die wenigen Tage, die uns hier geschenkt sind
in vollen Zügen genießen.
Lass uns dieses Leben dankbar annehmen,
lass es uns teilen mit jenen, die uns brauchen.
Schenk uns Lust und Freude am Leben.
So segne diese Gaben Brot und Wein der allmächtige Gott,
der Vater (+)
und der Sohn (+)
und der Heilige Geist (+).
Amen.

■ **Agape mit Brot und Wein**

# Vertrauen versus Angst (Ps 37, 4–7)

- **Utensilien:** Gitarre, Bodenbild, Bild vom Holzschnitt, Ölkreiden und DIN-A4-Blätter

- **Hinführung**

Vertrauen ist ein großes Thema in einem Männerleben. Normalerweise wird es bei der Mutter und natürlich beim Vater grundgelegt und trägt ein Leben lang. Angst hingegen lähmt den Menschen, verunsichert ihn und schwächt seine Entscheidungskraft.

Diese Einheit stärkt das Vertrauen ins Leben mittels eines meditativen Impulses, eines gemalten Farbendialoges und einer bildnerischen Vertrauensübung.

Der Vertrauenspsalm 37 kann mit dem Refrain und der Psalmodie gesungen werden. Bei den unterstrichenen Textpassagen wechselt der Ton nach oben oder unten. Die Melodien sind für musikalische Männer leicht singbar und gehen ins Ohr.

- **Begrüßung und Perikope**

- **Predigtgedanken zu meditativer Gitarrenmusik**

Wenn ich unsere medialen Botschaften hinterfrage, kann mir himmelangst werden. Da ist ständig von Euro- und Wirtschaftskrise die Rede, von AKW-Störungen, Umweltkatastrophen, von Korruption in der Politik, von Terrorgefahr, von schwindender Zahlungsfähigkeit mancher europäischen Länder, von drohender Verarmung im Alter aufgrund des fehlenden, zahlungskräftigen Nachwuchses, von Hunger in der Einen Welt, vom Aussterben vieler Tierarten ...

Nicht von ungefähr sind Deutschland und Österreich, zwei der reichsten Länder der Erde, zugleich die kinderärmsten. Dahinter schwelt die Befürchtung, dass es Kindern vielleicht nicht mehr so gut gehen könnte, dass sie keine lebenswerte Zukunft hätten usw ... Die psychische Not in Deutschland ist immens. Sehr viele Männer leiden beispielsweise an Angst- und Panikattacken, an Depressionen oder anderen Störungen. In der Seelsorge wird es immer offensichtlicher, dass die Menschen unserer Tage weit nicht mehr so stabil, gesund und belastbar sind, wie sie es noch vor zwanzig Jahren waren. Obwohl es uns materiell trotz Wirtschaftskrise immer noch so gut geht, breitet sich die Angst beinah flächendeckend über unser Land und droht jeden Keim der aufblühenden Hoffnung zu ersticken.

Für mich ist ein wesentliches Kriterium meines Christseins die Hoffnung und das Vertrauen. Das könnte ein Programm für den morgigen Tag sein. Ich setze das hoffnungsvolle Vertrauen dem Misstrauen und der Resignation entgegen. Was haben wir denn für eine andere Wahl? Alles andere entmutigt und lähmt uns bloß noch mehr, während die Hoffnung beflügelt. Wir haben keine andere Wahl als glücklich zu sein, alles andere schwächt uns von innen her.

Es ist keine Selbsttäuschung, es ist keine Form der Auto-Suggestion, wie dies von manchen Kritikern behauptet wird, wenn ich auf den Herrn vertraue: „Habe deine Lust am Herrn! So wird er dir geben, was dein Herz begehrt. Befiehl dem Herrn deinen Weg, vertrau ihm – er wird es fügen", heißt es im uralten Psalm 37, 4 f. Die Ausrichtung auf Gott vermag meinem Leben mitten in subjektiv empfundener Anfechtung und Bedrohung von meiner innersten Mitte und zugleich von ewig weit her einen Halt und eine Zuversicht zu verleihen, die an Beständigkeit und Verlässlichkeit nicht mehr zu überbieten ist.

Das Schöne daran ist, dass dies kein Privileg für Auserwählte ist, sondern jedem Mann grundsätzlich jederzeit zur Verfügung steht. Wir brauchen Männer, die glauben, die hoffen, die vertrauen. Schwarzmaler gibt es schon mehr als genug.

### ■ Anregungen

• Martin Luther hat einmal sinngemäß gesagt: „Wenn ich wüsste, dass morgen die Welt untergeht, würde ich heute noch ein Apfelbäumchen pflanzen." Was bedeutet dieser Satz für dein Leben? Wie kannst du heute ein klares, vielleicht auch unscheinbares, aber dennoch sehr bedeutsames Zeichen der Hoffnung setzen? Vielleicht auch, indem du mit einem Menschen sprichst, ihm Zuneigung und Wertschätzung schenkst, obwohl er dir sichtlich auf die Nerven geht?

• Meide heute die schlechten Nachrichten. Umgib dich mit Erbaulichem: mit schöner Musik, schönen Bildern, Blumen, guten Büchern, lieben Menschen …

• Versuche – wenn es sein muss – einen Tag lang die (verkraftbaren) negativen Botschaften, die an dich herankommen, positiv zu formulieren. Wenn es z. B. heißt, dass im Krieg gemordet wird, dann denke für dich: Menschen in Syrien setzen sich auch entschieden und mutig für ihre Freiheit ein.

### ■ Austauschgespräch in der Runde

### ■ Farbendialog

Zwei bis drei Männer setzen sich wortlos gegenüber und malen mit Ölkreiden auf ein DIN-A4-Blatt abwechselnd Angst- und Hoffnungsflächen auf das Blatt. Wichtig ist dabei, dass es klare Formen (Kreise, Rechtecke) gibt.

- Vorstellen der Blätter im Kreis

- Vertrauensübung

Die Männer erhalten ein Bild von Walter Habdank („Ich lasse dich nicht, du segnest mich denn!") und gehen das Bild mit dem Finger nach, spüren sich in das Bild hinein. Was fühlt der Mensch in den dunklen Händen? Ist es Geborgenheit, Sicherheit, ist es Schutz und totales Sich-Selbst-Überlassen? Ist es Erleichterung nach einem langen Kampf, nach überwundener und schattenhafter, dunkler Vergangenheit?

Walter Habdank, Ich lasse dich nicht, © VG Bild-Kunst, Bonn 2018

- Austausch unter Brüdern

Vertrauen versus Angst

■ **Lied**

Gruppenleiter: Wir singen den Psalm in zwei Gruppen und pausieren beim Sternchen.

**Befiehl dem Herrn deinen Weg und vertrau ihm (Ps 37, 3–8)**

Melodie und Textbearbeitung: Christian Kuster

Vertrau auf den Herrn und tue das Gute, *
wohne im Land und hüte die Treue!
Habe deine Lust am Herrn!"
So wird er dir geben, was dein Herz begehrt.　　　　　> Refrain
　　Befiehl dem Herrn deinen Weg, *
　　vertrau ihm – er wird es fügen.
　　Er lässt deine Gerechtigkeit aufgehen wie das Licht, *
　　dein Recht wie die Helle des Mittags.　　　　　> Refrain
Sei still vor dem Herrn und harre auf ihn!
Errege dich nicht über den, dessen Weg Erfolg hat, *
den Mann, der Ränke ausführt!
Steh ab vom Zorn und lass den Grimm, *
Errege dich nicht, es führt nur zu Bösem.　　　　　> Refrain

■ **Vaterunser**

**glaubensvoll verhofft**
sie stirbt zuletzt
sagt man – die hoffnung
dann bin ich aber schon oft gestorben
und du, glaube
wo warst du
wo bist du
wo wirst du sein
keiner weiß was kommt
die hoffnung ist bei bester gesundheit
es wird alles gut
sagt sie
und der glaube gibt mir die gewissheit
dass dem auch wirklich so ist
das
dem
auch
wirklich
so
ist

## ■ Segensritual im Kreis

Rituale bannen Ängste, sie ordnen unser Leben. Lasst euch jetzt auf dieses Segens-ritual ein. Der Reihe nach spendet nun jeder Mann seinem jeweils Nächsten den Segen, wobei er sich ihm zuwendet, eine Hand auf die Schulter legt und Wild-rosenöl auf dessen Hände streicht. Der Segenstext lautet: N., ich segne dich im Namen des Vaters und des Sohnes und des Heiligen Geistes. Amen.

# Wer bei euch groß sein will, der soll euer Diener sein (Mt 20, 25–28)

■ **Utensilien:** Bodenbild, Dynamo, Dynamit (bzw. Knallkörper)

■ **Hinführung**

„Wissen ist Macht, nichts wissen macht auch nichts", sagt man. Macht ist die Möglichkeit oder Fähigkeit, dass man etwas bewirken oder beeinflussen kann. Ein Mann mit Macht genießt Autorität, d.h. gesteigerte Aufmerksamkeit. Sie kann geliehen oder echt sein. Macht kann missbraucht werden, wenn Menschen manipuliert, instrumentalisiert (durch Belohnung) oder eingeschüchtert werden. Jeder Mensch hat Macht und nutzt sie auch. Die Frage ist nur, ob sie dem Leben dient, oder nicht.

Wie gehen wir mit Macht um? Wofür setzen wir sie ein? Wollen wir, wie Jesus es empfiehlt, Diener der Menschen sein? Diese Einheit beschäftigt sich mit diesen Fragen und bietet Antworten auch in Form einer Handmeditation.

■ **Begrüßung, Kreuzzeichen und Lied:** Ich lobe meinen Gott
(Gotteslob 383)

■ **Perikope und Predigtgedanken**

Männer und Macht, das ist ein großes Thema. Man sagt: „Gib einem Menschen Macht, dann weißt du, wer er ist." Männer werden nicht als Männer geboren. Es werden Buben geboren und wenn in der Zwischenzeit noch keine Männer daraus gemacht wurden, können es mit 50 Jahren immer noch Buben sein, 50 Jahre alte Buben, die mit Frauen, Autos, Geld oder anderen Statussymbolen spielen. Wir dürfen Macht kosten. Wer das versäumt, hat nicht begriffen, worum es im Leben geht. Er wird weit unter seinen Möglichkeiten bleiben, er wird nie erkennen, wer er ist, wozu er geschaffen, welche Potentiale in ihm schlummern, er wird abstruse Wege beschreiten …

Ich habe Macht, wenn ich vor einer Klasse stehe oder wenn ich meinem Sohn das Handy abnehme, ich bin mächtig, wenn ich einem Bittenden ein klares Nein ausspreche. Ich bin sogar mächtig, wenn ich mich in vermeintlicher Ohnmacht meinem Schicksal ergebe und auf diese Weise viel Aufmerksamkeit und Mitleid auf mich ziehe.

Du hast Macht, wenn du dein Herz aufmachst, wenn du Grenzen wahrnimmst und erkennst, dass du Gottes Kind bist, dass Leben gelingt, wenn du Gemeinschaft pflegst, wenn du Botschafter Gottes wirst, wenn du deine Schwäche im Gebet überwindest, wenn du auf Gott hörst.

Macht ist scheinbar die wichtigste Schlüsselfaszination der männlichen Seele. Hinter der angestrebten Macht steckt oft ein unergründliches Maß an Angst,

Unsicherheit, Narzissmus, welche die Welt in männlicher Vollmacht zerstören: Waffenproduktionen, Kriege, AKWs, wirtschaftliche Ausbeutung, Menschenhandel, Umweltzerstörung usw. zeugen davon, wozu die unreife, machtgierige männliche Seele fähig ist.

Daher ist der „Pfad des Abstiegs" – also der Weg in die Ohnmacht – wie ihn Richard Rohr nennt, ironischerweise zum Überleben einer Kultur absolut notwendig. Jede große Tradition hat dafür ihre eigenen Worte: das Ostermysterium von Tod und Auferstehung, Samsara, die buddhistische Art des Loslassens und der Leere, die finstere Nacht der Sinne oder der Seele ... Ohne diese Machtentlehrungs-Erfahrung werden Männer überheblich und zum Gift für die Gesellschaft. Dann unterdrücken sie Andere, beuten Völker aus.

Vielleicht möchtest du heute Gott zum ersten Mal vertrauen und einen Anfang setzen? Du wirst zum Schöpfer, zum Kreator, wenn du an seinem Reich baust, wenn du seinen Willen erfüllst, wenn du deine Macht in den Dienst der Menschen stellst, wenn du ein guter Freund bist, ein empathischer Kollege, ein verlässlicher Partner, ein freundlicher Nachbar, ein leidenschaftlicher Krieger für eine bessere Welt ...

Das hebräische Wort für Macht heißt יד *(jad)* und hat auch zumeist die Bedeutung von Hand, so auch von Denkmal, oft auch Gewalt ... *jad* steht für die Fähigkeit, sich zu betätigen, über andere zu herrschen, sie zu retten, ihnen Geschenke zu machen, sein Leben zu gestalten. Mit der Hand handeln wir, packen wir an, gestalten wir unser Leben.

Das griechische Wort δύναμις *(dynamis)* ist mit Dynamit und Dynamo verwandt. Es sind die (Spreng-)Kraft, Fähigkeit, Vollmacht, die Stärke und das Können damit gemeint. Ursprünglich gilt die *dynamis* Gott, der sie dann durch den Heiligen Geist auf die Menschen, insbesondere seinen Sohn Jesus, überträgt.

■ **Austauschgespräch mit Ritual**

- Wir blicken auf unsere Hände und überlegen, was wir alles damit an Gutem oder auch an Gewalttätigem zustande bringen können.
- Der Dynamo und Sprengstoff sind Kraftspender. Das Dynamit kann zum Guten (Tunnelbau), aber auch zum Zerstören (Terrorismus) verwendet werden. Wofür möchtest du deine Kraft verwenden?

■ **Vaterunser stehend im Kreis**

■ **Segensgebet**

Männer und Macht, das ist ein großes Thema. Wer keine Macht zu haben scheint, hat noch nicht begriffen, wie mächtig er in Wahrheit ist. Lass uns Männer Mächtige für eine neue Welt sein, lass uns bauen an einer guten Erde, lass uns aufbauen, trösten, heilen und zupacken. Darum bitten wir dich, Vater, mit Christus, deinem Sohn, in der Einheit des Heiligen Geistes. Amen.

# Wer bin ich? (Ps 139,1–18)

- ■ **Utensilien:** Bodenbild, Spiegel und Korb mit Tuch, Bibel oder Gotteslob

- ■ **Hinführung**

Die Frage nach dem Wesen des Mannes ist uralt. Und es ist wichtig, sich hin und wieder dieser Frage zu stellen und um befriedigende Antworten zu ringen. Männer verwechseln oft Identität mit Rollen, aber ihr Wesenskern ist viel mehr, als das, was sie tun, was sie leisten, was sie vorgeben zu sein. Bei dieser Einheit ist es möglich, mit dem Psalm 139 – ein Plädoyer für das Leben – und mit viel Humor (Spiegelkiste) den Mann daran zu erinnern, dass er sehr kostbar und wertvoll ist. Männer lieben dieses Spiel und sie sind sehr überrascht, wenn sie sich in der Kiste bzw. im Korb wiederfinden. Das zaubert oft genug ein freundliches Lächeln in ihr Gesicht.

- ■ **Perikope**

Lesung des Psalms 139,1–18 *(Gotteslob 657,2)* in zwei Reihen (ungerade Verse links, gerade rechts mit Einhaltung einer kurze Atempause beim Stern).

- ■ **Predigtgedanken**

Wer bin ich? Wer sind wir Männer? Diese Frage begleitet uns ein ganzes Leben lang. Der Psalmist singt davon, dass wir durch und durch erkannt sind in allem, was wir tun. Bin ich, was ich tue, was ich denke, was ich sage, esse und unterlasse? Manche verwechseln Haben mit Sein, sie identifizieren sich mit ihrem Job, mit ihrer Firma, ihrem Auto, ihren Leistungen, ihrer Brieftasche usw. Wer bin ich wirklich? Erst in schweren Krisenzeiten wird es uns offenbart, wer wir sind: Es bedarf mutiger Entscheidungen, um sich selbst gut kennenzulernen. Ein Mann geht durch die Wüste der Einsamkeit, der Entbehrung, des Verlustes, er geht durch Verrat, Enttäuschung, Finsternis hindurch und am Ende weiß er immer noch nicht, wer er ist. Ist er seine Meinung, ist er sein Körper, seine Vergangenheit oder Zukunft? Ist er seine viele Rollen, die er in der Gesellschaft als Arbeitnehmer, Konsument, Produzent, Steuerzahler, Rentner, Urlauber, Wähler einer Partei, Unternehmer … einnimmt oder ist nicht viel mehr als das?

Wer bin ich? Diese Frage nagt an uns und wir werden keine Antwort darauf finden, solange wir sie nicht außerhalb unserer selbst suchen. Wenn wir es Archimedes gleichtäten, der einen Fixpunkt suchte, um die Welt aus den Angeln zu heben, dann wäre dieser Fixpunkt für uns Gott. Von ihm her dürfen wir uns definieren, wie es der Psalmist getan hat: „Du selbst hast mein Innerstes geschaffen, hast mich gewoben im Schoß meiner Mutter. Ich danke dir, dass ich so staunenswert und wunderbar gestaltet bin. Ich weiß es genau: Wunderbar sind deine Werke." (Ps 139,13 f.)

■ **Austausch unter Brüdern**

■ **Spiegel-Übung**

Gruppenleiter: Ich habe euch heute etwas Kostbares mitgebracht. Ich komme einzeln zu euch und ihr dürft schweigend hineinsehen. Ihr werdet überrascht sein!

Die Männer schauen in den Korb und betrachten ihr Spiegelbild. Das löst meist freundliche Überraschungen und sehr viel Neugierde aus.

■ **Vaterunser**

■ **Segen**

Gott, unser Vater, der uns nach Seinem Abbild geschaffen hat.
Er lasse uns Männer heute Kraft schöpfen für das, was kommt. (Amen)
Er schenke Ausdauer jenen Brüdern, die überlastet sind und Hoffnung denen, die durch Täler der Finsternis wandern. (Amen)
Er stärke uns als Söhne Gottes und lasse uns heute schon einen neuen Anfang setzen. (Amen)
Das gewähre uns der dreifaltige Gott: der Vater und der Sohn und der Heilige Geist. Amen.

# Begleiter auf unserem Lebensweg (Tob 5, 4–8)

■ **Utensilien:** Bodenbild, Schuhe, Rucksack, Mobiltelefon mit GPS-Navigationseinstellung

■ **Hinführung**

Von der Männerrunde Großkarolinenfeld aus, biete ich geistliche Begleitung für Männer an. Es hat sich inzwischen bewährt, dass schon lange vor den Treffen der eine oder andere Mann zu einem vertrauten Gespräch in die Unterkirche kommt. Diesen Brauch schätze ich persönlich sehr, weil dort so manches mitgeteilt wird, was woanders kaum zur Sprache käme. Darüber hinaus kommen immer wieder Männer und auch Frauen, die ein Stück weit – meist für überschaubare Zeit – geistlich begleitet werden wollen.

Heute geht es also um (geistliche) Begleitung, um Menschen, die uns Männern zur Seite stehen bzw. denen wir als Väter, Großväter, Onkel, Paten, Freunde … beistehen. Geistliche Begleiter unterstützen Menschen, die für ihr Leben Verantwortung tragen wollen, dabei pendeln sie zwischen Nähe und Distanz. Sie selbst befinden sich in ständiger Fortbildung und gewissenhafter Eigenreflexion und lassen sich auch selbst geistlich begleiten. Männer brauchen geistliche Begleiter, wenn sie über biblisch-methodische Angebote, wie sie an Exerzitien oder Einkehrtagen erfahren werden hinaus, an ihrer spirituellen Entwicklung Interesse zeigen. Personale Begegnung und Begleitung durch einen Mentor stehen hoch im Kurs, Seelsorger – Männer und Frauen – werden in dieser Hinsicht in vielen Diözesen ausgebildet. Sie erweisen ihren Anvertrauten den nötigen Respekt, die dringende Empathie und versprechen ihrerseits Verschwiegenheit und höchste Diskretion. Die Begleitung vollzieht sich in einem strukturierten Rahmen – nach Absprache auch mit Besoldung. Sie findet ungefähr einmal im Monat statt und wird in einen gewissen zeitlichen Rahmen begrenzt, z. B.: bis das Studium beendet ist, oder bis zum nächsten Sommer. Es ist wichtig dabei zu beachten, dass das Leben selbst der beste Lehrmeister sein kann. Und so vollzieht sich die Initiation in das reife Mannsein sehr oft in den alltäglichen Erfahrungen von Scheitern, Niederlage, Erfolg, Rückschlag und Neubeginn. Viele Männer lernen leider erst durch ihre eigenen Niederlagen, das sind Erfahrungen, die niemandem erspart bleiben. Um jedoch diese Erfahrungen in eine reife Persönlichkeit hinein zu transformieren, braucht es geistliche Begleiter, Mentoren, Coaches, die ihrerseits Menschenkenntnis mitbringen und gut mit Symbolen oder Ritualen umgehen können. Sie stellen zur rechten Zeit die richtigen Fragen, geben hilfreiche Impulse und bieten konkrete, brauchbare Hilfestellungen an. In der geistlichen Begleitung geht es kurz zusammengefasst darum: „Hin zu einem Mehr an Glaube, Hoffnung und Liebe – in einem Mehr an Freiheit, Leben und Lebendigkeit."[1]

---

[1] Hundertmark, Peter, Ethos geistlicher Begleitung, in: Jesuiten (2011/4), S. 17.

- Begrüßung und Lied: Was Gott tut, das ist wohlgetan (Gotteslob 416)

- Perikope und Predigtgedanken

Gruppenleiter: Was haben die Schuhe, der Rucksack und das Mobiltelefon gemeinsam? Warum macht es Sinn, dass wir uns in gefährlichere Gegenden zu zweit hineinwagen?
Die Männer raten, worum es heute wohl gehen könnte.

„Wenn nichts mehr geht, dann geh!", lautet ein benediktinischer Spruch. Tobias schafft es nicht alleine bis nach Medien. Er sucht sich einen Begleiter, der sich später als Rafael (Gott hat geheilt) und einer der vier Erzengel offenbaren wird. Rafael ist ein sehr guter Reisebegleiter und verhilft Tobias schließlich zu seiner Frau Sara.

Es ist schwer, alleine der Beste sein zu wollen, das bringt zumeist Chaos und Unzufriedenheit hervor. Das setzt uns Männer unter Druck und verbreitet unnötigen Stress. Wir brauchen den Austausch, das Gespräch, die volle Unterstützung auf unserem Weg. Wir schaffen das nicht allein.

Tatsächlich gehen wir oft wie Tobias getröstet, mit in Zuversicht verwandelten Fehlern von unseren Lebensbegleitern in den Alltag zurück. Wir werden am Bruder, an der Schwester – am Du zum Ich. Gerade wir Männer vergessen gern, dass wir soziale Wesen und aufeinander angewiesen sind. Es tut uns gut, wenn wir uns mitteilen, wenn wir uns einander anvertrauen, wenn es Männer und Frauen gibt, die uns wie Rafael ein Stück des Weges begleiten.

Spontan fällt mir gerade ein Mann ein, der in meinem Leben eine bedeutsame Rolle spielt: Mein Kollege und Philosoph mit Charme, Witz und ganz viel Herz. Ohne ihn wäre mein Leben um einiges leerer.

Der für mich wertvollste Satz eines geistlichen Begleiters stammt von Pater Richard Rohr, er sagte zu uns Seminarteilnehmern nach einer Woche im Casa Cares, einem Waldenserhaus in Regello: „Und jetzt vergiss alles, was ich dir gesagt habe und bau auf deine eigenen Erfahrungen!" Dieser Satz führt mich in die Freiheit eigenverantworteten Lebens.

- Tandemgespräch zu zweit (wenn möglich im Freien) zu der Impulsfrage:

- Wer sind meine guten geistlichen Begleiter auf meinem Lebenswege und wen darf ich begleiten? (ca. 30 Minuten)

- Austausch im Plenum und Vaterunser

- Segen

Es segne uns auf unserem Lebensweg der allmächtige Vater und der barmherzige Sohn in der Kraft des Heiligen Geistes. Amen.

# Ijob – der Geduldige (Ijob 10,1–12.19–22)

■ **Material:** Bodenbild, Gotteslob

■ **Hinführung**

„Warum lässt Gott das zu?" Diese Frage begegnet mir sehr oft im Umgang mit leidenden Menschen. Ijob kann darauf eine Antwort geben. Er ringt mit seinem vernichtenden Schicksal, er klagt und findet sich schlussendlich in seinem Gott wieder.

Im Hören auf Gottes Wort und im Tandem- bzw. Austauschgespräch unter Brüdern ringen die Männer nach Auswegen und suchen nach Antworten für ihr persönliches Leben.

■ **Begrüßung, Kreuzzeichen und Lied:** Zeige uns, Herr, deine Allmacht und Güte (Gotteslob 272)

■ **Perikope und Predigtgedanken**

Ijob hat das Leben satt, es ist ihm zum Ekel geworden. Er fühlt sich vom Leben betrogen, er hat alles verloren: seine Familie, seinen Besitz und seine Gesundheit und jetzt weiß er nicht mehr ein noch aus. Er befindet sich in einer großen Glaubens- und Lebenskrise. Er fühlt sich auch von seinem Gott im Stich gelassen.

Er klagt: „So wurden Monde voll Enttäuschung mein Erbe und Nächte voller Mühsal teilte man mir zu … Mein Leib ist gekleidet in Maden und Schorf, meine Haut schrumpft und eitert. Schneller als das Weberschiffchen eilen meine Tage, sie gehen zu Ende ohne Hoffnung." (Ijob 7,3.5 f.)

„Wieso konnte Gott mir dies und das antun?", höre ich manche Menschen jetzt klagend fragen. Da ist sie, die Witwe, die ihren Mann bei einem Verkehrsunfall verloren hat, die selbst schwer an Krebs erkrankt ist und zwei Töchter zu versorgen hat. Eine davon ist schwer behindert, die andere leidet an einem schweren Verlusttrauma. Sie weiß nicht, wie es weitergehen soll, auch finanziell ist sie so ziemlich am Ende.

In der Tat gibt es auf viele bohrende Fragen des Menschen angesichts des von ihm zu ertragenden Leides keinen anderen Rat als diesen: die Frage in das Schweigen der Nacht, die einen momentan umgibt, auszuhalten ohne groß mit einer befriedigenden Antwort zu rechnen. Die geistliche Tradition kennt die dunkle Nacht der Seele, die einen Menschen umfangen und total und ohne fühlbaren Trost auf dessen Hinfälligkeit zurückwerfen kann.

Ijob wird lernen, mit offenen Fragen zu leben. Seine Freude sind ihm dabei keine wirkliche Hilfe. Es wäre klug von ihnen, wenn sie einfach still schweigend bei Ijob ausharren würden, stattdessen konfrontieren sie ihn mit Belehrungen und Vorwürfen. In Staub und Asche wird Ijob seine Anklage widerrufen (vgl. Ijob 42,6) und sich seinem Gott, der sein äußeres Schicksal wenden wird, neu zuwenden. Ijob steht sein Leiden durch. Er läuft nicht davon, er verliert sich nicht in Dauerklagen, er findet Halt im Schmerz, in seinem Gott: „Ich habe erkannt, dass du alles vermagst. Kein Vorhaben ist dir verwehrt … Vom Hörensagen nur hatte ich von dir gehört, jetzt aber hat mein Auge dich geschaut." (Ijob 42, 2.5)

Im schweren Leiden ist Ijob Gott begegnet, er hat die Realität erfahren, wie sie ist und sein kann und er ist daran nicht verzweifelt. Er ist an der Realität nicht zugrunde gegangen. Er hat sie sozusagen in ein größeres Glaubensgeheimnis hinein übertragen. Ijob ist an seinem Leiden gereift, das kann man jedem Mann nur wünschen.

■ **Tandemgespräch zu zweit**

Die Männer gehen zu zweit ca. 20 Minuten ins Freie und unterhalten sich über Ijob, dann kommen sie zum Austauschgespräch unter Brüdern zum Ausgangsort zurück.

■ **Vaterunser**

■ **Segen**

Herr, unser Leben verläuft nicht immer so,
wie wir das wünschen.
Du durchkreuzt unsere Lebensbahnen,
du prüfst uns.
Lass uns bestehen in der Prüfung,
lass uns nicht klein beigeben,
lass uns durchhalten bis zum Ende.
Darum bitten wir durch Jesus Christus,
unseren Herrn, der mit dir lebt und herrscht
in der Einheit des Heiligen Geistes.
Amen.

# Jakob und Esau – Streit in der Familie (Gen 27, 30–45)

- ■ **Material:** Bodenbild

- ■ **Hinführung**

Streit in der Bibel? Das kommt oft vor, so auch bei den Zwillingsbrüdern Jakob und Esau. Jakob betrügt seinen älteren Bruder um den Segen. Und das hat dramatische Folgen.

In dieser Einheit werden strittige Szenen – auch in unserem Leben – zur Sprache gebracht. Die Männer suchen im Austauschgespräch unter Brüdern nach Auswegen für ihr persönliches Leben.

- ■ **Begrüßung, Kreuzzeichen**

- ■ **Perikope** (frei und zusammenfassend erzählt)

- ■ **Predigtgedanken**

Wer kennt das nicht? Geschwisterneid, Streit um das Erbe, Benachteiligung bzw. Bevorzugung durch den Vater oder die Mutter … Ich sehe ihn vor mir, den 50-Jährigen, der um die Gunst seines Vaters buhlt. Vergebens, denn seine Aufmerksamkeit schenkt der Vater zur Gänze dem jüngeren Bruder. Das kann im schlimmsten Falle mit einer Familientragödie enden.

In der Bibel gibt es Intrigen innerhalb der Familie Isaaks. Sie verschweigt uns Hinterhalt, Diebstahl und Heimtücke in dieser Familiengeschichte nicht. Jakob und seine Mutter Rebekka verschwören sich gegen den älteren Bruder Esau. Jakob bestiehlt ihn um den Erstgeburtssegen bei ihrem blinden und alten Vater Isaak. Und Esau, der diese List aufklatscht, jagt seinen Bruder Jakob wutentbrannt und mit Mordabsichten. „Esau will sich an dir rächen und dich töten" (Gen 27, 42), warnt Rebekka ihren jüngeren Sohn Jakob.

So offen und schonungslos berichtet die Bibel von innerfamiliären Angelegenheiten, die wahrlich jeglichen Ruhmes entbehren. Und doch baut der Segen eines großen Volkes auf dieser betrügerischen Tat Jakobs.

Was will uns diese Erzählung aus dem Buch Genesis heute sagen? Für mich bedeutet dies, dass Gott in jedem Falle mit dem Menschen mitgeht. Er billigt die falschen Entscheide des Menschen nicht, aber er lässt ihn dennoch nicht im Stich, er geht mit ihm mit, er steht zu seinem Wort. Die Welt ist nicht vollkommen, die Familien sind es nicht, die Firmen sind es nicht und auch in der Kirche gibt es immer wieder Grund zu Unmut und Ärger.

Niemand verlangt von uns Männern, dass wir perfekt sind. Das käme einer gefährlichen Hybris gleich, die menschliches Leben zerstören würde. Wir müssen uns auch nicht auf unserer Unvollkommenheit und Hinfälligkeit ausruhen, wir dürfen an uns arbeiten, wir dürfen uns darum bemühen, bessere Menschen zu werden. Der Preis dafür ist in der Regel weniger die Einsicht, als vielmehr das von uns verursachte Leiden. Das gilt es dann – wie Jakob in der Wüste – auszuhalten, durchzustehen und in eine große Liebe hinein zu verwandeln.

■ **Austauschgespräch unter Brüdern mit einigen Streitregeln als Anregung**

1. Die drei Kommunikations-Zauberwörter lauten: Danke, bitte, entschuldige.
2. Sprich in Ich-Botschaften (Ich bin genervt, weil ...), meide Schuldzuweisungen in Form von Du-Botschaften.
3. Biete vernünftige Lösungsmöglichkeiten an und komm aus deiner Schmollecke.
4. Suche nach mindestens einem guten Grund für den Streit.
5. Nimm dich nicht so wichtig und lach auch mal über deine Fehler.
6. Setz dich dem Gedanken aus, dass der andere tatsächlich Recht haben könnte.
7. Es soll mehrere Sieger geben, geh Kompromisse ein.

■ **Vaterunser**

■ **Schlussgebet**

Herr, streiten ist nicht unbedingt ein positiv besetztes Wort unter Christen.
Dabei kann streiten so heilsam sein und so klärend.
Lass uns gute, versöhnende und klare Worte finden,
Worte, die verbinden, statt zu entzweien.
Worte, die trösten, statt zu verletzen,
Worte, wie du eines geworden bist
in Jesus, dem Gott, der rettet.
Amen.

# Männergesundheit (2 Kön 5, 8–14)

■ **Materialien:** evtl. Gesundheitsbroschüren, Bodenbild, Bibeln

■ **Hinführung**

Männer und Gesundheitsvorsorge sind zwei Themen, die sich in der Regel nicht so leicht vertragen. Viele Männer schauen nicht so gerne auf ihre Gesundheit, sie sehen ihren Körper als Leistungsbringer, der zu funktionieren hat. Erst wenn es nicht gar mehr geht – sozusagen vor dem Kollaps, dann gehen sie zum Arzt.

Inhaltlich geht es in dieser Einheit um die Gesundheitsvorsorge des Mannes, um sein körperliches als auch seelisch-geistiges Wohlergehen, denn ein Mann ist immer mehr als seine Seele und auch immer mehr als sein Körper: „Oder wisst ihr nicht, dass euer Leib ein Tempel des Heiligen Geistes ist, der in euch wohnt und den ihr von Gott habt? Ihr gehört nicht euch selbst; denn um einen teuren Preis seid ihr erkauft worden. Verherrlicht also Gott in eurem Leib!" (1 Kor 6, 19 f.), schreibt Paulus an die Korinther.

■ **Begrüßung und Kreuzzeichen**

■ **Perikope und Predigtgedanken**

Alles wird gewartet: Das Auto kommt zum Service, die Heizung wird regelmäßig überprüft, die Kleinkinder kommen zur Gesundheitsuntersuchung, wir machen jedes Jahr unsere Steuererklärung …, nur unser Körper, der darf auf sich warten lassen.

Männer gehen ungern zum Arzt, sie verdrängen Probleme lieber, anstatt sie anzuschauen und anzupacken. Auch Naaman wollte sich nicht im Jordan waschen, das schien ihm zu billig. Im übertragenen Sinne könnte man sagen, dass er sich zu gut war, zur Krebsvorsorgeuntersuchung zu gehen. „Wenn der Prophet etwas Schweres von dir verlangt hätte, würdest du es tun; wie viel mehr jetzt, da er zu dir nur gesagt hat: Wasch dich und du wirst rein." (2 Kön 5, 13) Mit diesen Worten argumentieren die Diener des aussätzigen Aramäers Naaman, der sich zu seiner Heilung viel mehr vom Propheten Elischa erwartet hat. Naaman erinnert mich an manche Männer von heute: Es wäre so leicht, gesund zu bleiben. Naaman muss nur siebenmal im Jordan untertauchen, und er wird geheilt. Und wir Männer müssten nur regelmäßig zur Gesundheitsvorsorge gehen und könnten uns manche Probleme ersparen. Es gibt viel zu tun für unseren Körper:

• Herzkreislauf-Untersuchungen, Blutzuckerüberprüfung
• Kontrolle des Cholesterinspiegels, Auffrischung der Impfungen
• Nierencheck, Zahnärztliche Kontrollen
• Urologische Prostata-Krebs-Vorbeugung, Hautscreening
• Magen-Darm-Holoskopie, Untersuchung der Lymphknoten

Vieles davon wird von der Krankenkasse übernommen und nicht alles muss in jeder Lebensphase geprüft werden. Man kann jedem Mann nur wünschen, dass er Menschen wie Naaman hat, die ihm Mut machen, genau das zu tun, was der Prophet bzw. der Arzt ihm anrät.

Aber dies ist nur die eine Seite unseres Wohlbefindens. Wer sorgt für unser geistiges Wohlergehen, für unser spirituelles Wachstum? Die Erfahrung zeigt, dass es schwierig ist, das geistliche Leben ganz auf sich gestellt zu bewältigen. Der Empfang der Sakramente im Kreis der Gemeinde ist ein fruchtbarer Gewinn für geistige Gesundheit: die Eucharistie, die Krankensalbung, die Beichte, sie sind Angebote, die wir jederzeit dankbar annehmen dürfen. Diese Sakramente stärken uns Männer auf unserem Lebensweg. Sie sind uns *gratis data*, d.h. umsonst gegeben und wir bekommen sie sozusagen kostenlos.

Viele Männer lassen sich auch darüber hinaus von geistlichen Begleitern mit auf den Weg nehmen. In mehreren Diözesen gibt es ausgebildete Männer und Frauen, die dieser Aufgabe nachgehen. Aber es kann auch der Beichtvater sein oder ein Christ, der mitten im Leben steht und schon viel Erfahrung in dieser Hinsicht gesammelt hat. Der geistliche Begleiter bildet sich selbst ständig weiter und lässt sich ebenfalls von einem erfahrenen Mentor begleiten. Wie findet man einen guten geistlichen Begleiter? „Der Schüler findet seinen Meister, der Meister lässt sich finden."[1] Dieser Grundsatz aus der griechisch-philosophischen Tradition gilt natürlich auch für eine fruchtbare Begegnung zwischen einem Christen und seinem geistlichen Begleiter. Meist ist die geistliche Begleitung zeitlich begrenzt, das Honorar wird gegebenenfalls vereinbart, und die Ziele sind glasklar: Es geht um das Heil, um die Heiligkeit des Begleiteten. Er steht im Zentrum der Begegnungen und das ganz im Blick auf Gott, der die Liebe und den Glauben in uns nährt.

■ **Austausch unter Brüdern**

■ **Segen**

Vater im Himmel,
unsicher und unschlüssig wandeln wir oft vor dir – wir scheuen den Besuch beim Arzt
so nach dem Motto: wird schon nichts sein – und wenn doch was ist?
dann haben wir es möglicherweise übersehen.
Vater,
wir möchten die Möglichkeiten, die du uns gibst auch nützen
wir möchten wie Naaman gesund sein an Leib und Seele
wir möchten uns nicht mehr alleine durchs Leben wurschteln
das wird sehr schnell zum chaotischen Gemurkse
schenk uns einen Begleiter nach deinem Gefallen
einen Mann, der den Überblick bewahrt und uns klug zur Seite steht
darum bitten wir durch Christus, unseren Herrn. Amen.

---

[1] Gerland, Manfred, Männlich glauben. Eine Herausforderung für den spirituellen Weg, Freiburg i. Br. 2014, S. 97.

# Kirchenbesuch mit Männern (Ps 135,1–3)

- **Material:** Kirchengebäude, Arbeitsblatt, Stifte, Bibeln, Gotteslob
- **Hinführung**

Männer gehen grundsätzlich nicht so gerne in die Kirche. Das liegt daran, dass sie dort in der Regel eine verweiblichte Liturgie erleben, die vorwiegend von Frauen mitgetragen wird. Es bedarf eines gewissen Geschicks, um Männer sozusagen in die Kirche zu „locken" und ihnen dort Orte zugänglich zu machen, die auch für sie Kraftquellen werden könnten oder es vielleicht unbewusst schon sind.

Bei der Einheit suchen sich Männer die Hauptorte der Kirche auf, beschreiben sie und suchen dann einen, für sie individuell stimmigen, Platz, wo sie in Ruhe verweilen können und ihre Eindrücke mit Stift auf Papier festhalten können.

Es empfiehlt sich, sich vorher kundig zu machen, wann denn die Kirche frei ist, denn manchmal wird an der Orgel geprobt, die Kirche geputzt oder es wird dort anderweitig gearbeitet. Es ist auch möglich, den Kirchgang einem Gottesdienst voranzustellen, der dann allerdings dementsprechend länger dauern wird.

- **Begrüßung und Kreuzzeichen**
- **Lied:** Ich will dich lieben (Gotteslob 358)
- **Perikope:** Ps 135,1–3 (vom Ambo)

*Halleluja! Lobt den Namen des Herrn, lobt ihn, ihr Knechte des Herrn, die ihr steht im Haus des Herrn, in den Höfen des Hauses unseres Gottes! Lobt den Herrn, denn der Herr ist gut! Singt und spielt seinem Namen, denn er ist schön!*

- **Predigtgespräch**

„Jesus ja, Kirche nein", höre ich manche Menschen sagen. Sie bringen damit zum Ausdruck, dass sie zwar religiös seien, aber einen kirchlichen Bezug zum Leben ablehnen. Ich frage mich oft: Was ist denn die Alternative zur Kirche? Wo treten denn die Menschen hin, wo treten sie auf, wenn sie der Kirche den Rücken kehren und aus ihr austreten? Für mich persönlich gibt es keine bessere Alternative zur Kirche, weil sie die Gemeinschaft ist, in der ich Christ wurde und werden kann und weil sie es ist, die den Herrn und dessen Wort durch die Zeiten verkündet. Zugegebenermaßen trägt sie diesen Schatz in zerbrechlichen und irdenen Gefäßen (vgl. 2 Kor 4, 7), aber es ist immer noch seine Kirche, sein mystischer Leib.

Liebe Männer, zu allen Zeiten und an allen Orten gibt es seit Menschengedenken heilige Orte, an denen die Menschen dem geheimnisvoll Göttlichen näher waren: Ich denke jetzt etwa an die ersten menschlichen Grabmäler, die Hügelgräber, mit den Grabbeigaben für die Verstorbenen in erwartungsvoller Embryonalstellung. Angedacht seien auch die uralten Tempelanlagen, die Pyramiden der Ägypter, die Stufenpyramiden der Mayas, die Tempel der Römer und Griechen, der jüdische Tempel in Jerusalem, die Kapellen, Kirchen, Dome und Kathedralen der Christen, die Moscheen der Muslime, die Tempel (lat. *templum* = religiöses Gebäude) der Hindus und Buddhisten …

Überall auf dieser Erde finden wir von Menschen errichtete Heiligtümer. Und in Deutschland werden viele Kirchen verkauft, vermietet, man scheint dafür keine Verwendung mehr zu finden. Im Jahre 2016 haben immerhin 162.000 Menschen der kath. Kirche den Rücken gekehrt und ca. 190.000 ev. Christen sind im Jahre 2016 von der evangelischen Kirche ausgetreten.

- Brauchen wir keinen Gott mehr?
- Woran liegt es, dass Christen in Vorderasien und Afrika für ihren Glauben heute noch leiden und sterben, während andere, die nicht unter Verfolgung leiden, ihren Glauben verlieren?

Wir könnten wie ein grünender Ölbaum im Haus des Herrn sein. Wir könnten uns hier wohlfühlen, Kraft tanken, Gott danken, auf seine Güte vertrauen und uns im Kreis der Frommen richtig angenommen und aufgenommen fühlen. Viele Männer tun dies auch, anderen ist dieser Ort und jedes Kirchengebäude fremd. Sie kennen sozusagen die Berge von unten, die Kirchen von außen und die Wirtshäuser von innen.

- Woran liegt das?

Dabei ist die Kirche in der Tat ein heiliger Ort, ein Ort, an dem wir Gott begegnen können und unseren Mitbrüdern, die mit uns auf dem Weg durch die Zeiten sind. Ich habe euch ein Arbeitsblatt vorbereitet, wir gehen es jetzt kurz durch und dann bekommt ihr eine entsprechende Aufgabe dazu.

### ■ Arbeitsblatt-Besprechung

**Taufstein:** der Taufstein ist der Ort, an dem Menschen sozusagen als Kinder Gottes Christus auf seinen Tod und seine Auferstehung gleichgestaltet und in die Gemeinschaft der Kirche aufgenommen werden. Die Taufe ist – wie die Eucharistie und die Firmung – ein Eingliederungs- bzw. Initiationssakrament. Sie gliedert uns in die Gemeinschaft der Kirche ein.

**Altar** (lat. Opfertisch): am Altar spricht der Priester die Worte vom Brot und vom Wein, in dessen Gestalten uns Christus in seinem Leib und Blut entgegenkommt. Wir vergegenwärtigen hier seinen Tod und seine Auferstehung bis er kommt in Herrlichkeit am Ende der Zeiten.

**Tabernakel** (wörtl. Hütte, Zelt): im Tabernakel befindet sich das übriggebliebene eucharistische Brot. Es wird zu den Kranken gebracht oder bei der nächsten liturgischen Feier an die Gläubigen verteilt.

**Ambo** (griechisch: ἀναβαίνειν *anabeinein* = hinaufsteigen/erhöhter Ort): vom Ambo werden die Texte der Heiligen Schrift verkündet.

**Weihwasserbecken:** wir tauchen unsere Finger in Weihwasser, wenn wir die Kirche besuchen oder verlassen, das ist zugleich eine Erinnerung an unsere Taufe.

**Orgel:** sie gilt als Königin der Instrumente. Sie wird für liturgische Lieder als Solo- oder als Begleitinstrument verwendet.

**Gruppenleiter:** Eure Aufgabe besteht jetzt darin, dass ihr die genannten Gegenstände sucht, kurz schriftlich beschreibt und euch dann noch eine kleine Besonderheit skizziert.

Anschließend geht bitte zu einem Ort, z.B. vor einer Heiligenstatue, wo ihr euch richtig wohl fühlt, verweilt dort ein paar Minuten in Stille und dann beschreibt diesen Ort mit Worten und einfachen Skizzen.

Nach ca. 45 Minuten kommt wieder hierher.

- ▨ **Austausch unter Brüdern** (entweder in der Kirche oder an einem anderen Ort)
- ▨ **Vaterunser**
- ▨ **Gebet**

Herr, längst ist unsere Kirche von einer Schicksalsgemeinschaft,
in die man selbstverständlich hineingeboren wird,
zu einer Wahlgemeinschaft geworden.
Das Leben, der Glaube erwartet eine Entscheidung von uns.
Lass uns dieses Ja für dich und deine Kirche leben
vor dem Angesicht des Vaters,
in der Kraft des Heiligen Geistes,
durch Christus, unseren Herrn und Bruder.
Amen.

# Selbstverliebt und demütig (Lk 18,9–14)

■ **Utensilien:** Bodenbild, zwei beschriftete Blätter, Bibel

■ **Hinführung**

Es gibt sie wirklich: die Selbstverliebten, die Selbstgenügsamen, die Ich-Bezogenen, die Narzissten. Sie kreisen nur um sich, sehen nur sich und ihre vermeintlich guten Taten und stellen sich permanent über andere. Das ist eine große Falle auch für religiöse Menschen, die sich den Kirchenfernen oder -ausgetretenen gegenüber besser fühlen. Jesus lehrt uns den Weg in die Demut, in die ehrliche Selbsterkenntnis, die den Mann richtig einzuschätzen und in dieser Welt auch einzuordnen weiß.

■ **Begrüßung und Kreuzzeichen**

■ **Perikope:** Lk 18,9–14 (wird von einem Mann vorgetragen)

■ **Predigtgedanken**

Jesus wendet sich an Leute, die sehr von sich überzeugt sind, die letztlich nur auf sich und ihre eigenen Fähigkeiten vertrauen. Heute würde man sagen: arrogante, selbstgefällige, überhebliche, egozentrische Menschen sind hier gemeint.

Das Wort Pharisäer bezeichnet die „Abgesonderten", die als einzige jüdische Gruppe die Zerstörung des Tempels um 70 n. Chr. überlebt haben. Die Sadduzäer haben sich im Gegensatz zu den Pharisäern nicht von fremden, rationalistischen Strömungen ferngehalten. Sie bildeten die größte und einflussreichste jüdische Gruppe zur Zeit Jesu.

Der Pharisäer im Lukasevangelium befindet sich im Tempel und meditiert darin seine Wohltaten. Die anderen Menschen wertet er vorurteilhaft ab und wähnt sich selbst eines besseren Daseins.

Ein verachteter Zöllner, einer, der mit den verhassten Römern kooperiert, der den einfachen Leuten das Geld aus der Tasche zieht, befindet sich auch im Tempel. Er sagt nur: „Gott, sei mir Sünder gnädig."

Der Pharisäer, heute könnte man auch sagen: der Studierte, redet nur von sich. Er stellt sein Ego dreimal in den Mittelpunkt. Der Zöllner jedoch – er ist vergleichbar mit einem heiß umstrittenen Bankmanager – wendet sich tatsächlich Gott zu, vor dem er seine Fehlbarkeit eingesteht und dem er auch zutraut, dass er ihm vergibt.

• Was bedeutet das für uns?

Wir müssen auf der Hut sein. Gerade die frommen Menschen sind nicht davor gefeit, sich über andere – vermeintlich Schlechtere – zu stellen. Wir müssen gut über unsere Mitmenschen denken und reden, damit sie gut werden, denn wir sind alle Gottes Geschöpfe. Und gerechtfertigt werden wir nicht durch unsere Taten, sondern durch Gott, durch sein unverdientes Wirken an uns und durch unser Vertrauen, unseren Glauben an ihn. Die alten Kirchenväter raten den Mönchen: „Verleumde niemanden!" Das heißt für uns Männer, dass wir uns nicht darin gefallen sollen, andere abzuwerten, auch dann, wenn sie offensichtlich vom rechten Weg abgewichen sind. Wenn wir bei uns selbst beginnen, können wir diese Welt zu einem besseren Ort machen …

### ■ Austausch unter Brüdern

Der Gruppenleiter legt die zwei Blätter aus:

ICH

ICH

ICH

\*\*\*\*\*\*\*\*\*\*\*

GOTT,

sei
mir
Sünder
gnädig!

### ■ Drei Mal drei Überlegungen zur Demut

*(sie können den Männern mitgegeben, oder noch kurz besprochen werden)*

1. Verrichte gerne viele einfache Tätigkeiten wie staubsaugen, wischen, putzen, kochen, bügeln, reparieren, Kinder zu Bett bringen, Holz hacken usw.!

2. Wenn dich jemand beleidigt, lass die Kränkungen durch dich hindurchgehen und wachse fröhlich über dich und deine Verletzungen hinaus!

3. Suche festen Bodenkontakt mit der Erde, mit einfachen Menschen, mit Kindern!

4. Geteiltes Leid ist halbes Leid. Vertrau dich guten Männern im Gespräch, u. a. in der Beichte oder Männerrunde, an!

5.  Versöhne dich ganz bewusst mit deinen Schatten. Sie sind der Schlüssel zu deinem persönlichen Wachstum!

6.  Erwachsene lassen sich helfen. Bei Bedarf darfst du die Hilfe erfahrener Männer (Psychologen, Ärzte, Berater …) gerne in Anspruch nehmen.

7.  Sei gerne für andere da. Stell dich deiner Verantwortung, z.B. deiner Familie gegenüber! Lass dir eine Papa-Schürze umhängen!

8.  Niederlagen und Misserfolge sind eine große Chance für einen konstruktiven Neubeginn!

9.  Suche, wenn du traurig bist, mindestens sieben Gründe zur Dankbarkeit. So gehst du durch deine Traurigkeit hindurch und siehst bald wieder Licht am Ende des Tunnels!

### ▨ Vaterunser und Segen

Herr, wenn unsere Gedanken zu Worten und schließlich zu Taten werden,
dann lass sie uns mit Bedacht setzen,
auf dass sie zu Werken des Heiles in einer unheilen Welt werden.
Dazu segne uns Gott, der Schöpfer des Guten,
im Namen des Vaters und des Sohnes und des Heiligen Geistes.
Amen.

# Zwischen Alpha und Omega (Offb 22,12–17)

■ **Materialien:** Bodenbild, Schnur, Alpha- und Omega-Blatt, Steine (oder Kärtchen)

■ **Hinführung**

Unser Leben als Männer kennt einen Anfang und ein Ende. Und natürlich liegt dann dazwischen unser Leben, so wie wir es gestalten. Diese Übung veranschaulicht unseren Lebensweg von der Geburt bis zum Ende, bis zur Vollendung in Christus auf einfache und doch sehr persönliche Weise. Es ist ein Spiel und als solches will es auch verstanden werden. Es geht nicht darum, dass wir alles richtig machen und jederzeit geben wir nur das von uns preis, was in unserer vollen Verantwortung steht.

Es gibt ein Alpha, das ist unsere Geburt und ein Omega, das ist unser Ende. Diese beiden Stellen werden markiert und dürfen von den Männern beschritten werden. Mit Steinen legen sie ihr Leben dazwischen bzw. das, was sie von sich mitteilen wollen.

■ **Begrüßung, Kreuzzeichen und Lied:** Du höchstes Licht (Gotteslob 780)

■ **Perikope:** Offb 22,12–17

■ **Predigtgedanken**

Die Offenbarung des Johannes ist ein spätchristliches (um 100 n. Chr.) Trost- und Mahnbuch. Es wurde zur Zeit der ersten großen Christenverfolgungen unter Kaiser Domitian, dem „zweiten Nero", verfasst und fügt sich in die zeitgenössische Literatur der Apokalyptik – mit ausdrücklichen christlichen Elementen – ein. In diesem Buch ist Jesus selbst der Anfang und die Vollendung (Offb 1,8). Er ist das Wort, das von Anfang an beim Vater war und Fleisch geworden ist. Er ist das Wort, durch das alles geworden ist, der Anfang und die Vollendung (vgl. Joh 1,1 ff.). In der heutigen Lesung heißt es, dass er bald kommen wird. Dieses „bald" ist in der Bibel ein dehnbarer Begriff, denn vor Gott sind „tausend Jahre wie ein Tag" (Ps 90,4). Aber auf jeden Fall dürfen wir Männer mit seiner Ankunft rechnen, es wird hoffentlich eine rettende Ankunft sein, die uns eintreten lässt in die Tore des himmlischen Jerusalem. Es sind schöne Aussichten, die auf uns warten: Es gibt für die Durstigen das Wasser des Lebens umsonst. Wir werden nichts mehr leiden, nichts mehr vermissen, in der anderen Welt, die es schon gibt und die auf uns wartet.

Noch pendeln wir Männer zwischen dem Anfang und der Vollendung hin und her. Wir tänzeln uns mehr oder weniger durchs Leben: mal geht es aufwärts, dann wieder bergab, mal ist es beschwerlich, dann wieder ganz leicht. Unser Weg ist ein Prozess durch die Zeit. Alles hat einen Anfang und ein Ende. Das, was dazwischenliegt, macht es aus. Wir wollen also heute dazwischen denken, zwischen die Zeilen schauen, auf das, was unser Leben so einmalig und so wertvoll und so kostbar macht …

Dazu schauen wir uns das **Alpha** an:
* Wie hat unser Leben begonnen?
* Was war das für eine Zeit? Wer war bei uns?
* Wer hat uns von Anfang an geprägt?

Und das **Omega:**
* Was kommt auf uns zu?
* Was erwarten wir noch von unserem Leben?
* Wohin steuert unser Lebensschiff?

Und **jetzt**, was liegt dazwischen:
* Was passiert jetzt in unserem Leben?
* Wer ist um uns?
* Was beschäftigt uns?
* Was treibt uns um?

Die Männer stellen sich nacheinander auf die Lebenslinie und legen Steine oder Kärtchen auf die jeweiligen Orte, die sie sich aussuchen. Sie erzählen von ihrem Leben, von ihrem Dasein zwischen den beiden Polen Alpha und Omega.

■ **Vaterunser**

■ **Schluss-Segen**

Großer Gott,
vieles hat sich schon ereignet in meinem Leben.
Du allein weißt, was kommen wird.
Werde ich bestehen vor dir, dem Herrn und Retter?
Ich vertraue auf dich
und schenke dir mein Leben:
meine Brüche, mein Gelingen, meine Hoffnungen und Ängste.
Mach du daraus ein wohlgefälliges Werk,
das Wertschätzung findet bei dir.

So segne uns der allmächtige Gott,
der Vater, der die Welt erschaffen hat
und der Sohn Jesus, der als Mensch in diese Zeit gekommen ist,
im Heiligen Geist, der uns mit seiner Liebe durchdringt.
Amen.

# Der zielorientierte Mann (1 Petr 1, 6–9)

■ **Utensilien:** Bodenbild, transportables Dart-Spiel (mit Magnetstiften), Bleistift, Arbeitsblätter

■ **Hinführung**

„Wer ein Warum zum Leben hat, erträgt fast jedes Wie", hat Friedrich Nietzsche einmal gesagt. Ich formuliere diesen Satz ein wenig um und sage: „Wer ein wozu zum Leben kennt, der kommt auch ans Ziel." Wenn wir keine Orientierung im Leben haben, kein bestimmtes Ziel, keinen realisierbaren Wunsch, sind wir im wahrsten Sinne des Wortes „wunschlos unglücklich", denn wir wissen nicht, wohin wir treiben und wo wir einst ankommen werden. Ziele sind keine Wünsche, obwohl sie von einer großen Vision getragen werden. Ziele sind in kleinen Schritten realisierbar, sie kennen ein klares und prägnantes Ergebnis, die ökologischen Voraussetzungen dafür müssen gegeben sein, man(n) kann ihnen nachspüren und sie sozusagen sinnlich erleben … Diese Einheit in seinem vollen Programm dauert ca. 2–3 Stunden.

Es ist sinnvoll, sich immer wieder zu fragen: Wo möchte ich in fünf Jahren sein? Dieser Gedanke prägt unsere Gegenwart hier und jetzt und führt uns täglich mehr ein Stück weit unserem Ziele entgegen.

Das Wort-Spiel gleicht einem Puzzle, bei dem Wörter zu einem sinnvollen Satz zu zweit zusammengelegt und anschließend im Plenum besprochen werden. Je nach Bedarf kann das Spiel hier verwendet, oder an anderer Stelle eingesetzt werden.

■ **Einstieg** mit einem Dart-Spiel oder einem Kieselsteinewerf-Spiel in die Mitte des Raumes (ähnlich wie Boccia)

■ **Begrüßung, Kreuzeichen und Lied:** Nun singt ein neues Lied dem Herren (Gotteslob 551)

■ **Perikope:** 1 Petr 1, 6–9

■ **Predigtgedanken**

„Es ist mir beschieden, alles ist mir beschieden", denke ich mir sehr oft. Und tatsächlich habe ich wenig von dem, was ich mir vornahm, aus eigenen Kräften erreicht und vieles, das meiste, ist mir geschenkt worden: die liebsten Menschen an meiner Seite – das sind meine Familie und Freunde – sind mir geschenkt, anvertraut, geliehen sozusagen.

Das Haus, in dem wir als Familie heute wohnen dürfen, hat beim Bau meine Kräfte weit überragt, sodass ich auch in diesem Falle von einer glücklichen Fügung durch mutige Hände, die mir helfend unter die Arme griffen, sprechen kann. Die

Macht der eigenen Angst und Schwäche zu trotzen und durchzuhalten, kam nicht aus mir selbst, sie wurde mir geschenkt, sie wurde mir ins Herz gelegt.

Auch der Beruf als Theologe ist mir gewissermaßen zugefallen, ich habe ihn zur rechten Zeit am rechten Ort vernommen. So könnte ich jetzt fortfahren. Ziele erreichen, Ziele verfehlen, Ziele aus den Augen verlieren, Ziele neu gesteckt bekommen, das sind die Themen unseres Lebens. Und sie hören nie auf. Es geht weiter, immer weiter, das Rad des Lebens dreht sich unentwegt, selbst dann, wenn wir es mit aller Kraft festhalten und verhindern wollten. Es scheint so zu sein, dass das Wollen und Vollbringen nicht aus eigener Kraft bewirkt wird, und auch das Gelingen ist eine unverdiente Gabe, die ich bereitwillig annehme und auch anstrebe.

Wie können wir jetzt die Kraft der guten Entscheidungen nützen? Es wird uns Männern nicht immer alles gelingen und: Wir werden sterben.

Felix Baumgartner ist der Mann, der vom Himmel fiel. Wie kann er nach jahrelangem Training endlich die Schallmauer durchbrechen? Hinter diesem Erfolg liegt sehr viel harte Arbeit, auch das ständige Risiko zu scheitern und das Mitwirken vieler Menschen. Joe Kittinger z. B., der selbst ein Basejumper war und den Rekord im längsten freien Fall bis heute hält, hat Felix vom Boden aus sicher durch die Luft geleitet, bis er schließlich mit bis zu 1343 km/h zur Erde fiel. Wohl oft aber werden seine Gedanken zurückkehren an jenen Moment vor dem Absprung aus der Kapsel des Helium-Ballons, 39 Kilometer über der Erde: „Wenn man da oben steht, wird man demütig"[1], hat Baumgartner gesagt. „Du denkst nicht mehr daran, Rekorde zu brechen, du denkst auch nicht mehr daran, wissenschaftliche Daten zu sammeln. Du willst nur noch lebend zurückkommen."[2]

Das Geheimnis des erzielten Erfolges liegt wohl auch in der Ehrlichkeit und Bescheidenheit. Erst wenn ich erkenne, dass ich selbst ein fehlbarer Mensch bin, dass vieles aus eigenem Vermögen letztlich unerreichbar bleiben wird, dass ich auf andere – im Falle Baumgartners auch auf die Technik und verlässliche Menschen am Boden – angewiesen bin, werde ich in kleinen Schritten meine Ziele erreichen. Es ist gut, sie wirklich überschaubar zu ordnen und doch die größere Vision nie aus den Augen zu verlieren. Sie trägt mein Leben, sie gleicht einem Traum, der auch Unmögliches möglich machen kann. Meine Vision vom Leben besteht darin, dass ich einmal alle Gegensätze, unter denen ich oftmals so leide, zusammenhalten und geduldig ertragen kann. Ich fürchte fast, dass ich sehr alt werden muss, um dorthin zu gelangen, denn der Weg dorthin ist weit. Aber wir gehen unsere Lebenswege in kleinen Schritten und wir achten immer nur auf den momentanen Schritt, ohne das große Ziel aus den Augen zu verlieren. Wir werden das Ziel unseres Glaubens erreichen: unsere Rettung (vgl. 1 Petr 1,9) im Unsagbaren, unsere Erlösung im himmlischen Jerusalem!

---

[1] http://www.spiegel.de/wissenschaft/mensch/schallmauer-durchbrochen-felix-baumgartner-ueber-seinen-sprung-a-861298.html (04.09.2017)

[2] ebd.

### ■ Positives Fünf-Jahres-Szenario aus dem Marketing

Die Männer überlegen sich bei dieser Übung, was sie günstigstenfalls in fünf Jahren erreicht haben werden. Das hat Einfluss auf ihr Hier und Jetzt und prägt ihr zukünftiges Handeln.

* *Wohin habe ich mich in fünf Jahren bestenfalls entwickelt?*
* *Was habe ich in den letzten fünf Jahren gemacht, dass ich so erfolgreich wurde?*
* *Welche Ressourcen und Talente habe ich eingebaut und verwendet?*

### ■ Auswertung

Der Gruppenleiter liest die einzelnen Arbeiten vor und die Teilnehmer raten, um wen es sich wohl handeln könnte.

### ■ Wortspiel zu zweit

Die Sätze werden in einzelne Wörter zerschnitten und jeweils in einem Kuvert an zwei Männer übergeben. Diese haben die Aufgabe, die Sätze zu legen und wiederherzustellen. Anschließend werden sie vorgestellt und im Plenum kurz besprochen.
* Der Weg ist das Ziel. (Konfuzius)
* Kaum verloren wir das Ziel aus den Augen, verdoppelten wir unsere Anstrengungen. (Mark Twain)
* Man muss das Unmögliche versuchen, um das Mögliche zu erreichen. (Hermann Hesse)
* Eine Reise von tausend Meilen beginnt mit dem ersten Schritt. (Laotse)
* An den Scheidewegen des Lebens stehen keine Wegweiser. (Charlie Chaplin)
* Der schlimmste Weg, den man wählen kann, ist der, keinen zu wählen.
* Große Geister haben Ziele, andere haben Wünsche. (Washington Irving)
* Zu sein, was wir sind, und zu werden, wozu wir fähig sind, das ist das größte Ziel unseres Lebens. (Robert Louis Stevenson)

### ■ Vaterunser und Segen

### ■ Ziele

Meine Ziele sind heute ganz andere, als sie es noch vor zehn Jahren waren. Ich mag mein großes Ziel nicht aus den Augen verlieren, zumal du mein Ziel, meine Heimat bist. Du bist mein Weg im Wandel durch die Zeit. Du bleibst, während ich mich drehe und wende. Du bist da, wenn ich vor mir und vor dir davonlaufe. Segne du, oh Herr, mein umtriebiges Leben, mit allen die mir liebevoll verbunden sind, durch Christus, unseren Herrn. Amen.

# Die Sexualität im Leben des Mannes (Hld 4,1–16)

- **Material:** Bibel, Gotteslob, Zettel, Bleistift, Hut
- **Hinführung**

Die Sexualität ist eigentlich ein Tabuthema unter Männern. Darüber spricht man höchstens auf vulgäre Weise oder in Form von anrüchigen Witzen. Sie ist jedoch zentraler Bestandteil des Lebens und wird gerade im Hohelied des Ersten Testaments unausgesprochen als die Quelle der Lust schlechthin gelobt. Sie ist durchaus von heiliger Qualität im Leben eines Mannes und hat die Kraft den Mann durch den Eros zu verwandeln und zu erfüllen. Für viele ist Sexualität etwas Zwanghaftes, Schäbiges, das irgendwie nicht zu ihrem Leben gehört, wofür sie sich schämen. Andere hingegen entdecken in ihr einen Quell der Freude, der Lust und des Wohlbefindens. Sexualität ist wie die Religion eine der stärksten Lebensmächte, weil beide den Menschen entgrenzen und in die Ekstase – ins Außer-sich-Sein – katapultieren. Der jüdische Talmud lehrt sinngemäß, dass es drei Dinge gibt, die schon auf Erden einen Vorgeschmack auf das Himmlische durchscheinen lassen: Schabbat, Sonnenlicht und Sex.[1]

Vielleicht ist es sinnvoll, die Männer noch einmal ausdrücklich darauf hinzuweisen, dass das Gesagte auch in diesem Falle „unter Verschluss" bleibt. Wenn es gelingt, Vertrauen zu den Männern aufzubauen und untereinander zu stärken, ergeben sich bestimmt heilsame und aufschlussreiche Gespräche. Das anonyme Frage-Zettel-Spiel kann dabei behilflich sein.

- **Lied:** Ubi caritas (Gotteslob 445)
- **Perikope:** Hld 4,1–16 (alternativ steht auch Spr 5,15–20 zur Auswahl)
- **Predigtgedanken**

In einer Gemeinde wurde fieberhaft und emsig, voll Stolz und voller Vorfreude die Primiz eines ortsansässigen, angehenden Jungpriesters vorbereitet. Bis sich eine ehemalige Ministrantin lautstark wehrte und sagte: „Der hat mich, als ich jung war, sexuell belästigt!" Sie ging bis ins Ordinariat und vor Gericht und so wurde die Sache diözesanweit abgeblasen. Der junge Mann hat es nicht geschafft, seine sexuelle Energie in Kanäle zu lenken, die ihm guttun. Stattdessen wurde er zum Täter an einem wehrlosen Mädchen. Das ist ein Beispiel von vielen für traurige, aber durchaus gängige Fehlformen männlicher Sexualität. Dabei ist Sexualität so schön!

Schon im ersten Buch der Bibel heißt es: „Es ist nicht gut, dass der Mensch allein ist. Ich will ihm eine Hilfe machen, die ihm ebenbürtig ist." (Gen 2,18) Der

---

[1] Vgl. https://www.talmud.de/tlmd/judentum-und-sexualitaet/ (02.10.2017).

Mensch ist als Mann und Frau geschaffen, sie bilden eine Einheit, sie gehören zusammen, sie dürfen sich aneinander erfreuen: „Darum verlässt der Mann Vater und Mutter und hängt seiner Frau an und sie werden ein Fleisch. Beide, der Mensch und seine Frau, waren nackt, aber sie schämten sich nicht voreinander." (Gen 2,24 f.) In diesem biblischen Urzustand konkurrieren Mann und Frau noch nicht, sie verletzen einander nicht, sie bilden eine körperlich-seelisch-geistige Einheit.

Wenn der Mann es versäumt, die Sexualität als Erfahrung des Heiligen zu nützen, kann sie sich verselbstständigen und grausame, zerstörerische Formen annehmen. Dann öffnet sie dem Mann Tor und Tür für sexuelle Gewalt, Pornographie, Pädophilie, Prostitution. Es ist sehr traurig, dass die meisten Formen sexuellen Missbrauchs (Vergewaltigung in der Ehe; Inzest) immer noch im familiären Umfeld stattfinden. Es leben ein weißer und ein schwarzer Wolf in uns Männern. Beide wollen gefüttert und wahrgenommen werden. Die Frage ist nur: Welchem Wolf in mir gebe ich täglich Nahrung? Und womit füttere ich mein (sexuelles) Verlangen? In welche Bahnen lenke ich meine Sehnsucht?

Kein Buch der Bibel ist erotischer und beschreibt die Liebe von Mann und Frau hingebungsvoller, wie das Buch der Bücher, das Hohelied, im Alten Testament. Es wurde um das 4. Jahrhundert verfasst und gilt als „Lied der Lieder", als „das schönste und höchste Lied". Darin wird die sexuelle Liebe als eine Quelle der Lust auf poetische Weise gepriesen. Das Wort „Gott" kommt in diesem Büchlein kein einziges Mal vor und dennoch wurde es in den jüdischen und christlichen Kanon der heiligen Bücher übernommen. Im allegorischen Verständnis wird es auf Christus und seine Kirche übertragen. Und so gilt es auch als die klassische Quelle für christliche Braut- und Liebesmystik.

Männer dürfen sich am Körper ihrer Frauen erfreuen, sie dürfen ihre sexuelle Kraft in fruchtbare Quellen lenken. Sie müssen sich die körperliche Liebe nicht heimlich stehlen. Die Liebespaare dürfen bedingungslos ja zueinander sagen. Im weisheitlichen Buch Kohelet, Anfang des 2. Jahrhundert v.Chr. geschrieben, lesen wir dementsprechend: „Mit einer Frau, die du liebst, genieß das Leben alle Tage deines Lebens voll Windhauch, die er dir unter der Sonne geschenkt hat, alle deine Tage voll Windhauch! Denn das ist dein Anteil am Leben und an dem Besitz, für den du dich unter der Sonne anstrengst!" (Koh 9,9)

### ◼ Hinführung zum Frage-Zettel-Spiel

Vorteil dieser Methode ist es, dass die Männer sozusagen zunächst alles anonym aufschreiben können, was ihnen am Herzen liegt, z.B.: Selbstbefriedigung, Homosexualität, Verhütung, Wie oft hat man als Mann Sex? Sex im Alter? Sex und Prostata … Es kann alles, auch Peinliches, ausgesprochen bzw. angesprochen werden, es muss nicht für alle Fragen sogleich eine Antwort gefunden werden, aber immerhin wird die Lebenswelt der Männer ernst genommen und kommt ausdrücklich zur Sprache, findet angemessenes Gehör und Unpässliches kann problemlos beim Vorlesen weggelassen werden …

### ■ Ablauf

- Die Männer schreiben anonym beliebig viele Fragen zu diesem Thema auf.
- Die Ergebnisse werden verdeckt in einem Hut/einer Mütze gesammelt,
- dann kommen sie in den Kreis, der GL liest die Fragen der Reihe nach vor.
- Sie werden jeweils im Plenum in vertrauter Atmosphäre besprochen (keiner weiß, wer was gefragt hat).

### ■ Vaterunser

### ■ Segen

Gott, du hast uns Männer leibhaftig, kostbar und schön geschaffen. Du hast uns die Kraft der Sexualität gegeben, damit wir lernen, uns liebevoll und kreativ zu verschenken, einander in vollen Zügen zu genießen, fruchtbar zu werden und das Leben weiterzugeben.

Es segne uns alle, ganz besonders auch unsere Frauen, Kinder und Partnerinnen, der schöpferische Vater (+) und der männliche Sohn (+) in der feurigen Kraft des Heiligen Geistes (+). Amen.

# Wie ist das nun mit der Feindesliebe? (Mt 5,38–48)

- ▣ **Utensilien:** Bodenbild, evtl. Wildrosenöl oder Weihwasser

- ▣ **Hinführung**

Die Feindesliebe ist eine große Provokation im Leben jedes Mannes. Wann immer ich darauf zu sprechen komme, stoße ich oft auf Unverständnis. Tatsache ist jedoch, dass wir, solange es nur einen einzigen Menschen auf der Erde gibt, den wir innerlich ablehnen, unseren Frieden mit uns und mit Gott nicht wirklich finden werden. An diesem Abend geht es darum, wie wir mit Leuten umgehen, die uns feindlich gesinnt sind, wie wir deren gute Absichten wahrnehmen können bzw. wie wir uns ihnen gegenüber klar abgrenzen können … Die Zick-Zack-Diskussion versetzt die Teilnehmer in unterschiedliche Sichtweisen.

- ▣ **Begrüßung und Lied:** Singt dem Herrn ein neues Lied (Gotteslob 409)

- ▣ **Bibeltext:** Mt 8,38–48

- ▣ **Predigtgedanken**

Des Mannes größte Feinde sind seine liederlichen Gedanken und die kommen nicht so sehr von außen, sondern direkt aus seiner männlichen Schaltzentrale, die aus dem Kopf und dem Herzen des Mannes besteht. Feinde sind so gesehen Spiegel unserer eigenen, dunklen Schattenseiten und sie zu lieben ist die eigentliche Kunst des spirituellen Lebens, hier liegt der Schlüssel zum Weltfrieden, der in der eigenen Familie und Nachbarschaft beginnt, verborgen. Für Buddhisten sind Feinde der beste Lehrmeister, weil sie uns auf unsere ureigenen Schwächen hinweisen, die uns an der Entwicklung zu einem reifen und guten Menschen hinderlich sind. „Sei deinem Freund nahe, doch deinem Feind näher", hat einmal eine Schülerin ganz spontan den Unterricht bereichert. Und ein weiterer Schüler hat von seiner Mutter übernommen: „Wenn du vergibst, dann tust du vor allem dir selbst einen großen Gefallen."
- Um Feinde zu bekommen, ist es nicht nötig, den Krieg zu erklären. Es reicht, wenn man einfach sagt, was man denkt. (Martin Luther King)
- Sei reizend zu deinen Feinden. Nichts ärgert sie mehr. (Carl Orff)
- Solange es einen einzigen Menschen gibt, den du nicht aufrichtig respektieren kannst, bist noch nicht bei Gott angekommen. (anonym)
- Irren ist menschlich, vergeben ist göttlich. (Alexander Pope)

- ▣ **Zickzack-Diskussion**

- Die Männer erarbeiten in Zweiergruppen Pro- und Contra-Argumente zum Thema Feindesliebe. Für die Diskussion setzen sich die Männer gegenüber (eine Pro-Gruppe und eine Contra-Gruppe).

- Die Regeln sind einzuhalten: Es redet immer abwechselnd ein Mitglied der Pro- und eines der Contra-Seite. Jeder neue Redebeitrag muss sich auf den vorausgegangenen Redner beziehen. Am Ende werden die Ergebnisse vom Männerrundenleiter grob zusammengefasst.

Mögliche Beispiele für bzw. gegen die Feindesliebe:

| Möglicher Pro-Argumente: | Mögliche Contra-Argumente: |
| --- | --- |
| • Vergebung bringt Frieden im eigenen Herzen<br>• Unterbrechung der Gewaltspirale<br>• Wer nur einen einzigen Menschen hasst, ist Gott noch nicht begegnet<br>• Authentische Jesusnachfolge<br>• Wer Feinde hat, zeigt Profil, wer vergibt, zeigt Größe | • Wer sich nicht wehrt, wird nicht geehrt<br>• Handeln gegen die eigene Veranlagung<br>• Feindesliebe ist feige und beruht auf Konfliktscheue<br>• Hass ist ein natürlicher Trieb im Menschen<br>• Gott selbst zürnt den Sündern<br>• Wenn Rachegelüste zu kurz kommen, führen sie zu Autoaggression |

■ Vaterunser

■ Schlussgebet

Finden
Ich habe meine Seele gesucht, ich habe sie nicht entdecken können.
Ich habe meinen Gott gesucht, er hat sich mir entzogen.
Ich habe meinen Bruder gesucht, ich habe alle drei gefunden.
(Francis Thompson)

■ Segen

Jetzt wird es Abend und die Runde geht zu Ende. Wir gehen jetzt zum Wirt. Wir tun dies mit dem Segen Gottes und diesen Segen spenden wir uns zum Abschluss gegenseitig als Männer. Jeweils zwei Männer stehen zusammen und machen einander ein Kreuzzeichen (evtl. mit Wildrosenöl oder Weihwasser):
- auf die Stirn: damit gesegnet sei, was wir denken, +
- auf die Hände: damit gesegnet sei, was wir tun, +
- auf die Brust: damit gesegnet sei, was wir lieben. +
Im Namen des Vaters und des Sohnes und des Heiligen Geistes. A: Amen.

# Tragische Helden (1 Sam 17, 41–54)

■ **Materialien:** Bodenbild, Steinschleuder, Stein, Packpapier, Schere, Klebstoff, Zeitungen

■ **Hinführung**

Es ist tragisch, wenn Männer sich selbst über- und andere unterschätzen. Leider kommt das sehr oft vor und dann spricht man von tragischen Helden. Goliat und Holofernes sind zwei Beispiele aus der Bibel, denen ihr Hochmut den Kopf gekostet hat. Sie wähnten sich allzu sicher und mussten fallen, wie der junge Robert, den das Motorrad „abgeworfen" hat.

In dieser Einheit wird Robert, der junge Mann auf dem Motorrad, zum Thema. Er wird mit dem unreifen Goliat verglichen, der eigentlich viel mehr draufhätte, aber dann ganz klein beigeben musste, weil seine Wahrnehmung der Dinge nicht der tatsächlichen Wirklichkeit entsprach.

Mit der Zeitungscollage bringen die Männer die Geschichte tragischer Helden unserer Tage anschaulich zu Papier. Sie gilt als Anregung für den Austausch unter Brüdern und kann auch öffentlich dargestellt werden.

■ **Begrüßung, Kreuzzeichen, Perikope und Predigtgedanken**

Männer können zu tragischen Helden werden, wie wir es in der Perikope gehört haben.

Ein etwa dreißigjähriger Mann, ich nenne ihn jetzt Robert, fährt an einem sonnigen Junitag ca. 20 Mal mit seiner 11-hunderter BMW eine Bergstraße hinauf und hinunter. Beim 21. Mal schaltet sich in einer scharfen Kurve völlig unvermutet das ABS ein, er kommt zu Sturz und fällt mit ca. 100 km/h in bzw. über die Leitplanken. Schwerverletzt überlebt er den Unfall und bedauert nach einer mehrstündigen Operation den Totalverlust seiner Rennmaschine.

Diese „Heldentat" des Mannes hat eine Vorgeschichte. Roberts Vater hat die Familie verlassen als er fünf Jahre alt gewesen war. Er hat sich seither nie mehr um den Sohn gekümmert und wenn er ihn je wieder zu Gesicht bekommen sollte, „dann haue ich ihm eine in die Fresse", wie er selbst sagt. Robert hat es nicht gelernt Mann zu sein. Er musste zwar seinen Vater ersetzen, auch in dem er z. B. in den Ferien als Schüler zur Arbeit ging und alles erwirtschaftete Geld zuhause abgab, damit die Mutter mit den drei Schwestern finanziell über die Runden kam. Und so war und bleibt er vor allem der Liebling der verlassenen und enttäuschten Mutter. Sie hat ihn bemuttert, aber wer hat ihn bevatert? Als Roberts Ehe auseinanderging, führte ihn sein erster Weg zu seiner Mutter, wo er auch eine Zeit lang wohnte.

Robert ist bislang noch keinem starken und wilden Eisenhans begegnet, jenem Waldmenschen aus der Tiefe, der ihm in schweren Schlachten hilfreich zur Seite steht und der sich schließlich von ihm in einen König verwandeln lässt. So bleibt

Robert nichts anderes übrig als *Nicht*-Frau zu sein, was sich bei ihm in diesen riskanten, postpubertär anmutenden Abenteuern, von denen eines beinah tödlich endete, auswirkt.

Robert ist kein Einzelfall. Viele Männer unserer Tage gehen in das Risiko, wählen die Brutalität oder die Sucht, werden zu maßlosen Workaholics, fliehen in lose Bindungen oder ergeben sich der Depression.

Echte Männer, ganze Männer, wilde Männer, von denen wir heute sprechen, sind nicht gleich unbeherrschte, ungezügelte, todesmutige oder tollkühne Männer. Wilde Männer verstehen es mit einer Spaltaxt riesige Baumklötze genauso zu zerteilen wie eine zarte Feder. Und vor allem: Die meiste Zeit ihres Lebens benutzen die wilden Männer ihre Spaltaxt eben *nicht*, wie ein weiser Krieger, der seine Stärke darin zum Ausdruck bringt, dass er sein Schwert eben *nicht* oder nur sehr selten zückt. Man kann sagen, dass wilde Männer sehr wohl ihre dunklen Seiten und Abgründe kennen und ihre Leidenschaften gut unter Kontrolle haben. Man sagt von Jesus, dass er nach 40-tägigem Fasten in der Wüste bei den wilden Tieren lebte. Die wilden Leidenschaften dienten ihm sozusagen, er war ihr Meister und nicht umgekehrt.

Betrachten wir heute die Geschichte von David und Goliat aus der Perspektive des Philisters. Ähnelt er nicht dem tragischen Helden der eingangs erzählten Geschichte? Goliat überschätzt sich maßlos. Er baut auf Stahl, auf seinen wilden, riesigen und starken Körper, auf seine eigene Manneskraft. Er unterschätzt seinen Gegner David. Er verkennt die Realität und muss sich schließlich als tragischer Held geschlagen geben. Seine ganze Kraft und Leidenschaft haben ihm nichts genützt, seine Kriegskunst war vergebens: Ein kleiner Stein aus der Hand eines jungen Hirten beendet seine ruhmreiche Karriere und lässt ihn kopflos und von seinen Kriegern verlassen im Staub zurück.

### ■ Zeitungs-Collage

Gruppenleiter: Sucht euch jetzt aus den Zeitungen Geschichten von tragischen Helden heraus und klebt sie – nach Möglichkeit mit Bildern – auf dieses Plakat. Wir werden sie anschließend gemeinsam betrachten und besprechen.

### ■ Austausch unter Brüdern, Vaterunser und Schlussgebet

Herr, starker Gott, du willst, dass wir kämpfen für dich und dein Reich. Du willst, dass wir Männer fair und vernünftig kämpfen. Ein lebender Hund ist für dich besser als ein toter Löwe. Wir leben und wir leben für dich. Lass uns all unsere Kraft in den Dienst des Lebens stellen. Darum bitten wir durch Christus, der in der Einheit des Heiligen Geistes mit dir lebt und herrscht in alle Ewigkeit. Amen.

# Runter vom Sofa – rein in die Politik (Apg 17, 22–34)

- **Materialien:** Bodenbild, Gotteslob, Blätter, Stifte

- **Hinführung**

Politik (von griechisch: *polis* = Stadt) ist nicht unbedingt das Thema des „kleinen Mannes", der sich das Ganze lieber am Stammtisch zu Gemüte führt. Und doch geht es uns alle an, zumal wir alle getauft und gefirmt sind zum öffentlichen Bekenntnis für den Glauben. In der Konstitution *Gaudium et spes* des 2. Vatikanums heißt es demnach (Art. 75): „In vollem Einklang mit der menschlichen Natur steht die Entwicklung von rechtlichen und politischen Strukturen, die ohne jede Diskriminierung allen Staatsbürgern immer mehr die tatsächliche Möglichkeit gibt, frei und aktiv teilzuhaben an der rechtlichen Grundlegung ihrer politischen Gemeinschaft, an der Leitung des politischen Geschehens, an der Festlegung des Betätigungsbereichs und des Zwecks der verschiedenen Institutionen und an der Wahl der Regierenden (5)."[1]

Der religiöse Christus ist immer zugleich auch der politische Christus. Er bleibt nicht bei sich, er tritt auf in der Welt, in der er lebt. Dass Christsein eine hochpolitische Angelegenheit ist, geht auch daraus hervor, dass Christen zwar dem Kaiser geben, was des Kaisers ist (vgl. Mk 12, 17), zugleich gehorchen sie Gott mehr als den Menschen (vgl. Apg 5, 29). Gelebtes Christsein ist politisches Handeln unabhängig davon, ob es sich parteipolitisch engagiert oder den binnenkirchlichen Rahmen durch Zeugen des Evangeliums – etwa in der Option für die Armen – sprengt.

Das abschließende Engel-Dämon-Spiel eignet sich sehr gut für Entscheidungsfindungen oder auch zum Austausch von Argumenten, die das Pro und Contra politischen Handelns thematisieren.

- **Begrüßung, Kreuzzeichen und Lied:** Wir ziehen vor die Tore der Stadt (Gotteslob 225)

- **Perikope und Predigtgedanken**

Er stellt sich vorne hin, immer in die erste Reihe und kämpft für seine Überzeugung. So macht er sich angreifbar und verwundbar. Immer wenn es darum geht, Stellung zu beziehen, mischt mein Kollege sich mutig ein, u. a. für gerechte Entlohnung oder transparentere demokratische Verhältnisse in der Gesellschaft. Das hat ihm nicht nur Vorteile gebracht, sondern auch manchen Karriereschub verhindert. Trotzdem lässt er nicht locker und arbeitet unerschrocken als Betriebsrat, in

---

[1] http://www.vatican.va/archive/hist_councils/ii_vatican_council/documents/vat-i_const_ 19651207_gaudium-et-spes_ge.html (18.04.2018)

der Gewerkschaft, er verfasst öffentliche Schriften und steht auf diese Weise mutig seinen Mann.

Eindruck verlangt nach Ausdruck. Das, was einen Menschen tief beeindruckt, möchte natürlich auch nach außen hin sichtbaren Ausdruck finden. Wenn ich von Jesus beeindruckt bin, werde ich Wege finden, mir Luft zu machen, ich werde davon künden, nach seinem Geheimnis fragen, es immer wieder in Frage stellen und es jedenfalls ein Leben lang ins Gespräch bringen.

Der Ausdruck meiner Überzeugung wird also öffentlich sichtbar, ich werde ein öffentlicher, politischer Mensch, der seinen Glauben nicht nur im stillen Kämmerlein lebt, sondern in der Welt tief verankert. Es genügt offensichtlich nicht, Vaterunser zu beten, wir sind angehalten, diese Gemeinschaft, die uns als Brüder und Schwestern verbindet, auch tatsächlich zu leben: im Austausch untereinander, im Füreinander-Dasein. Der kirchliche Grundauftrag hierzu lautet: Martyria, d. h. Zeugnis geben und meint, dass Christen ihren Christus in die heutige Welt hineinleben, sodass die Menschen fragen: Was sind deine Motivationen? Woher erhältst du die Kraft das alles zu tun? Es muss ja nicht zwingend viel sein, aber es wird – wenn der Glaube echt ist – einen Ausdruck geben und wird gesehen werden. Dazu bieten sich die unterschiedlichsten Mittel an: die Printzeitungen, in denen wir uns als Christen aktuell z. B. als Leserbriefschreiber zu Wort melden; die Mitgliedschaft bei diversen Vereinen oder in einer Partei; wir können uns künstlerisch betätigen oder in der Gemeinde verschiedene Dienste übernehmen; wir können literarisch kreativ werden oder uns durch Petitionen für Schwächere einsetzen; wir können Bürgerinitiativen unterstützen, Kranke besuchen …

Paulus wagte in Athen am Areopag einen eindrucksvollen, politischen Auftritt mit folgenden Worten: „Männer von Athen, nach allem, was ich sehe, seid ihr sehr fromm. Denn als ich umherging und mir eure Heiligtümer ansah, fand ich auch einen Altar mit der Aufschrift: EINEM UNBEKANNTEN GOTT. Was ihr verehrt, ohne es zu kennen, das verkünde ich euch. Gott, der die Welt erschaffen hat und alles in ihr, er, der Herr über Himmel und Erde, wohnt nicht in Tempeln, die von Menschenhand gemacht sind … Denn in ihm leben wir, bewegen wir uns und sind wir, wie auch einige von euren Dichtern gesagt haben: Wir sind von seinem Geschlecht. Da wir also von Gottes Geschlecht sind, dürfen wir nicht meinen, das Göttliche sei wie ein goldenes oder silbernes oder steinernes Gebilde menschlicher Kunst und Erfindung. Gott, der über die Zeiten der Unwissenheit hinweggesehen hat, gebietet jetzt den Menschen, dass überall alle umkehren sollen. Denn er hat einen Tag festgesetzt, an dem er den Erdkreis in Gerechtigkeit richten wird, durch einen Mann, den er dazu bestimmt und vor allen Menschen dadurch ausgewiesen hat, dass er ihn von den Toten auferweckte." (Apg 17,22 ff.) Der Preis für sein Glaubensengagement war der Tod durch Enthauptung in Rom.

Europa braucht gerade in Zeiten des Umbruchs Männer, die für ihre christliche Überzeugung einstehen. Wir nennen sie auch Bekenner und sie sind wichtig für unsere Gesellschaft. Sie haben prophetisches Sendungsbewusstsein und kämpfen immer wieder mehr oder weniger erfolgreich gegen ihre eigene Angst, gegen ihr

Runter vom Sofa – rein in die Politik

eigenes Unvermögen, indem sie sich voll auf den verlassen, der ihr Leben auf geheimnisvolle Weise trägt und fruchtbar macht.

### ■ Engel und Dämon-Spiel

Gruppenleiter: Geht jetzt in Dreiergruppen: Ein Mann spielt den Engel, der allem Gehörten zustimmt, ein anderer den Dämon, der alles ablehnt. Ein dritter ist die Balance, der Schiedsrichter, der entscheidet, welches die besten Argumente sind, die er auch notiert. Im Plenum erzählen alle Schiedsrichter, wie die Gruppe sich entschieden hat und welche Argumente jetzt vorgestellt werden sollen.

### ■ Austauschgespräch mit Vorstellung der Gruppenergebnisse

### ■ Vaterunser

### ■ Schlusssegen

Herr,
lass uns nicht wie ein Weizenkorn in der Scheune verkümmern,
mach uns fruchtbar für dein Reich.
Lass uns aufstehen,
gib, dass wir unser geliebtes Ego verlassen und aufbrechen
zu neuen Ufern, die du uns zeigst.
Öffne unseren Mund, lass unser Licht vor den Menschen leuchten,
dass sie deiner Herrlichkeit gewahr werden.
Mach uns zu wachsamen und mutigen Männern.
Dazu segne uns der dreifaltige Gott,
der Vater (+)
und der Sohn (+)
und der Heilige Geist (+).
Amen.

# Wenn Männer ihre Häuser öffnen (1 Kön 17, 8–24)

- ■ **Materialien:** Mehltopf, Ölkrug, Bodenbild

- ■ **Hinführung**

Gastfreundschaft hat seinen Wert, weil wir unser Haus, unser Herz, unser Inneres aufmachen für den anderen. Da sind wir verwundbar und zugleich geben wir Obdach. Die Bibel ist voller Gastfreundschaftsgeschichten. Es gibt nur wenig Ausnahmen wo die Gastfreundschaft inklusive Übernachtung verweigert wurde, z. B. bei Totschlägern, die vor der Stadt auf ihr Gerichtsurteil warten mussten, bei Aussätzigen oder Besessenen. Gastfreundschaft kann gelingen wie bei Abraham in Gen 18,1 ff., sie kann am Beispiel Lots gefährdet sein (Gen 19,1 ff.) oder auch total misslingen und äußerste Brutalität hervorrufen (Ri 19,15–30).

Diese Einheit regt die Männer an, über sich und ihr Gastfreundschaftsverhalten nachzudenken.

- ■ **Begrüßung und Kreuzzeichen**

- ■ **Perikope und Predigtgedanken**

Vor vielen Jahren habe ich einmal eine Messfeier für eine kroatische Gemeinde in Klagenfurt musikalisch mit meiner Gitarre und meiner Stimme mitgestaltet. Danach hieß es: „Kommst du noch auf eine Kleinigkeit mit?" Natürlich bin ich mitgegangen, allerdings sprengte das, was mich jetzt erwartete, meine kühnsten Vorstellungen von einer „Kleinigkeit". Die Tische bogen sich, die Damen flitzten durch den Raum, brachten Suppen, Getränke, Fleisch, Gemüse, Pita, Süßigkeiten … Es war ein festliches Gelage und es wollte nicht enden. Die kleine Gemeinde war so froh, dass ich sie nicht im Stich ließ und wollte es sich nicht entgehen lassen, mich dafür in ihre Gemeinschaft – auch nach der hl. Messe – einzubinden und daran teilhaben zu lassen. Das ist Gastfreundschaft pur, die man in reichen Industrieländern bei allem Wohlstand so selten findet.

Die Witwe von Sarepta wollte eigentlich mit ihrem Sohn sterben, da sie nur noch eine „Handvoll Mehl und wenig Öl im Krug" hatte. Mit dem allerletzten Aufgebot buk sie auf Wunsch des Propheten Elija ein kleines Gebäck und überreichte es ihm sozusagen als letzten Liebesdienst. Überraschenderweise wurde ihr dieses Werk zum Segen, denn der „Mehltopf wurde nicht leer und der Ölkrug versiegte nicht", wie es Elija versprochen hat (1 Kön 17,16). Man könnte daraus schlussfolgern, dass uneigennützige Gastfreundschaft das eigene existentielle Überleben sichert. Für die Witwe von Sarepta ist jedenfalls wahr geworden, was Jahrhunderte später der Verfasser des Hebräerbriefes anmahnt: „Vergesst die Gastfreundschaft nicht; denn durch sie haben einige, ohne es zu ahnen, Engel beherbergt!" (Hebr 13,2)

Was genau passiert bei der Gastfreundschaft? Ich mache mein Haus für einen Fremden auf, ich teile mit ihm meinen gedeckten Tisch und gebe ihm gegebenenfalls auch ein Bett, ich bilde mit ihm für eine begrenzte Zeit eine Lebensgemeinschaft, die mehr sagt, als bloße Worte. Gastfreundschaft (gr. *phíloxenia*, das heißt: Fremdenliebe) ist für mich wie ein Sakrament, weil es das tut, was es sagt. In der Gastfreundschaft bilden das gesprochene Wort: „Bleib bei uns! Komm rein!" – und die damit verbundene Realität der liebevollen, überdachten Gemeinschaft eine Einheit. Und dann bleibst du und erfährst Schutz, Kräftigung, Geborgenheit in vertrauter Atmosphäre. Das hat etwas Heilsames und Entängstigendes an sich, diese Gastfreundschaft, sie ist ja in der Tat eine Form der Freundschaft, weil du nicht nur etwas mit dem Gast teilst, sondern letztlich dich selbst, dein Lebensumfeld, deine engsten Vertrauten.

### Gastfreundschaft im Petrusbrief

Der Verfasser des 1. Petrusbriefes setzt sich mit der griechisch-römischen Kultur auseinander und sucht dazu ein gutes Verhältnis des jungen Christentums zu finden. Er will sich in dieser heidnischen Welt als Christ – vermutlich Paulusschüler – mit den christlichen Gemeinden bewähren. Er weiß vermutlich auch, dass in der hellenistisch-römischen Welt die Gastfreundschaft hoch im Kurs war. In Rom verfasst, ermahnt er das „heilige und priesterliche Volk" (1 Petr 2, 5.9) in der Diaspora zu einem guten christlichen Leben: „Seid untereinander gastfreundlich, ohne zu murren! Dient einander als gute Verwalter der vielfältigen Gnade Gottes, jeder mit der Gabe, die er empfangen hat." (1 Petr 4, 9 f.)

### Gastfreundschaft im Talmud

Nach dem jüdischen Talmud ersetzt die gelebte Gastfreundschaft einen Gottesdienst, denn letztlich ist es immer Gott selbst, den wir aufnehmen. Selbst wenn ein Feind (lat. *hostis* heißt: Fremder, Staatsfeind, Feind) bei uns zu Gast wäre, müssten wir ihn beherbergen, denn ein Baum spendet auch jenem Früchte, der ihn fällt. Es geht bei der Gastfreundschaft nicht primär darum, dass sich die Tische biegen: ein Glas Wein, ein Stück Brot und Käse, ein gutes Wort im Kerzenlicht, ein stilles Gebet und jede Menge Barmherzigkeit und Ruhe bieten gute Bedingungen für eine gelingende Begegnung.

### Gastfreundschaft im Johannesevangelium

Was passiert, wenn wir heute Jesus ausdrücklich in unser Leben hereinlassen? Was passiert, wenn er am zauberhaften Anfang einer Hochzeitsfeier dabei ist? Was macht den Unterschied aus zwischen einer „wilden Ehe", einer standesamtlichen Trauung oder einer Feier vor Gott und den Menschen? Mir liegt es fern, das eine gegen das andere auszuspielen, aber auffallend ist beim Evangelisten Johannes die Rolle Jesu, der nicht nur als Hochzeitsgast, sondern auch als Regisseur in eine neue Ära der Liebe auftritt. Johannes hat es als erstes Zeichen der wunderbaren Nähe Gottes in Jesus bei der Hochzeit zu Kana festgehalten: Den Hochzeitsleuten geht der Wein aus. Und was tut Jesus, der mit seiner Mutter und seinen Jüngern zur Feier geladen ist? Er verwandelt das Wasser in guten, sehr guten Wein. Der Gast wird zum Akteur, zum Gestalter, zum Initiator einer neuen, schöpferischen Liebe, der der Wein als Symbol der Lebensfreude ausgegangen ist. Mit solchen Überraschungen dürfen auch heute alle rechnen, die mit ihm rechnen, die ihn in ihren Gästen erkennen wollen, die sich aufmachen für das Wunder der Begegnung.

- ■ Austausch unter Brüdern

- ■ Vater unser

- ■ Segen

Vater, Abraham empfing die drei Männer in Mamre,
die Witwe von Sarepta lud Elija in ihr Haus,
Zachäus öffnete sein Haus für Jesus.
Die Hochzeitsleute von Kana
luden Jesus und seine Freude zur Hochzeit ein.
Die Bibel ist voller Gastfreundschaftsgeschichten.
Herr, öffne mein Herz und mein Haus
für Menschen, die mich brauchen,
die mir nichts zurückgeben können
und so segne uns der gütige Gott,
der Vater (+)
und der Sohn (+)
und der Heilige Geist (+).
Amen.

# Wenn ein Bauer zum Propheten wird ... (Amos 8, 4–7)

- ▪ **Materialien:** Megaphon, Bodenbild

- ▪ **Hinführung**

Propheten gab es damals und es gibt sie heute: Oft treten sie als Künstler (Marc Chagall), Poeten (Dom Helder Camara), Journalisten (Johannes Röser), Prediger (Bischof Tutu), Bischöfe (Oscar Romero) oder beispielsweise als Politiker (Nelson Mandela) in Erscheinung.

Propheten sind vom Geist Gottes getriebene Menschen: Sie rufen Gottes Wort hervor und treten freimütig dafür ein. Das aus dem Griechischen kommende Wort Prophet heißt wörtlich „für- bzw. anstatt jemanden sprechen". Der Prophet ist also jemand, der anstelle eines anderen oder für einen anderen spricht. Mit προφήτης *(prophetes)* wurde im Alten Testament fast immer das hebräische Wort נביא *(nabi =* Rufer/Gerufener) gleichgesetzt. Propheten sind also Menschen, die sich von Gottes Geist gerufen wissen, um in dessen Auftrag zu sprechen und aktiv zu werden.

In Gruppen überlegen die Männer bei dieser Einheit, was Propheten heute sagen würden, sie stellen ihre Ergebnisse im Plenum vor. Sollten sich die Männer für die prophetische Rede an die Menschheit entscheiden, wäre es natürlich sinnvoll, diese auch in Form von Leserbriefen, oder als Beitrag in der Kirchenzeitung, oder als Meditationen beim öffentlichen Gottesdienst usw. für ein größeres Publikum zugänglich zu machen.

- ▪ **Begrüßung und Kreuzzeichen**

- ▪ **Perikope und Predigtgedanken** (mit Megaphon)

Wozu ist dieses Megaphon gut? Richtig, es verstärkt den Ruf des Rufers und Rufer sind in unserem Fall berufene Propheten, Stimmen für den Herrn. Wenn ein Bauer zum Propheten wird, dann stellt er die soziale Ordnung auf den Kopf. Der Prophet Amos (hebräisch: Gott trägt dich bzw. der Tragende, der Beladene) war Vieh- und Maulbeerfeigenbaumzüchter in der kleinen Stadt Tekoa, südlich von Jerusalem. Prophetie hat nichts mit der Herkunft oder dem Bildungsstand eines Menschen zu tun. Sie trifft uns, jeden von uns, ungeachtet des sozialen Status und wir müssen uns entscheiden.

Amos lebte im 8. Jh. v. Chr. Seine Anklage als Prophet galt den religiösen und sozialen Missständen. Einige wenige Großgrundbesitzer und Händler hatten sich auf Kosten der ärmeren Bevölkerungsschichten großen Reichtum erworben. Damit verließen sie den Weg Jahwes und seiner Gebote. Amos klagte sie an. Er legte den Finger in die Wunde der Korruption und sozialen Ausbeutung. Amos sah Menschen in tiefster Armut, während die Reichen die Schwachen verfolgten, die Armen im Land unterdrückten, dabei selbst den Wein aus großen Humpen tranken und sich mit feinstem Öl salbten, wie der Prophet zornig feststellte.

Amos kündete ein Strafgericht Gottes an, wurde vertrieben (7,12 f.) und kehrte zu seinem ursprünglichen Beruf als Maulbeerfeigenbaumzüchter zurück. Im Jahr 722 wurde das Nordreich tatsächlich von den Assyrern erobert. Dieses Datum galt später als das angekündigte Strafgericht für die habgierigen Reichen Israels.

Die Prophetie des Buches Amos ist die Botschaft von Gott, der sein Volk retten will – durch Umkehr oder Gericht. Seine Intention ist es, dass die Menschen die Früchte der Erde miteinander teilen. Für Amos ist die Verwirklichung von Recht und Gerechtigkeit gelebter Gottesbund.

In seiner Kritik an der religiösen Praxis seiner Zeit hinterfragte er die in Israel üblichen Gottesdienste. Amos hätte als Bauer im Südreich ein ruhiges und angenehmes Leben führen können. Aber er nahm das Wagnis der Prophetenberufung auf sich, ging nach Israel und verkündete dort im Auftrag Jahwes seine unbequeme Botschaft.

Wenn Männer unserer Tage zu Propheten werden, dann beschönigen sie offensichtliche Missstände nicht, sie haben ein reges und waches Gewissen, das nie verstummt. Ihr Schwert ist Gottes Wort, das sie verkünden, ob gelegen oder ungelegen, sie treten dafür ein. Dieses Schwert verfehlt seine Wirkung nicht, es scheidet die Geister und stellt die Menschen vor große Entscheidungen.

Was glaubt ihr, würde Amos heute sagen? Er würde es anprangern, dass wir Weizen in Biogasanlagen vergären lassen, dass wir Unmengen von Nahrungsmitteln wegwerfen um den Preis zu stabilisieren, dass wir der Einen Welt Rohstoffe plündern um noch reicher zu werden, während ca. eine Milliarde Menschen kaum genug zu Essen haben. Amos würde die Dumping-Löhne ins Wort nehmen, durch die Reiche reicher und Arme ärmer werden, er würde mit Sicherheit brutale Regime in Frage stellen und sich für die Würde des Menschen einsetzen. Er würde uns fragen, warum wir auf der Erde so viele Kriege auf Kosten so vieler Unschuldiger führen, er würde uns anklagen, weil wir die Schöpfung Gottes misshandeln, weil wir Regenwälder abholzen, unzählige Autostraßen bauen, die Nahrungsmittel gentechnisch manipulieren. Er würde uns in die Pflicht nehmen, atomare Sprengkörper abzurüsten ...

Die Liste könnte man jetzt beliebig fortsetzen. Tatsache ist, dass Propheten das Sagen, was andere nicht einmal zu denken wagen. Deshalb sind sie auch so unbeliebt und erleben sehr oft ein tragisches Schicksal. Sie lehnen sich für Gottes Wort sehr weit aus dem Fenster, dabei sind sie mit Sicherheit keine besseren und qualifizierteren Männer wie wir. Sie sind Männer wie du und ich und wir leben aus der gleichen Berufung wie sie. Wie gehen wir damit um? Was machen wir daraus?

■ **Gruppenarbeit**

Gruppenleiter: Überlegt in Dreier-Gruppen, was der Prophet heute zu uns, zu unserem eigenen Lebensstil, zu unseren Familien, zu unseren Gottesdiensten … sagen würde. Schreibt es auf und stellt es anschließend vor.

Alternativ dazu bietet sich eine **prophetische Rede an die Menschheit** an

Gruppenleiter: Heute ist der vielleicht wichtigste Tag deines Lebens. Schreib drauf los, was du zu sagen hast! Du stehst vor einem Riesenpublikum und darfst eine Rede an die Menschheit halten. Fasse alles, was dir jetzt wichtig ist, in Worte. Mach deinen prophetischen Geist durch deine Gedanken und Worte für alle Menschen erfahrbar.

■ **Meine prophetische Rede an die Menschheit**

■ **Austausch unter Brüdern und Vorstellung der Ergebnisse**

■ **Vaterunser**

■ **Segen**

Herr, ich bin so weit weg von dem, was du von mir erwartest,
ich habe Angst und ich weiß nicht, wie ich dir dienen soll.
Herr, ich möchte raus aus meiner Bequemlichkeit und Feigheit
aber wie?
Gib mir du die Kraft, dass ich tu, was du von mir verlangst.
Ich öffne mein Herz für dich,
mach du mit mir, was dir gefällt.
Amen.

# Christen heute (Röm 8,12–17)

■ **Materialien:** Bodenbild, Bilder von unterschiedlichen Männern, Zettel, Stifte

■ **Hinführung**

Was unterscheidet uns christliche Männer von anderen Männern? Geht es nicht bloß darum, dass jeder ein guter Mensch ist?

Mit diesen Fragen setzt sich die Runde auseinander. Egal, was dabei herauskommt. Tatsache ist, dass nur der Mann, der weiß, wer er ist, auch wirklich du sagen kann und somit Bestand im Leben hat.

■ **Begrüßung, Kreuzzeichen und Lied:** Schönster Herr Jesu
(Gotteslob 364)

■ **Perikope und Predigtgedanken** (mit Bildern von Männern)

Ich habe hier eine Reihe von Männerbildern mitgebracht. Schaut sie an und sagt mir, was sie gemeinsam haben, was sie voneinander unterscheidet, was euch dazu einfällt!

Pause und Gespräch, der Gruppenleiter sagt: Der ist Katholik, der ist Adventist, der ist Muslim, der ist Scientologe ... Das ist natürlich ein Scherz, aber es bringt die Frage auf den Punkt. Eine Frage, die immer wieder in wohl jedem christlichen Leben auftaucht, lautet: „Wie leben Christen heute?" Und mit Paulus gesprochen: „Was heißt es, nur nach dem Fleisch zu leben bzw. sich vom Geist Gottes leiten zu lassen?"

Ich kenne einen Mann Mitte vierzig. Er ist zwar getauft, gestaltet aber sein Leben fernab jedes kirchlichen Bezuges. Er orientiert sich z. B. am philosophischen

Ethos eines Immanuel Kant und versucht auf diese Weise den Ansprüchen eines guten Menschen gerecht zu werden. Er ist selbstverständlich für Kranke da, spricht aber kaum darüber. Er lebt sehr wahrhaftig, auf ihn ist Verlass. Ich bin mir – ehrlich gesagt – nicht ganz sicher, wer von uns der „bessere" Mensch ist. Jedenfalls würde ich es mir niemals anmaßen, nur aufgrund meiner Taufe und meiner Kirchenzugehörigkeit ein „bedeutsameres" Menschsein ableiten zu wollen.

Was macht uns Männer zu Christen? Was unterscheidet uns von den anderen Menschen in der Welt? Essen und trinken wir nicht wie sie? Freuen wir uns nicht wie sie an unseren Frauen, an einem Krug Bier, an einem gelungenen Arbeitstag? Sind es die bittersüßen biblischen Worte und Gebote, deren Erfüllung uns aufgegeben ist? Ist es das hohe religiöse Ideal, das wir anstreben, etwa das Gebot Jesu: „Du sollst den Herrn, deinen Gott, lieben mit ganzem Herzen, mit ganzer Seele und mit deinem ganzen Denken. Das ist das wichtigste und erste Gebot. Ebenso wichtig ist das zweite: Du sollst deinen Nächsten lieben wie dich selbst." (Mt 22, 37 ff.) Ist es der regelmäßige Kirchgang, der uns zu Christen macht?

Egal, wie wir unsere Überlegungen aufziehen: Am Ende wird nur eines gültig bestehen bleiben – nämlich unsere in Freiheit und großer Freude gelebte Liebe. „Und wenn ich meine ganze Habe verschenkte und wenn ich meinen Leib opferte, um mich zu rühmen, hätte aber die Liebe nicht, nützte es mir nichts", (1 Kor 13, 3) schreibt Paulus. Die Liebe allein zählt. Sie zu tun, sie zu sein und sie zu vergegenwärtigen ist uns aufgetragen und ins Herz geschrieben. Für mich ist das das Leben aus dem Geist, wie es Paulus beschreibt. Wie wir das tun, müssen wir – je nach Situation – letztlich selbst für uns entscheiden.

Wer sich Christ nennt, lebt willentlich in Christus und lässt sich von ihm gleichgestalten. Er formt sein Gewissen an der Heiligen Schrift, an guten Menschen, an Hagiographien, am Mitwirken in der Liturgie, er orientiert sich an den Geboten, an den Werken der Barmherzigkeit … Er überlässt sein Leben nicht dem Zufall, sondern lebt entschieden, und tätig ein Leben aus der Liebe zu Gott und den Menschen. Gott ist für ihn kein leerer, abstrakter Begriff mehr. Er ringt ein Leben lang mit ihm, dem Unsagbaren und Geheimnisvollen. Er weiß sich von ihm durch alle Schwierigkeiten und Herausforderungen hindurch geliebt und getragen.

Christen lassen sich vom Geist Gottes leiten und wissen, dass sie seine Kinder sind. Sie haben Gott zum Vater und leben als dessen Kinder hier auf Erden. Christen sind großherzig, sie geben ihr narzisstisches Ego auf, sie kreisen nicht ununterbrochen um sich und ihre Vorteile. Sie sind nicht dem Fleisch – und damit ihren Begierden und Neigungen – verpflichtet. Sie leben aus dem Geist der Freiheit.

Sie stellen tatsächlich Christus in den Mittelpunkt ihres Lebens und das heißt, dass das Opfer für sie eine sehr große Rolle spielt. Sie leben nicht sich selbst, sondern einer großen Aufgabe, von der sie sich in den Dienst nehmen lassen: Barmherzigkeit, Besonnenheit, Gerechtigkeit, Versöhnung aber auch Stärke und Kampfbereitschaft kennzeichnen ihr bewegtes Leben. Christsein ist ein Entwicklungsprozess, eine immerwährende Erneuerung, eine Wandlung hin zu dem Mann, der ich vor Gott bin: sein geliebter Sohn.

Gruppenleiter: Setzt euch jetzt zu dritt zusammen. Einer ist Sprecher (1), einer ist Zuhörer (2) und einer ist neutraler Beobachter (3). Der Sprecher ist Christ und begründet sein Christsein mit eigenen Thesen. Der Zuhörer fragt nach, wiederholt kurz das Gesagte, er darf auch Einwände äußern. Der Beobachter notiert die Argumente des Sprechers. Dann wechselt die Rollen.

### ■ Austausch im Plenum mit den gesammelten Begründungen für das Christsein

### ■ Gebet

**Ich bin ein Christ**
Ich geh sonntäglich zur Kirche. Halte die Gebote.
Spreche die Gebete. Und kenne sogar die Werke der Barmherzigkeit.
Ich schlage niemanden. Und betrüge nicht.
Bin ich jetzt schon ein besserer Mensch? Bin ich jetzt ein guter Christ?
Ohne Liebe wäre das alles weniger als nichts. Ich wäre ein lärmender Schreihals ohne Botschaft.
Ein schöner Bogen ohne jegliche Spannkraft. Ein Redner mit leeren Worthülsen ohne nennenswerte Vitalität.
Mein Leben wäre eine Farce. Ein abgeschmackter Rest verbrauchter, erstarrter Ideen. Nun aber bin ich ein Christ.
Und setze alle Hoffnung auf den, der mich zuerst geliebt hat. Amen.

### ■ Vaterunser und Segen

Herr, wecke in uns die Lust am Leben,
die Lust am Gestalten,
die Lust am Wirken hinein in diese Welt.
Du lebst in uns und wir erkennen dies oft nicht.
Mach aus uns würdige Träger deines Namens,
du hast uns zu Propheten und Königen gemacht,
zu Priestern und Liebhabern des Lebens.
Lass uns deinem Namen gerecht werden,
dazu segne uns der Vater (+)
und der Sohn (+)
und der Heilige Geist (+).
Amen.

# Gezähmte Männer (Mt 10, 34–39)

■ **Materialien:** Bodenbild, Schwert, Tablet mit Boxen

■ **Hinführung**

„Der hat keine Eier in der Hose", sagt man zu Männern, die vor Konflikten den „Schwanz einziehen", sich davonschleichen oder diese schön reden. Gezähmte Männer sind angepasst, sie ordnen sich nicht in das Leben ein, sondern sie ordnen sich dem Leben völlig unter, sie lassen sich gehen, sie werden fremdbestimmt, sie funktionieren ohne Pathos. Von ihnen geht keine heilsame Energie aus ...

Diese Einheit benennt diese große Versuchung im Leben jedes Mannes mit Namen und zeigt Wege auf, wie Männer ihr widerstehen können und wie sie auch mittels einer Körperübung sozusagen „im Saft bleiben".

■ **Begrüßung und Kreuzzeichen**

■ **Perikope und Predigtgedanken**

Als Dichter und Denker, als Meister und Sieger, als Funktionär und Offizier, als Bester im Team, als Kopf des Regimes besingt Roger Cicero den Mann. Und dann kommt er nach Hause, in die bergende Höhle und Domäne der Frau, in den „Uterus" sozusagen und dann ...

Wir Männer müssen aufpassen, dass wir unsere Wildheit, unsere Echtheit, unsere Ursprünglichkeit nicht gegen Anpassung und Bequemlichkeit eintauschen. Unzulässige und feminine Bemutterung verweichlicht und verweiblicht den Mann, ebenso wie Maßlosigkeit im Essen oder Trinken. Das geschieht leise und unbemerkt und irgendwann spüren unsere Mitmenschen, dass keine bewegende, phallische Kraft mehr von uns ausgeht, dass wir sie an unsere Frauen oder Mütter abgegeben haben, die uns klammheimlich „kastriert" bzw. domestiziert haben. Weh dem Mann, der versucht ein braver Ehemann zu sein, seine Frau wird sehr bald die Achtung und vielleicht auch das weitere Interesse an ihm verlieren. Einmal fragte ich eine bedeutende Frau: „Wie geht es deinem Mann? Ist er brav?" Sie antwortete auf meine ironische Frage sehr ernst und deutlich: „Nein, er ist nicht brav, und ich will auch gar nicht, dass er brav ist!" Diese Frau lässt den Wind der Toleranz und Ehrfurcht vor dem Wilden zwischen ihr und ihrem Mann tanzen.

Gezähmte Männer haben nämlich keinen Saft mehr, sie sagen bloß „Ja Schatzi!" und geben jegliche Verantwortung für das Leben ab, sie verlieren sich in Institutionen, Regeln, Vorschriften und Gesetzen, sie leben am Leben vorbei und merken es gar nicht, sie sind weder verwundbar noch geht großer Segen von ihnen aus, sie sind im Grunde lebendige Leichen, die nichts mehr von ihrem Leben zu erwarten haben. Bei einer Fahrradtour wurde ich heimlicher Zeuge einer sonderbaren Frage. Da fragte ein Mann seine Frau wortwörtlich beim Betreten des Frühstücksraumes im Hotel: „Schatz, wohin sollen wir uns setzen, damit ich nichts falsch mache?"

Dieses Phänomen macht auch vor gläubigen Männern keinen Halt. Leider habe ich oft den Eindruck, dass auch die Kirche solche weichen Männertypen fördert: brav sein, lieb sein, nett sein ist gewünscht, nur nicht aufmucken, nur bitte nicht zu wild und nicht zu männlich sein. Der ganze Mann hingegen vermag es, die weibliche Anima in seinen männlichen Animus zu integrieren, er muss sich nicht von der Anima aufsaugen lassen und er muss sie auch nicht brutal oder regressiv fliehen oder gegen sie ankämpfen. Ganze Männer sind ein Segen in männerlosen Institutionen wie Grundschulen, Kindergärten oder anderen Sozialeinrichtungen. Wahrscheinlich fällt es uns schwerer in Häusern, Büros, hinter PCs, Bücherregalen oder fiktiven Zahlenkolonnen zu wilden Männern zu werden als z. B. in der Wildnis beim Zerhacken schwerer Baumstämme, beim Jagen eines Rehs, beim Besteigen eines Berges, beim Schneiden eines Baumes … Nur verweichlichte, kastrierte und „tote" Männer gehen vollends in dieser Welt auf. Eine heute ritualisierte und gut gepflegte Form des Kampfes ist der Sport: Hier hat der Mann die Gelegenheit, sich noch im Schweiße seines Angesichts als wilder Mann zu erweisen.

Es ist kein Zufall, dass unser Herr Jesus, der mit Sicherheit kein braver Ministrant mit Mittelscheitel und bleichem Gesicht war, ganz deutlich verkündet: „Ich bin nicht gekommen, um Frieden zu bringen, sondern das Schwert … Wer Vater oder Mutter mehr liebt als mich, ist meiner nicht wert …" (Mt 10, 34–37)

Dieses Denken vom Kampf, von der Entzweiung, vom Schwert der Unterscheidung ist manchen 08/15-Christen fremd geworden. Sie haben sich allzu sehr an das liebe Jesulein gewöhnt. Es geht jedoch bei dieser Perikope überhaupt nicht um willkürliche Machtausübung. Sie ist auch kein Aufruf zum christlichen Dschihad gegen die eigenen Eltern. Es geht primär um die Priorität des zündenden und lebendigen Glaubens, der uns am Leben hält und der unsere Männlichkeit vor der Entmännlichung bewahrt, vergleichbar mit dem Salz, das seinen Geschmack nie verliert. Der Kampf, der Konflikt, die zeitlich begrenzte Vereinsamung ist die Konsequenz einer klaren und durchgehaltenen Entscheidung für eine Aufgabe, die meine kleine, überschaubare, gewohnte und bequeme Welt deutlich übersteigt.

■ **Austausch unter Brüdern**

■ **Vaterunser**

■ **Körperübung**

Gruppenleiter: Stellt euch zu zweit gegenüber auf
• Packt einander an der Schulter
• Jetzt drückt einer den anderen weg vom Fleck
• Der andere gibt nach und geht in die Knie

Stellt euch wieder zu zweit gegenüber auf
Spürt der Empfindung nach, die ihr bei der Übung hattet
Jetzt machen wir dasselbe mit verteilten Rollen
- Packt einander an der Schulter
- Einer drückt den anderen weg vom Fleck
- Der andere gibt nach und geht in die Knie

Stellt euch wieder zu zweit gegenüber auf
Spürt der Empfindung nach, die ihr bei der Übung hattet
Wie habt ihr diese Körperübung empfunden?
Sprecht darüber

### ■ Segen

Gott segne die Erde,
auf der ich jetzt stehe.
Gott segne den Weg,
auf dem ich jetzt gehe.
Gott segne das Ziel,
für das ich jetzt lebe.

Du Ewiger, du immerdar,
segne mich auch, wenn ich raste.

Segne, was mein Wille sucht,
segne, was meine Liebe braucht,
segne, worauf meine Hoffnung ruht.

Du König der Könige,
segne meinen Blick.

(Irisches Segensgebet)

# Wenn Männer zu sprudelnden Quellen werden
# (Joh 4, 13–15)

- ■ **Material:** Becher, CD-Player, CD, Bibel

- ■ **Hinführung**

Vielen Männern ist es gar nicht bewusst, welche ungeheuren Kräfte in ihnen schlummern: Kräfte voller Energie und Tatendrang, voller Fantasie und erfrischender Lebendigkeit. Oft liegt es daran, dass viele Männer ihren Körper als Gegner betrachten, den man besiegen, unter Beweis stellen oder an dessen Grenzen führen muss usw. Tatsache ist, dass Männer statistisch gesehen um sieben Jahre vor den Frauen sterben und dass die Herzinfarktrate bei ihnen deutlich höher ist. Ziel dieses Männerabends ist es, den Mann wieder in Berührung mit sich, seinen inneren Quellen, seinem Gott zu bringen. Die Fantasiereise bietet hierfür einen geeigneten Einstieg.

- ■ **Begrüßung, Kreuzzeichen und Lied:** Alle meine Quellen
  (Gotteslob 397)

- ■ **Perikope:** Joh 4, 13–15

- ■ **Impuls: Fantasiereise**

Dazwischen wird den Teilnehmern Wasser auf die Hände gespritzt.

Du sitzt jetzt auf deinem Stuhl. Deine Beine tragen dich vom Boden her. Du spürst deine Füße, die Waden, die Knie, die Oberschenkel und das Gesäß, das dir guten Sitz verleiht. Deine Hände werden schwer, sie liegen auf deinen Oberschenkeln, wenn du möchtest, kannst du deine Augen schließen und in dich hineinhorchen. Du spürst die Regelmäßigkeit deines Atems, der dir Leben verleiht. Dein Kreuz richtet dich auf, deine Bauchmitte, das Sonnengeflecht, wärmt dich von innen her, dein Herz schlägt ununterbrochen für dich um dich mit Sauerstoff zu versorgen. Du bist ganz bei dir und öffnest deine Hände zu einer Schale.

Bald vernimmst du etwas Warmes, Nasses auf deiner Haut – es ist Wasser, Wasser des Lebens. Es erinnert dich an die Quelle, die du selber bist, an all deine Talente, die du lebst und verströmst. Jesus spricht zu der Frau am Jakobsbrunnen: „Wer aber von dem Wasser trinkt, das ich ihm geben werde, wird niemals mehr Durst haben; vielmehr wird das Wasser, das ich ihm gebe, in ihm zu einer Quelle werden, deren Wasser ins ewige Leben fließt." (Joh 4, 14)

Dieses Wasser des Lebens flutet in dir. Stell dir vor, dein Leben taumelt wie auf einem Schiffchen auf diesem Wasser dahin! Wen siehst du jetzt um dich? Welche Landschaften, Felder, Häuser, welche Länder rauschen an dir vorbei? Wer ist dir wichtig in deinem Leben? Wen möchtest du mit dem Wasser des Lebens erfrischen? Du wirst zur sprudelnden Quelle, du versiegst nicht, du brennst nie aus, du bist immer im Fluss, immer in Verbindung mit der Ewigkeit aus der du kommst und zu der du zurückkehrst ...

Lass die Bilder, die jetzt vor dir auftauchen, an dich heran. Erfreue dich an den Farben, gib ihnen Intensität und Tiefe. Lass das Leben aufblühen und grünen, labe dich an der Mannigfaltigkeit des Lebens, die deine Quelle hervorbringt.

Und wenn du möchtest, kannst du langsam wieder die Augen öffnen, kannst dich umherschauen und deinem Nachbarn ein freundliches Lächeln schenken ...

- ■ Impulsfrage: Wie erlebe ich mich als sprudelnde Quelle, die nie versiegt?

- ■ Austausch unter Brüdern

- ■ Vaterunser

- ■ Körperübung

Gruppenleiter: Stellt mit eurem Körper einen Menschen dar, der leblos ist, der keine Kraft mehr hat, der innerlich leer ist.
Die Männer stellen sich pantomimisch hin, man beachte auch die Mimik.

Gruppenleiter: Nun stellt einen Menschen dar, der von innen heraus lebt, der Freude hat am Leben, am Schaffen, am Tun.
Die Männer stellen sich ebenfalls hin.

Gruppenleiter: Vielleicht ist euch jetzt auch körperlich bewusst geworden, welchen Unterschied es macht, selbst zu leben, voll Freude aus der inneren Mitte heraus zu sprudeln und im Gegenzug gelebt zu werden und fantasielos zu funktionieren?

- ■ Schlussgebet

Vater, wenn wir mit dir in Berührung bleiben, ist alles gut.
Dann sprudeln Worte, Ideen und Tatkraft nur so aus uns heraus.
Wo du bist, da ist Leben und da ist auch Freude in Fülle.
Wir trocknen oft genug aus, weil wir uns überschätzen,
weil wir über die Grenzen des Möglichen gehen,
weil wir uns von Stress und Leistungsdruck kleinkriegen lassen.
Herr, bleib du in unserer Nähe.
Segne uns und alle unseren Bemühungen,
durch Christus unseren Herrn.
Amen.

# In Wirklichkeit ist die Realität ganz anders (Mt 7,1–5)

■ **Utensilien:** Bodenbild, Schreibblätter, Bleistifte

■ **Hinführung**

Die Bergpredigt stellt die Männer immer wieder vor ganz große Herausforderungen. Es gibt mehrere Möglichkeiten, sie zu betrachten:
1. sie ist ein hohes, hehres Ideal jenseits aller Wirklichkeit
2. sie vertritt einen ethischen Imperativ, der anzustreben ist
3. sie spricht von einer Zukunft, die noch vor uns liegt
4. sie ist eine Realität, ein Zuspruch, dem wir uns im Glauben annähern dürfen

Das Leben des Mannes spielt sich zwischen Ideal und Wirklichkeit ab. Um diese Wirklichkeit in unserem Leben fruchtbar machen zu können, bedarf es vieler Übungen und Auseinandersetzungen. Einen Rahmen dafür bietet diese Einheit.

■ **Begrüßung, Kreuzzeichen und Lied:** Aus den Dörfern und aus Städten (Gotteslob 718)

■ **Perikope:** Mt 7,1–5

■ **Bergpredigt**

Wer sind wir Männer wirklich? Wir kennen uns oft selbst nicht. Wir leben in diversen Rollen aber sie entsprechen unserm wahren Selbst nicht.

Wer sind wir vor Gott? Wie sieht uns Jesus? Heute hören wir Worte aus der vielzitierten Bergpredigt. Machen wir uns doch nichts vor: Wir schaffen es einfach nicht. Wir taumeln zwischen Ideal und Wirklichkeit. Wir entsprechen dem Ruf Jesu bestenfalls auf brüchige Weise. Das Ideal ist hoch, man könnte es mit den Sätzen aus der Bergpredigt wiedergeben: „Seid also vollkommen, wie euer himmlischer Vater vollkommen ist!" (Mt 5,48) Oder: „Richtet nicht, damit ihr nicht gerichtet werdet!" (Mt 7,1) Das nahende Himmelreich, das Jesus verkündet, ist offensichtlich immer noch ausständig, sonst würde es wohl anders auf dieser Welt aussehen.

Warum gibt es diese Vorgaben, wenn nicht einmal die Jünger selbst sie erfüllen können? Die Apostel streiten um die besten Plätze im Himmelreich, sie greifen zum Schwert, sie verraten und verleugnen ihren Herrn in seiner schwersten Stunde, sie laufen fast alle vor dem Kreuz davon, sie missverstehen ihren Herrn Jesus permanent …

Der Tanz zwischen dem Anspruch der Bergpredigt und der damit verbundenen Realität gleicht einem Tanz auf dem Eis, aber wir müssen ihn auf uns nehmen. Wir müssen sozusagen in die Realität hineinspringen, um das Ideal hochzuhalten. Das ist schwierig und verlangt von uns einiges an Mut und Entschlossenheit, an Durchhaltevermögen und Gleichmut ab. Die heutige Perikope sagt, dass ich nicht über andere richten und urteilen soll, und doch erwische ich mich immer wieder dabei, mich hochmütig über andere zu stellen. Ich habe kürzlich gelesen: „Der Kern des Glücks: der sein zu wollen, der man ist ..." Für mich ist das schon mal ein kleiner Ausweg aus der Sackgasse, weil ich bei mir anfangen kann und darauf hoffen darf, dass schon alles da ist, das ich brauche, um glücklich und zufrieden zu sein.

### ■ Übung

Ich gebe euch jetzt eine Karte, auf die ihr schreibt, wie ihr euch gerade seht. Auf die Rückseite notiert bitte, wie ihr gerne sein wollt. Beachtet bitte, dass auf eine negative Eigenschaft mind. zwei gute folgen sollten. Schreibt, was euch spontan in den Sinn kommt, ca. 5 Minuten lang.

| | |
|---|---|
| „Der Kern des Glücks: der sein zu wollen, der man ist ..." (Erasmus von Rotterdam) | „Glücklich ist, wer alles hat, was er will." (Aurelius Augustinus) |
| Wie sehe ich mich jetzt mit mind. zwei guten und max. einer schlechten Eigenschaft? | Will ich, was ich habe? |

### ■ Kreisinneren-Gespräch

Zwei Stühle stehen im Kreisinneren. Auf ihnen sitzen der Gruppenleiter und ein Teilnehmer. Sie unterhalten sich über die Karte des Mannes im Innenbereich des Kreises. Der Außenkreis hört zu und wenn es passt, kann ein weiterer Mann den Teilnehmer im Innenkreis ablösen, bis alle an der Reihe waren.

### ■ Vaterunser

### ■ Segensgebet

Der Herr segne euch.
Glück ist für euch manchmal auch das, was euch erspart geblieben ist.
In diesem Sinne soll euer Leben täglich gelingen,
im Namen des Vaters,
und des Sohnes,
und des Heiligen Geistes.
Amen.

# Meine Mutterbeziehung (Joh 2,1–12)

■ **Materialien:** Foto von der eigenen Mutter, Bodenbild, Gotteslob, Bibeln

■ **Hinführung**

Die Beziehung zur eigenen Mutter prägt das Leben des Mannes. Wenn es ihm nicht gelingt, Vater und Mutter zu verlassen, seiner Frau anzuhangen und mit ihr ein Fleisch zu werden (vgl. Gen 2,24), bleibt er möglicherweise ein Muttersöhnchen. Das schadet seiner gesunden Entwicklung und bleibt ein Leben lang ein großer Hemmschuh.

Diese Einheit möchte die Mutter-Sohn-Beziehung in Form eines Stellungspieles beleuchten und gegebenenfalls von innen und außen (Außenkreis) her korrigieren. Ziel ist immer der aufrechte Mann, dessen Leben in Liebe und großem Vertrauen gelingt. Erfahrungsgemäß braucht das Mutter-Sohn-Stellungsspiel für acht Männer ca. eineinhalb Stunden.

■ **Begrüßung, Kreuzzeichen und Lied:** Nun Christen sind wir frohgemut
(Gotteslob 825)

■ **Perikope:** Joh 2,1–12

■ **Predigtgedanken**

Jesus tut sein erstes Zeichen und macht damit sein wahres Wesen als Messias, als Sohn Gottes offenbar. Jesus ist ein Freund der Menschen, er liebt ihre Feste, weshalb er oft ironischerweise auch als „Fresser und Säufer" (Mt 11,19) beschimpft wird. Er feiert gerne. Auch in Kana in Galiläa ist eine Hochzeit angesagt. Seine Mutter und seine Jünger sind dabei. Doch da! Der Wein geht aus und seine Mutter, der Evangelist Johannes erwähnt sie nie mit Namen, macht Jesus darauf aufmerksam. Es ist die Eigenart vieler Mütter, ihren Sohn narzisstisch an sich zu binden. Viele sind ein Leben lang auf ihre Schwiegertöchter eifersüchtig, weil sie ihnen ihren Sohn „weggenommen" haben, wie sie meinen. Jesus jedenfalls erwidert auf die Frage seiner Mutter schroff und brüskierend: „Was ist mit dir Frau? Meine Stunde ist noch nicht gekommen." Auch im Tempel von Jerusalem, wohin er sich schon als Zwölfjähriger eigenständig und ohne Absprache mit seinen Eltern begeben hat, sagt er denen, die ihn schon seit Tagen verzweifelt suchen: „Warum habt ihr mich gesucht? Wusstet ihr nicht, dass ich in dem sein muss, was meinem Vater gehört?" (Lk 2,49) Auch seine Worte von der wahren Familie sind hart und unmissverständlich: Seine Mutter und seine Brüder (Verwandte) wollen ihn sehen, als er mit den Leuten redet. Sie stehen draußen und möchten mit ihm sprechen. Jesus aber entgegnet: „Denn wer den Willen meines himmlischen Vaters tut, der ist für mich Bruder und Schwester und Mutter." (Mt 12,50)

Damit distanziert er sich von seiner (zudringlichen) Mutter und schafft sich Freiraum für selbsttägige Entscheidungen. Jesus lässt sich nicht von Menschen bestimmen. Mit seiner ablehnenden Haltung wird seine Totalausrichtung auf den Vater sichtbar. Nach der Aussendung der Zwölf Jünger spricht er im Matthäusevangelium klare Worte: „Wer Vater oder Mutter mehr liebt als mich, ist meiner nicht wert." (Mt 10, 37) Auch wir Männer müssen eigene Wege gehen, wir können nicht ständig unserer Mutter oder anderen Menschen gefallen wollen, wir müssen uns abnabeln um erwachsen zu werden. Das heißt, dass wir nicht nur lieb und nett sind, sondern auch harte, klärende Worte aussprechen müssen.

Jesus lässt sich keine Zudringlichkeiten gefallen. Wie reagiert Maria im Johannesevangelium? Sie lenkt ein und weist die Diener an, das zu tun, was Jesus ihnen sagt. Das ist ein kluges Wort, schließlich ist sie es ja auch, die im dritten Evangelium bereit ist, das Wort des göttlichen Boten Gabriel zu erfüllen: „Mir geschehe, wie du es gesagt hast." (Lk 1, 38). Diese Totalübereignung Marias an den verborgenen Vater ist das Größte, was ein Mensch nur tun kann.

Jesus ruht ganz bei sich und lässt ca. 700 Liter Wasser in sechs Krüge füllen. Zur Überraschung der Brautleute ist das Wasser zu Wein geworden und Jesus tut sein erstes von sieben Zeichen, wie es der Evangelist Johannes bekundet.

Wasser steht in diesem Falle nicht nur für Leben, sondern auch für den abgenutzten Alltag. Die Liebe der Brautleute ist vielleicht schal geworden, sie kennt keine Lust, keine spontane Freude mehr, der Wein – Sinnbild für rauschende Feste – ist ausgegangen. Der Weisheitslehrer Kohelet rät seinen Lesern: „Also: Iss freudig dein Brot und trink vergnügt deinen Wein; denn das, was du tust, hat Gott längst so festgelegt, wie es ihm gefiel." (Koh 9, 7) Nun tritt Jesus auf den Plan. Er gibt den Brautleuten und ihren Gästen jene ausgelassene Freude im Überfluss wieder, die sie so peinlich vermissen.

Schön ist an der Perikope, dass Maria keine Spielverderberin ist, sie tritt geduldig in den Schatten ihres Sohnes, sie macht sich kleiner, um dessen Wirken uneingeschränkt zu fördern. Und wir können daraus lernen, dass es durchaus angebracht ist, klare Entscheidungen zu fällen, die nicht automatisch bei allen – zum Beispiel bei unseren Schwiegermüttern – Gefallen finden. Wir können von der Perikope mitnehmen, dass wir uns am Leben ausdrücklich freuen dürfen. Und dass der gute Wein erst am Schluss angeboten wird, ist ein Hinweis darauf, dass mit Jesus die Heilszeit angebrochen ist.

### ■ Mutter-Sohn-Stellungsspiel

Gruppenleiter: Ein Mann kommt in die Mitte und sucht sich symbolisch eine „Mutter" aus dem Kreis. Er stellt sie in die Mitte und wägt für sich ab, wie nah oder fern sie ihm ist und wohin ihr Blick sich wendet. Dieses Stellungsspiel kann noch verstärkt werden, indem man die „Mutter" fragt, wie es ihr hier denn wohl gehe, was sie brauche. Dasselbe gilt für den Sohn, auch er beschreibt seine Gefühle, seine Eindrücke und was er unter Umständen noch brauchen würde.

Der Außenkreis dreht in Absprache mit dem „Sohn" an der Stell-Schraube und versucht, das Bild dahingehend zu korrigieren, dass es für Mutter und Sohn stimmig ist. Im Idealfall gibt es eine gesunde Distanz zwischen den beiden, während sich beide wohlfühlen und z. B. aufrecht stehen und ihre Blicke in eine gemeinsame Richtung gehen. Wer ein Foto dabei hat, kann das Spiel noch mit dem Foto für den Männerkreis untermalen.

Das geht so lange, bis alle Männer an der Reihe waren bzw. bis die Männer entscheiden, damit aufzuhören.

■ **Vaterunser und Schlussgedanken**

mutter
ich verbinde sehr viel gutes mit dir
du hast viel für mich getan
und ohne dich wäre ich nicht der, der ich bin
du lachst gerne
und du singst mit freuden
und du erzählst die alten geschichten
dass es dich gibt ist ein großes geschenk
deine offenheit entwaffnet
du hast es bestimmt nicht leicht gehabt mit mir
mit meinen brüchen und aufbrüchen
in mein eigenständiges leben
es ist mir, glaube ich, ganz gut gelungen
und heute haben wir einen guten draht zueinander
mutter
du bist alte heimat für mich und ursprung
und auch basis für mein neues leben
in der neuen heimat
schön, dass es dich gibt

■ **Schlusslied: O Maria, sei gegrüßt** (Gotteslob 523)

■ **Segensgebet**

Herr,
unsere Mütter haben uns das Leben geschenkt.
Manche nehmen es uns auf subtile Art wieder weg,
sie vereinnahmen uns, sie sind aufdringlich,
sie neigen zur Bevormundung, indem sie es immer gut mit uns meinen.
Sie gehen unseren Weg in die Selbstständigkeit nicht gerne mit.
Hilf uns, dankbar und aufrichtig zu sein.
Hilf uns, uns abzugrenzen und unseren ureigenen Weg zu gehen.
Dazu segne uns der Vater (+) und der Sohn (+) und der Heilige Geist (+). Amen.

# Meine Vaterbeziehung (Lk 15, 11–32)

- ■ **Materialien:** Bodenbild, Bibeln, Gotteslob, Schreibpapier, Stifte
- ■ **Hinführung**

Die Vater-Sohn-Beziehung ist für viele Männer ein großer Knackpunkt, eine klaffende Wunde, die gut versteckt und kaschiert wird. Wer von seinem Vater nicht wirklich ins Leben gesegnet wird, sucht nach Ersatzvätern. Dies kann die Arbeitswut sein, mit der er sich unbewusst Anerkennung verschaffen möchte, dies kann im Extremfall die Sucht oder die Gewalt sein. Manche nicht gesegneten Männer gehen auch in die Depression oder eine andere Form der Psychose, welche den Mann in seiner Verantwortungsfähigkeit erheblich einschränken kann. Auf jeden Fall braucht der Sohn die Stütze des Vaters unbedingt.

Diese Einheit macht am Beispiel des jüngeren Sohnes, der sich sein Erbteil auszahlen ließ und weit wegzog, auf diese Thematik aufmerksam. Nach der Predigt stellen die Männer ihren Vater pantomimisch vor und abschließend ist es möglich, einen Brief an Gott Vater zu schreiben. Er vermag viele Lücken und selbst das größte Vakuum an väterlich-menschlicher Zuwendung zu füllen.

Das Linienspiel mit den Thesenblättern kann u. U. noch behandelt werden, wenn es der Zeitrahmen erlaubt. Es gibt Aufschluss über die unterschiedlichen Standpunkte der Männer.

- ■ **Begrüßung, Kreuzzeichen und Lied:** Gott liebt diese Welt (Gotteslob 464)
- ■ **Perikope:** Lk 15, 11–32
- ■ **Predigtgedanken**

Ein Mann hat zwei Söhne. Der jüngere Sohn lässt sich sein Erbteil auszahlen und brennt durch. Er verlässt das Anwesen des Vaters und begibt sich in die Fremde. Er riskiert viel und zunächst scheint er wirklich alles zu verlieren: sein Geld, sein Ansehen, seine Zukunft am Hof … Erst als ihm bewusst wird, wie bitterlich armselig sein Leben geworden ist und wie tief er gesunken ist, macht er sich auf den Weg heim zu seinem Vater. Er will ihm sagen: „Vater, ich habe mich gegen den Himmel und gegen dich versündigt. Ich bin nicht mehr wert, dein Sohn zu sein; mach mich zu einem deiner Tagelöhner!" (Lk 15, 18 f.) Der Vater kommt ihm entgegen, hat Mitleid mit ihm und setzt ihn wieder als seinen verloren geglaubten und nun wiedergefundenen Sohn ein. Sehr zur Missgunst des älteren Bruders, der zuhause sein Dasein fristet, der nichts riskiert, immer schön brav ist, nichts gewinnt und auch nichts verliert. Die Liebe des Vaters ist größer als der Hass und der Neid des älteren Bruders, an seinem Segen ist viel gelegen.

„Kommen Sie mit Ihrem Vater ins Reine", empfiehlt Steve Biddulph und setzt diese Empfehlung an die allererste Stelle für seine „Sieben Schritte zu Männlichkeit". Wörtlich schreibt er: „Ihr Vater bildet das emotionale Verbindungsglied zu Ihrer Männlichkeit. Deshalb müssen Sie auf eine klare und bereinigte Beziehung zu Ihm hinarbeiten. Sie können in Ihrem Leben nichts Wesentliches vollbringen, solange Sie Ihren Vater nicht verstanden, ihm nicht vergeben und nicht auf die eine oder andere Weise gelernt haben, ihm Achtung entgegenzubringen …"[1]

Wenn uns dies als Männer – unter Umständen auch post mortem des Vaters – nicht gelingt, werden wir uns selbst ein Leben lang ein Bein stellen, wir werden schwerlich zu gesunden und glücklichen Männern heranreifen. Der Vater-Segen, den wir für unser Leben so dringend brauchen, wird ausbleiben oder fruchtlos sein.

Meine Beziehung zu meinem Vater war zeitlebens schwierig. Doch am Ende seines Lebens, als ich ihn öfter im Krankenhaus besuchte, fragte ich ihn: „Was ist in deinem Leben noch ausständig?" – Und er entgegnete am Sterbebett: „Dass ich dich nicht so behandelt habe wie du es verdient hättest." Da sind mir beinah die Tränen gekommen. Ich bin dann ganz erleichtert wieder nach Hause gefahren und lebe seither viel entspannter, viel leichter, viel glücklicher. Ich bin meinem Vater sehr dankbar, dass er die Größe hatte, am Sterbebett zu mir umzukehren. Ich wünsche das jedem Mann. Wir können uns in der Hinsicht beschenken lassen und wir können Wegbereiter sein für dieses Geschenk, indem wir den Kontakt nie abreißen lassen und immer wieder Wege zu unserem alten Herrn suchen.

### ■ Vorstellung des eigenen Vaters

Gruppenleiter: Ihr erhaltet nun die Gelegenheit, euren Vater vorzustellen. Einer nach dem anderen steht jetzt auf und macht eine pantomimische Bewegung, die gut zu seinem Vater passt, z. B.: Tennisspielen usw. Die anderen raten, worum es sich handeln könnte und dann erzählt ihr von eurem Vater, was ihr eben mitteilen wollt. Ihr könntet dabei eure fünf Finger nutzen, um fünf Eigenschaften eures Vaters aufzuzählen (mind. drei gute Eigenschaften).

### ■ Brief an Gott-Vater

Gruppenleiter: Die Mutterschaft war immer nachweisbar, Vaterschaft muss durch den Vater anerkannt, bestätigt und verliehen werden. Der Vater erwählt sozusagen seinen Sohn, die Mutter nimmt ihn selbstverständlich an. Bei der Mutter sucht der Sohn Geborgenheit, beim Vater Wagnis und Abenteuer. Insofern ist Gott ein „strenger Mann", er fordert uns Männer und holt aus uns das Beste heraus. Männer suchen weniger die Geborgenheit im Schoß der Kirche, als vielmehr die Herausforderung, sie wollen nicht hospitalisiert, sondern gebraucht werden.

---

[1] Biddulph, Steve, Männer auf der Suche. Sieben Schritte zur Befreiung, München 2003, S. 30.

Du hast dich mit der Geschichte des umstrittenen Jakob auseinandergesetzt. Darin hält Gott zu seinem Wort auch über alle Schwierigkeiten und alle List Jakobs hinweg. Du bist ein Sohn Gottes und hast jetzt die Möglichkeit, dich an den Vater im Himmel zu wenden, ihm einen Brief zu schreiben. Was möchtest du ihm jetzt sagen?

■ **Austausch der Briefe nach persönlichem Ermessen**

■ **Zur Auswahl: Thesenblätter-Linienspiel mit Auswertung**

Die Männer stellen sich in eine Ecke und hören auf die These. Dann beziehen sie körperlich sichtbar Stellung zu der These, indem sie sich zu einem klaren Ja (gegenüber liegende Seite), zu einem Vielleicht (in der Mitte) oder einem Nein (stehen bleiben) positionieren. Anschließend besprechen sie ihre Entscheidung in der Gruppe und tauschen sich schließlich auch im Plenum darüber aus. Dann erst folgt die nächste These.

■ **Thesen-Linien-Blatt**

- Mein Vater hat sich nie gegen meine Mutter durchgesetzt.
- Mein Vater hat sich nie um mich gekümmert. Warum sollte ich es für ihn tun?
- Mit meinem Vater kann man nicht reden. Er blockt gleich ab.
- Ich habe außer meinem Vater noch viele „Väter" gefunden.
- Er hat mich gezeugt, also soll er zahlen.
- Ich schätze meinen Vater sehr und denke mit Dankbarkeit an ihn.
- Als ich 14 war, konnte ich meinen dummen Vater nicht ertragen. Aber als ich 21 war, wunderte ich mich, wie viel er in 7 Jahren dazugelernt hatte. (Mark Twain)
- Wer anders werden möchte als sein Vater, wird wie er.
- Eine Mutter in der Erziehung tut's auch.
- Es ist gut, wenn Väter anders sind als Mütter.
- Der Vater im Leben eines Mannes bleibt immer wichtig.
- Bessere Väter sind bessere Arbeitskollegen.
- Ich wünsche mir Versöhnung mit meinem Vater.

■ **Vaterunser**

■ **Gebet**

Väter prägen unser Leben als Mann. Ihr Bild ist uns in jedem Falle ein Vor-Bild. Väter bilden unsere Wurzeln als Männer. Väter können heilen und zerstören, aufbauen und vernichten. Lass uns, Herr, versöhnt mit unseren Vätern leben. Vollende du in deinem Großmut, was wir nur kläglich vermögen. Amen.

# Vom Talent ein Mann zu sein – mit Vesper (Mt 25,14–30)

■ **Materialien:** Bodenbild, Bibeln

■ **Hinführung**

Männer wollen in der Regel etwas tun, sie wollen gefragt werden und sich nützlich machen. Und sie haben auch die nötigen Voraussetzungen dafür, weil sie Männer sind.

Wie und ob wir unsere Fähigkeiten nutzen und in den Dienst des Lebens stellen, ist das heutige Thema dieser Einheit. Eine Zwischenzeit hat begonnen und wir müssen diese Zeit mit unserer Hingabe füllen. Wir haben nichts aus uns selbst, aber wir geben dankbar und ertragreich zurück, was wir empfangen haben.

■ **Begrüßung und Kreuzzeichen**

■ **Lied:** O Gott, dein Wille schuf die Welt (Gotteslob 628)

■ **Erster Psalm:** Gotteslob 629

■ **Perikope:** Mt 25,14–30

■ **Predigtgedanken**

Was machen wir Männer tatsächlich aus unseren Talenten? Das ist die große Frage.

Da bekommen Männer, je nach Fähigkeiten, unterschiedlich viele Talente anvertraut. Ein Talent (griechische Rechnungseinheit) sind 6.000 Drachmen. Ein Denar war damals einer Drachme gleichwertig und der Tageslohn eines Arbeiters. Nach heutigem Stand der Dinge entspricht ein Talent ca. $100 \times 6.000$, das sind 600.000 Euro. Das ist ungefähr der Wert eines schönen Einfamilienhauses mit Grundstück. Das ist ein Patzen Geld, mit dem man(n) ganz schön wirtschaften kann!

■ **Angst lähmt Leben**

Der eine Diener mit dem einen Talent, gräbt es ein. Damit ist er zwar juristisch nicht haftbar, aber de facto hat er alles verpasst und versäumt. Er hat seine Gelegenheiten nicht genutzt. „Weil ich Angst hatte, habe ich dein Geld in der Erde versteckt" (Mt 25,25), sagt er dem wiedergekommenen Herrn. Die Angst verhindert, dass wir lieben, uns selbst und die anderen. Als Ebenbilder, als Söhne Gottes, hindert uns die Angst, „zu werden, was wir sind" (Meister Eckhart). Nichts aus seinem Leben gemacht zu haben, ist Folge lähmender Angst und widerspricht dem Schöpfungsgedanken, dass alles, was Gott macht, grundsätzlich gut ist. Das vergrabene Talent ist das nicht gelebte Leben, es nützt eigentlich niemandem und mir persönlich am allerwenigsten.

### ■ Gott liebt das Fragment

Nicht alle erwirtschaften gleich viel, müssen sie auch nicht, denn es genügt das Fragment. Jeder braucht die Gnade Gottes, durch die unser Leben am Ende vollendet wird. Es ist schön, als Mann zu wachsen, dazu sind wir heute hier. Fragmente sind unser Leben, Bruchstück ist unser Erkennen. Wir sind unterwegs zum Ganzen. Wer vollkommen sein will, macht sich Gott gleich und stürzt in die Hybris hinab. Viele Architekten bauten an einem Dom, jeder tat sein Bestes, doch nur wenigen war die Fertigstellung verdankt.

### ■ Sag mir, was du tust …

Der eine hat fünf Talente, der andre zwei – jeder macht was draus. Auf den Lebensfeldern, auf denen wir uns bewegen, kommen dementsprechende Talente und Fähigkeiten zur Entfaltung. Als Lehrer entfalte ich Kreativität, Menschenführung, Kommunikationsfertigkeiten. Als Bankdirektor übernehme ich Verantwortung für das mir anvertraute Geld, die mir unterstellten Angestellten lehre ich zu rechnen, zu kalkulieren, zu investieren. Als Schreiner gestalte ich aus rohen Brettern einen ansehnlichen Schrank. Als Polizist schütze ich die Bürger und sorge für Recht und Ordnung. Egal, was ich tue: Etwas von meinen Möglichkeiten bleibt immer unterentwickelt. Es geht nicht darum, dass ich möglichst viel aus meinen Talenten mache, das wird bei Gott nicht gemessen. Es geht darum, dass ich aus meiner Angst und Bequemlichkeit herauskomme und mein Leben riskiere, egal, wie es endet. Ich kann mir vorstellen, dass das der untreue Diener nicht in Ungnade gefallen wäre, wenn er das Geld falsch investiert hätte. Dann hätte er jedenfalls einen Versuch gewagt, so aber hat er nur gehortet und alle weiteren Möglichkeiten versäumt.

### ■ Mannsein ohne Duplikat

Jeder gute Diener macht seinen Job. Er muss sich nicht mit dem anderen vergleichen und mehr erwirtschaften als dieser. Jeder Mann ist zum Glück ein Original. Wenn ich ausfalle, verarmt die Schöpfung! Wir sündigen durch das, was wir nicht tun. Ich bin ein Original, meinen Platz kann ich nicht an andere abgeben, meine Aufgabe kann nur ich alleine ausfüllen. Und so werde ich zum tüchtigen und treuen Diener.

### ■ Der Pilger auf dem Weg

Die guten Knechte arbeiten mit ihren Talenten, sie riskieren, sie wagen etwas. Das Leben will nicht als gemütlicher Nestbau, sondern als Weg verstanden werden. Unterwegs zu sein, von Lebensphase zu Lebensphase ist unsere Aufgabe. Glaube ist Auftrag, keine Bevormundung, Glaube ist wertschätzender Dienst, Glaube ist kraftvoller Einsatz, kein komfortabler, angstvoller Rückzug. Glaube ist Aufbruch und Abenteuer, ein beständiges Risiko.

- **Gespräch unter Brüdern**
- **Magnifikat:** Gotteslob 631, 3 f.
- **Vaterunser**
- **Oration**

Gott, du bist heilig und du hast uns mit vielen Gaben und Begabungen ausgestattet.
Wir möchten sie für dein Reich einsetzen.
Wir wollen verhindern, dass sie ungenützt wie Staub im Wind vergehen.
Nimm unser Abendgebet an und gib, dass das Lob der Kirche nie verstummt.
Darum bitten wir durch Christus, unseren Herrn, der in der
Einheit des Heiligen Geistes mit dir lebt und herrscht in Ewigkeit.
Amen.

- **Segen** (Gotteslob 632, 4)

# Männerfreundschaften (Sir 6,7–17)

■ **Materialien:** Bodenbild, Bibelzitate zur Freundschaft, Gotteslob, Bibel

■ **Hinführung**

Bekanntermaßen vernetzen sich Männer schwerer als Frauen. Sie kommen nicht so gerne aus ihrem Schneckenhaus, sie lassen sich nicht so gerne in die Karten schauen. Männerfreundschaften leben, wenn sie einmal geschlossen wurden, von einer ganz eigenen Qualität. Sie haben Tiefgang. Bei einem Freund ist meine Seele aufgehoben. Es braucht nicht vieler Worte, es muss auch nicht jeden Tag eine Begegnung mit ihm stattfinden, ein kurzes Augenzwinkern und schon lebt die alte Freundschaft – oft nach Monaten – wieder auf. Sie ergießt sich in lautes, grundloses Lachen, sie kennt Höhen und Tiefen und immer wieder bringt mich der Freund, der mich durch viele Phasen meines Lebens treu begleitet, wieder auf den Boden der Tatsachen zurück.

Wie gewinnen wir Freunde, wie erhalten wir Freundschaften, was belastet, was erfrischt die Freundschaft? Das ist der Inhalt dieser Einheit, die mit einem biblischen Impuls aus dem Buch Jesus Sirach und einer anschließenden Fantasiereise beginnt und später in ein fruchtbares Austauschgespräch übergeht. Bei diesem Austauschgespräch suchen sich die Männer vorbereitete Bibelverse vom Bodenbild zum Thema Freundschaft und teilen sich anschließend darüber mit.

■ **Begrüßung, Kreuzzeichen und Lied:** Dass du mich einstimmen lässt
(Gotteslob 389)

■ **Perikope**

■ **Fantasiereise**

Du kommst jetzt bei dir an, spürst deine Beine, die dir vom Boden her Halt geben, du sitzt aufrecht, spürst dein Sonnengeflecht um den Bauchnabel, das dich von innen her wärmt, es ist deine Körpermitte. Du nimmst auch dein Herz wahr, das bis zu deinem Lebensende für dich schlägt, deinen Körper, der du selbst bist, mit Sauerstoff versorgt. Deine Hände werden schwerer, du schüttelst sie leicht durch. Dein Kopf ist leicht und du bist voll aufnahmefähig. Du bist jetzt bei dir und deinem Körper angekommen und begibst dich auf eine Reise, hin zu deinem besten Freund. Wie sieht er aus? Lass ihn in deinem Gedächtnis vor dir auftauchen. Wie ist seine Stimme, sein Gang, was spricht er zu dir?

Du kennst seine Umstände, seine Familie, Geschwister, seine Freunde. Wie fühlst du dich in seiner Nähe? Was möchtest du ihm sagen? Bedenke schöne Erlebnisse, die ihr zu zweit erfahren habt. Wo war das? Wann war das? Was ist an bleibenden Eindrücken für dich übriggeblieben? Gab es auch mal Streit und wie habt ihr das gelöst? Bestimmt habt ihr viel gemeinsam: den Glauben, den Sport, die familiären oder beruflichen Umstände …

Was schätzt du an deinem Freund? Ist es seine Ehrlichkeit, seine Großzügigkeit, sein einfaches Wesen? Wie kannst du ihm selbst ein guter Freund sein und bleiben? Denk dich in deinen Freund hinein und danke ihm im Stillen dafür, dass es ihn gibt.

Dann komm langsam wieder in diesen Raum zurück, schüttle deine Arme durch, strecke sie und zum Zeichen deiner Ankunft schenkst du deinem Nachbarn ein freundliches Lächeln.

### ■ Predigtgedanken

„Am Tag der Not bleibt er nicht", haben wir im Buch Jesus Sirach gehört. Da ist was dran, denn ein echter Freund bleibt, er ist wie ein starker Schutz, „wer ihn findet, hat einen Schatz gefunden" (Sir 6, 14). Ein Schatz will gehütet werden und gepflegt, das gilt auch für echte Männerfreundschaften. Sie leben – wie die eheliche und im Grunde jede Beziehung – von der Nähe, von der Begegnung, vom Austausch, von der Zeit, die wir einander schenken. Was mich persönlich wundert, ist die Tatsache, dass Judas, der am Tag der Not nicht bleibt und Jesus noch dazu an die Soldaten ausliefert, von diesem dennoch als „Freund" im Garten Getsemani begrüßt wird. Seine Liebe ist größer als der Verrat des Judas. Das ist schockierend und doch tröstend zugleich, doch was bedeutet das für uns?

Freundschaft kennt Höhen und Tiefen, Brüche und Dürrezeiten. Und es braucht ein unausgesprochenes Gleichgewicht an Geben und Nehmen. Ich kann meinem Freund vieles zumuten, aber nicht alles. Ich muss ihm zuhören wollen, auf ihn eingehen können, mich gegebenenfalls auch zurücknehmen. Dürfen wir uns im Gedanken sonnen, dass alles gut ausgehen wird, dass sich letztendlich doch alles zu unseren Gunsten entwickeln wird, dass wir jetzt sozusagen unser Leben schleifen lassen können und die Freundschaft und den Freund sich selbst überlassen dürfen?

„Wer den Herrn fürchtet, hält aufrechte Freundschaft, denn wie er selbst, so ist auch sein Nächster", heißt es im Buch Sirach (Sir 6, 17). Freundschaft bleibt nicht von alleine. Wie jede Beziehung will sie aktiv belebt und genährt werden. Da brauche ich Fantasie und ein gewisses Maß an Spontaneität, da tu ich auch mal was meinem Freund zuliebe. Der Freund lässt sich vom Herrn nicht trennen, in ihm spiegelt sich seine Nähe. „Zeig mir deine Freunde und ich sag dir, wer du bist", heißt es auch in einem alten Sprichwort. Wir tragen Verantwortung für uns und unsere Freunde und umgekehrt.

### ■ Austausch unter Brüdern

Die Bibelverse werden groß gedruckt, zwei Mal auf farbiges Papier kopiert und einzeln auf das Bodenbild gelegt.

- Wenn du einen Freund gewinnen willst, gewinne ihn durch Erprobung und vertrau ihm nicht zu schnell! (Sir 6, 7)
- Es gibt einen Freund als Tischgenossen, am Tag deiner Not bleibt er nicht. (Sir 6, 10)
- Für einen treuen Freund gibt es keinen Gegenwert, seine Kostbarkeit lässt sich nicht aufwiegen. (Sir 6, 15)
- Ein treuer Freund ist eine Arznei des Lebens und es werden ihn finden, die den Herrn fürchten. (Sir 6, 16)
- Wer den Herrn fürchtet, hält aufrechte Freundschaft, denn wie er selbst, so ist auch sein Nächster. (Sir 6, 17)
- Tausche keinen Freund für Geld, schon gar nicht einen leiblichen Bruder für Gold aus Ofir! (Sir 7, 18)
- Gib einen alten Freund nicht auf, denn ein neuer gleicht ihm nicht: neuer Wein, neuer Freund; wenn er alt geworden ist, wirst du ihn mit Freude trinken. (Sir 9, 10)
- Bevor du stirbst, tu einem Freund Gutes! Entsprechend deinem Vermögen teile aus und gib ihm! (Sir 14, 13)
- Wer Geheimnisse verrät, zerstört das Vertrauen, er findet nie mehr als einen Freund, der zu ihm steht. (Sir 27, 16)
- Liebe den Freund und vertrau ihm! Hast du seine Geheimnisse verraten, laufe ihm nicht mehr nach! (Sir 27, 17)
- Freund [sc. Judas], dazu bist du gekommen? Da gingen sie auf Jesus zu, ergriffen ihn und nahmen ihn fest. (Mt 26, 50)

Gruppenleiter: Sucht euch einen Vers aus und dann gehen wir ins Austauschgespräch.

- ▨ **Vaterunser**

- ▨ **Segensgebet**

Großer Vater,
wir sind Freunde und wir haben Freunde.
Freundschaften bereichern unser Leben,
wir sind dankbar für unsere Freunde.
Wir sehen ihnen vieles nach,
wie auch wir möchten, dass sie uns nicht alles anrechnen und nach Jahren vorwerfen.
Lass uns Zeit verbringen mit unseren Freunden.
Lass uns weiterhin selbst gute, aufmerksame Freunde sein,
segne uns und alle, die uns verbunden sind
durch Christus, unseren Herrn,
der in der Einheit des Heiligen Geistes mit dir lebt und herrscht
in alle Ewigkeit.
Amen.

# Themen für die adventliche Bußzeit

## Zum stimmigen Leben befreit (Mk 1,1–8)

- ◼ **Utensilien:** Sitzkreis, Bodentuch, Kerze, Blumen, Klangschale für den Beginn und das Ende der Runde, evtl. tönerner Männerkreis mit Kerze in der Mitte, DIN A4-Blätter mit den Stimmungsfragen, Gotteslob-Bücher, Bibeln

- ◼ **Hinführung**

Ein wilder Prophet tritt heute auf, einer, der für seine Überzeugung Kopf und Kragen gelassen hat. Er nennt sich „Stimme des Rufers in der Wüste" und mahnt uns, selbst ein stimmiges Leben zu führen.

Die Männerbegegnung ist heute sehr einfach strukturiert. Nach dem Eröffnungslied und der Blitzlichtrunde wird das Licht ausgeschaltet. Vier Männer sprechen aus vier dunklen Ecken abwechselnd mehrere Sätze des Propheten Johannes, die den anwesenden Männern im Kreis unter die Haut gehen.

Die Männer suchen sich nach dem Verlesen des Evangeliums Fragezettel, die kurz vorgelesen und dann zu Boden gelegt werden, aus. Sie sprechen darüber. Sie erzählen, was sie mit diesen Fragen verbinden, welche Antworten sie für ihr Leben bereits gefunden haben.

- ◼ **Begrüßung** der Männer und Hinweis auf das Thema (die Klangschale ertönt und gibt das Signal für den Beginn), **Kreuzzeichen**

■ **Lied: Wilde Männer**

Ref.: Wil-de Män-ner braucht das Land, mit viel Herz und viel Ver-stand,

stark und zärt - lich, wie die Welt sie nie ge - sehn.

Wil-de Män-ner pa-cken an,_ sind ver-wund-bar dann und wann,

blei - ben den-noch wie ein Baum im Le - ben stehn.

1. Klu - ge Män-ner sind mo-dern, hal-ten durch und le - ben gern,
2. Neu - e Män-ner zie - hen los, ho-cken nicht auf Mut-ters Schoß,
3. Mil - de Män-ner schwei-gen viel, ge - hen treu zum letz - ten Ziel,

su - chen fröh-lich ih - ren Weg in dunk - ler Nacht.
set - zen sich für al - le schwa - chen We - sen ein.
hal - ten sich und auch die an - dern Men-schen aus.

Klu - ge Män-ner ha - ben Kraft, die im Stil-len Gro - ßes schafft,
Neu - e Män-ner ha - ben Mut, ma-chen ih - re Ar - beit gut,
Mil - de Män-ner ge - ben Halt, brau-chen kei-ner - lei Ge - walt,

wa - gen Neu-es, ris-kiern al - les, doch be - dacht.
wei - nen lei - se, ma - chen Feh - ler, sind al - lein.
bie - ten al - len, die sie ken - nen ein Zu - haus.

Melodie und Text: Christian Kuster, Großkarolinenfeld

Zum stimmigen Leben befreit

Wer den Sprechklöppel (von der Klangschale), der freiwillig an die Männer im Kreis weitergereicht wird, in den Händen hält, hat das Wort. Es besteht jetzt die Möglichkeit das momentane, persönliche Befinden (Familie, Arbeit, Hobby…) mitzuteilen.

(Hinweis: um die Zeit einzugrenzen, kann ein Streichholz entzündet werden, das beim Verlöschen auf das Ende der Gesprächszeit hinweist.)

Sätze aus vier Ecken von je einem Mann in die Dunkelheit gerufen:
1. Ihr Schlangenbrut, wer hat euch denn gelehrt, dass ihr dem kommenden Zorngericht entrinnen könnt? (Mt 3, 7)
2. Bringt Frucht hervor, die eure Umkehr zeigt! (Mt 3, 8) Ich bin die Stimme eines Rufers in der Wüste: Ebnet den Weg für den Herrn! (Joh 1, 23)
3. Jeder Baum, der keine gute Frucht hervorbringt, wird umgehauen und ins Feuer geworfen. (Mt 3, 10)
4. Der aber, der nach mir kommt, ist stärker als ich und ich bin es nicht wert, ihm die Sandalen auszuziehen. (Mt 3, 11)

Das Licht wird nach einer gewissen Stille wieder eingeschaltet.

■ **Perikope:** Wir hören die Perikope bzw. lesen sie mit verteilten Rollen: Mk 1, 1–8

■ **Predigtgedanken**

In Rosenheim gibt es einen Mann, der den Leuten täglich in der Stadtmitte zuruft: „Wo geht ihr hin? Wo kommt ihr her? Wisst ihr denn nicht, dass ihr euer Leben verpennt? Ihr seid auf dem direkten Weg zur Hölle!" Dieser Mann ist ein Rufer in den Steinwüsten der Stadt, allerdings ist er nicht ganz gesund und auch nicht rechtsfähig, wenn er sich gelegentlich bei dem einen oder anderen Passanten im Ton vergreift.

Der Täufer Johannes gilt demnach als authentische „Stimme eines Rufers in der Wüste". Er ist ein archaischer und wilder Mann, der in der völligen Entbehrung lebt. Er bereitet durch sein prophetisches Wirken dem Herrn den Weg und macht seine Straßen gerade. Er lebt sehr einfach und asketisch in der Wüste, ernährt sich von Heuschrecken und Honig und trägt Gewänder aus Kamelhaaren.

Unser Leben als Mann stimmt dann, wenn unser Tun mit unseren Worten und unserer tiefsten Überzeugung übereinstimmt. Man nennt dies auch Authentizität oder Kongruenz. Das hebräische Wort dafür heißt דבר *dabár* und bezeichnet ein Tat-Wort. Tat-Wort-Männer sind wohltuend, klar, sie geben Orientierung, sie sind echt. Der Weg dorthin führt u. a. über die Selbsthingabe, im Hören auf das Wort und im Tun des Wortes.

Im Unterschied zum blinden Aktionismus, der unser Leben auslaugt und schal werden lässt, führt uns die liebevolle Hingabe an das augenblicklich Gegebene immer tiefer in die Freiheit eines selbstbestimmten, stimmigen Lebens, in dem Geben und Empfangen eine heilige Einheit bilden.

■ **Einstieg**

Unterschiedliche Stimmungs-Fragen werden ausgeteilt und je einzeln mit Pausen vorgelesen, die Frageblätter werden in den Kreis gelegt:

- Bin ich bei Stimme?
- Werde ich überstimmt?
- Wer bestimmt über mich?
- Bin ich gelegentlich verstimmt?
- Wofür stimme ich?
- Worüber habe ich schon mal abgestimmt und mit wem?
- Habe ich schon mal ein Lied angestimmt?
- Wann hat es mir schon einmal die Stimme verschlagen?
- Bin ich eingestimmt auf das, was ist?
- Wird bestimmt alles gut?
- Stimmen wir zusammen?
- Wie ist die allgemeine Stimmung?
- Stimmt mein Leben?
- Wessen Meinung stimme ich zu?

■ **Austausch** unter Brüdern, die zu den Sätzen Stellung nehmen.

■ **Anstimmung eines Liedes:** z.B.: Hört, eine helle Stimme ruft
(Gotteslob 620) oder
Wachet auf (Gotteslob 554)

■ **Vaterunser** (im Kreis um die Kerze und in brüderlicher Umarmung)

■ **Segen**

Es segne uns und unsere Lieben, unsere Frauen und Kinder, Freunde und Verstorbenen, der gütige Gott: der Vater (+) und der Sohn (+) und der Heilige Geist (+). Amen.

# Das Trippelgebot der Liebe (Mt 22,34–40)

- **Materialien:** Bibel, Gotteslob, Adventskranz, Stifte, Arbeitsblätter
- **Hinführung**

Das Trippelgebot der Liebe kann man selbstverständlich auch unter dem Jahr behandeln, die adventliche Bußzeit ist jedoch auch ein markanter Einschnitt, um diese biblische Weisung zu thematisieren. Inhaltlich geht es darum, wie man(n) mit seinem Körper, mit sich selbst, mit Gott und seinem Nächsten umgeht. Welche anderen Umgangsformen gäbe es noch im liebevollen Leben eines Mannes?

- **Begrüßung und Kreuzzeichen**
- **Lied:** O Heiland, reiß die Himmel auf (Gotteslob 231)
- **Kyrie**

Herr, es fällt uns nicht immer leicht gut und freundlich zu uns selbst zu sein.
Herr, erbarme dich.
Herr, wir vernachlässigen oftmals die Liebe zu unseren Frauen und Kindern.
Christus, erbarme dich.
Herr, wir schenken dir nicht immer die Ehre, die dir gebührt.
Herr, erbarme dich.

- **Perikope**
- **Predigtgedanken**

Die Pharisäer wollen Jesus wieder einmal mit ihren vielen Vorschriften eine Fangfrage stellen, aber für Matthäus ist klar: Die Liebe ist die eigentliche Erfüllung des Gesetzes, das Gesetz, die Vorschriften und Gebote sind eigentlich zweitrangig, wenn sie nicht mit viel Liebe und Tatkraft gelebt werden.

Bei Matthäus nennt Jesus zuerst die **Gottesliebe**. Ein Mann, der Gott liebt, rechnet mit ihm, er traut ihm einiges zu, er vertraut ihm, d. h.: Er betet zu ihm in Form von Klage-, Dank-, Bitt-, Stoß- oder auch Fürbittgebeten. Er zeigt ihm seine Liebe, indem er ihn in seinem Haus – gemeint ist die Kirche – besucht, wie es schon in der Heiligen Schrift heißt: „Ich aber bin wie ein grünender Ölbaum im Haus Gottes, ich vertraue auf die Güte Gottes immer und ewig." (Ps 52,10) Im Haus Gottes fühlt sich der gläubige Mann wohl, er kennt es auch von innen her. Ein Mann kann seine Liebe zu Gott auch dadurch kundig machen, dass er auf Pilgerschaft bzw. auf Wallfahrt geht. Oder, dass er abends seine Kinder und seine Frau segnet, was Gott in seinem Sprechen bezeugt. Sehr oft hört man Sprüche wie: „Es gibt ja gar keinen

Gott. Es ist vielmehr alles energetisch geladen und im Grunde spricht das ganze Universum zu uns." Dann antwortet der spirituell Erfahrene: „In meinem Leben spielt Gott eine große Rolle, er ist mir wie ein Vater, der mich barmherzig durch das Leben begleitet."

Und was die **Selbstliebe** betrifft, so meint dies für den Mann von heute, dass er sich grundsätzlich so annimmt, wie er eben ist. Er spricht gut über sich selbst, er mag sich, er achtet auf seine Körperpflege, er tut seinem Körper Gutes, er behandelt ihn nicht wie eine Maschine. Er denkt grundsätzlich gut über sich selbst. Ein Mann, der sich selbst mag, bewegt sich, macht Sport, hockt nicht unentwegt hinter dem Fernseher, verzichtet auf ein Übermaß von Alkohol und Zigaretten. Er sorgt im besten Sinne des Wortes für sich und wendet zum Beispiel den sokratischen Filter an, um sich vor schlechten Einflüssen zu schützen und seine Seele mit unnötigem, schlechten Ballast zu beschweren: Da kam ein Mann zu Sokrates und wollte ihm voller Aufregung eine Geschichte erzählen.

Sokrates fragte: „Ist die Geschichte wahr?" – „Nein, wahr ist sie wahrscheinlich nicht, ich habe sie selbst über Dritte gehört."

„Ist die Geschichte gut?" – „Nein, gut ist sie auch nicht."

„Ist sie wichtig und nützlich?" – „Nein, wichtig und nützlich ist sie auch nicht."

Da antwortete Sokrates: „Dann will ich sie auch gar nicht hören!"

Und die **Nächstenliebe** ist sozusagen der Ernstfall, die Konkretisierung der Gottes- und Selbstliebe. Am Umgang mit dem Nächsten zeigen wir, wie nahe wir Gott wirklich gekommen sind oder eben nicht. Wie gehen wir mit unseren Liebsten um? Frühmorgens, wenn sie aufstehen, abends, wenn wir nach Hause kommen? Wie behandeln wir unsere Arbeitskollegen, Nachbarn, Kunden, Freunde, unsere Eltern und Geschwister? Denken wir an die Geburts- bzw. Namenstage unserer Liebsten? Wie gehen wir mit Konflikten um? Suchen wir nach ehrlichen, fairen Lösungen? Ein Mann, der die Nächstenliebe praktiziert, hat auch ein Herz für Schwächere. Er tut, was er im Bereich der Möglichkeiten tun kann. Vieles ist fehlerhaft, aber er tut es, das ist das Entscheidende.

### ▪ Trippel-Gebot-Arbeitsblatt

| Gottesliebe | Selbstliebe | Nächstenliebe |
|---|---|---|
| Formuliere ein Dank-, Bitt-, Stoß- oder Klagegebet: | Schreibe auf, wie du dich selbst siehst: | Wie gehst du mit deinen Nächsten um? |
| … | … | … |

- **Austausch unter Brüdern** mit dem ausgefüllten Trippel-Gebot-Arbeitsblatt

- **Vaterunser**

- **Segensgebet**

**ich liebe mich**
ich liebe mich von früh bis spät
lach mitten in die menschen rein
spiel mit mir und meinen gedanken
denk mich durch die finsternis
und durch die sonne
so als ob nichts gewesen wär'
und dann verbring ich viel tag mit mir
und ich verbring auch viel nacht mit mir
mit denken
mit schreiben
mit träumen
und loslassen
ich lass die gesetzten worte los
wie sie steigen
gleich luftballons in den buchstabenhimmel hinein
und lass sie sanft wieder runter
in büchern und skripten
in schriften
die ich setze
bedacht
der mit dem wort tanzt
nenn ich mich
und da ist natürlich was dran
und am meisten freut mich
dass das wort gewand angenommen hat
dass es nicht friert
mich freut auch
dass ich mit mir so viel anzufangen weiß
das ist schön und nützlich
ich liebe mich wirklich
und ich hab mir alles verziehen
wirklich alles
ist das nicht schön

# Zehn An-Gebote für ein glückliches Leben
## (Ex 20,1–17; Dtn 5,6–21)

▪ **Materialien:** Bodenbild mit Adventskranz, Zettel und Bleistifte, Flipchart, Bibeltexte

▪ **Hinführung**

Vielen ist es gar nicht mehr so bewusst, dass der Advent eine Bußzeit darstellt, die auf das Weihnachtsfest vorbereitet. Die adventlichen Tage sind – wie auch die Fastenzeit – Tage der Umkehr und Neubesinnung. In den Zehn mosaischen An-Geboten, auch Dekalog (d.h. Zehnwort) genannt, geht es um ein befreites, aufrechtes Leben vor Gott und den Menschen.

Wenn die Männer bei der Marktplatz-Methode ihre An-Gebote anpreisen, sollen sie dies in positiver Formulierung versuchen, damit die Menschen die Gebote nicht wie bedrohliche Keulen erleben, sondern wie warme Winterjacken, in die sie hineinschlüpfen können.

▪ **Begrüßung, Lied:** Macht hoch die Tür (Gotteslob 218) **und Predigtgedanken**

Stellt euch vor: Jeder tut, was er will. Der Bäcker steht auf, wann er Lust hat, der Polizist macht lange Pausen, die Lehrerin gibt den Schülern unterrichtsfrei, die Soldaten gehen alle nach Hause. Es hört sich zugegebenermaßen zunächst verlockend an, bei genauerer Betrachtung herrschte jedoch das Chaos. Wir wären unseres Lebens nicht mehr sicher, keiner könnte dem anderen trauen. Deshalb gibt es Regeln, Vereinbarungen, Abmachungen und Verträge: Sie führen uns aus dem Chaos in eine überschaubare Ordnung. Sie schützen Menschenleben im Straßenverkehr, in den Betrieben, in der ganzen Gesellschaft. Die Zehn Gebote sind eine uralte Satzung, auf ihr gründen die europäische Philosophie und nicht zuletzt die Menschenrechte.

Die Zehn Gebote in der hebräischen Bibel (Ex 20,1–17; Dtn 5,6–21) wurden der Überlieferung nach Mose auf dem Berg Sinai direkt von Gott übergeben. Tatsächlich sind sie das Ergebnis jahrhundertelanger Entwicklungsgeschichte. Sie sind die ethische Grundlage für ein gutes, respektvolles Miteinander, die sich über den vorderasiatischen Raum in die westliche Welt verbreitet hat. Sie bilden mit der Weisung der Propheten und dem radikalen Wirken Jesu das ethische Fundament des christlichen Abendlandes. Dieses Wissen geht allmählich in Europa verloren und es bleibt zu hoffen, dass die ethische Substanz, die eine Gesellschaft braucht, darunter nicht zu leiden hat. „Die Würde des Menschen ist unantastbar. Sie zu achten und zu schützen ist Verpflichtung aller staatlichen Gewalt". Dies ist der erste Artikel des deutschen Grundgesetzes. Es ist seit 1949 die Verfassung des deutschen Volkes. Diese Menschenwürde gründet in der Gottebenbildlichkeit des

Menschen, wie sie die Bibel seit dem Buch Genesis vertritt. Der Mensch darf nicht getötet, bestohlen, belogen, ausgenutzt, erniedrigt oder für diverse Zwecke instrumentalisiert werden. Dafür stehen die mosaischen An-Gebote, die sich einem Gott verbunden wissen, der sich seinem Volk in direkter Rede zuwendet.

Grundlage der An-Gebote zu einem sinnvollen, glücklichen Leben ist nicht die moralische Keule, sondern die rettende Heilstat Gottes, der sein Volk aus dem Sklavenhaus Ägyptens befreit hat. Hier handelt es sich also um geschichtliche und soziale Gründe. Der Dekalog schützt den Menschen davor, sich selbst und dieser Schöpfung zum Wolf zu werden. Er garantiert ein gutes, friedliches Leben in Gemeinschaft und hat seine absolute Wertigkeit bis in unsere Zeit hinein beibehalten.

Wer sich an die Gebote hält, wer sein Leben an ihnen ausrichtet, setzt seiner Willkür und Orientierungslosigkeit Grenzen, die dem Leben förderlich sind. Wessen Leben gerade jetzt in der Adventszeit auf die Gebote ausgerichtet ist, dem wird es auch gelingen, der wird es gut haben auf Erden, auch wenn er manchmal scheinbar den Kürzeren zieht.

Gruppenleiter: Heute bekommt jeder von euch ein Gebot aus dem Dekalog. Lest es aufmerksam durch und denkt in Stille darüber nach.

Die Perikopen bzw. Sätze werden verteilt und durchgelesen.
- Dtn 5, 6–8 (Präambel und 1. Gebot)
- Dtn 5, 11 (2. Gebot)
- Dtn 5, 12–15 (3. Gebot)
- Dtn 5, 16 (4. Gebot)
- Dtn 5, 17 (5. Gebot)
- Dtn 5, 18 (6. Gebot)
- Dtn 5, 19 (7. Gebot)
- Dtn 5, 20 (8. Gebot)
- Dtn 5, 21 (9. Gebot)
- Dtn 5, 21 (10. Gebot)

Gruppenleiter: Wenn ihr eure Sätze durchgelesen und in Stille bedacht habt, dann geht durch den Raum, ruft sie frei heraus und kommt mit dem Nächsten, der bei euch ist, ins Gespräch. Versucht dabei euer Gebot wie ein Marktschreier anzupreisen, indem ihr es positiv und ohne „soll" oder „muss" vorstellt. Überlegt euch auch praktische, lebensnahe Beispiele zu den Geboten. Anschließend haltet eure Ergebnisse stichwortartig auf dem Zettel fest.

**Marktplatz-Gespräch** während die Männer im Raum umhergehen und sich über ihre Gebote austauschen.

**Mögliche Ergebnisse** der positiven Formulierungen könnten die folgenden sein, sie werden am Flipchart festgehalten und noch einmal gemeinsam ausformuliert:

1. Gott führt dich in die Freiheit, darum vertraust du ihm.
2. Du setzt deine Macht für das Gute ein und ehrst Gottes Namen.
3. Du gönnst dir und deinen Liebsten sonntags eine heilige Pause.
4. Du ehrst deine Eltern, dann wird es dir gut ergehen.
5. Du setzt dich für bedrohtes Leben ein, du schützt es.
6. Du bleibst deiner Partnerin treu.
7. Du gehst sorgsam mit dem Gut anderer um und bist freigiebig.
8. Du bist ein glaubwürdiger Zeuge der Wahrheit.
9. Du behandelst andere Frauen mit dem nötigen Respekt.
10. Du bist zufrieden mit dem, was du hast.

### ■ Kurze Adventsandacht

Gruppenleiter: Du, Herr, schenkst uns deine Gebote, damit wir leben, damit wir glücklich leben, damit wir Leben in Fülle haben.

Du, Herr Jesus, hast alle Gebote in großer Liebe erfüllt.
    A: Maranatha.
Du, Herr Jesus, hast deinen Vater geliebt.
    A: Maranatha.
Du, Herr Jesus, hast deine Macht zur Ehre des Vaters verwendet.
    A: Maranatha.
Du, Herr Jesus, hast gesagt: Kommt, ruht ein wenig aus. (vgl. Mk 6,31)
    A: Maranatha.
Du, Herr Jesus, hast uns deine Mutter zur Mutter gegeben.
    A: Maranatha.
Du, Herr Jesus, warst ein Anwalt des bedrohten Lebens.
    A: Maranatha.
Du, Herr Jesus, bist ein Sinnbild für Treue und Verlässlichkeit.
    A: Maranatha.
Du, Herr Jesus, hast dich an uns verschenkt.
    A: Maranatha.
Du, Herr Jesus, bist selbst die Wahrheit und der Weg.
    A: Maranatha.
Du, Herr Jesus, hast Frauen geheilt und beschützt.
    A: Maranatha.
Du, Herr Jesus, hast deinen Reichtum ganz beim Vater gefunden.
    A: Maranatha.

### ■ Vaterunser und Lied: Komm, du Heiland aller Welt (Gotteslob 227)

### ■ Schlussgebet

Es segne uns der Vater und der Sohn und der Heilige Geist. Amen.

# Themen für die Fastenzeit

## „Zeittropfen" (Mk 1,14 f.)

- ■ **Utensilien:** Becher, Krug, Wasser, Tuch, Kerze, Blume, Text, Zitrone
- ■ **Hinführung**

„Die Zeit ist erfüllt!", ruft uns Jesus zu. Die Zeit ist voll, er selbst ist die Fülle der Zeit, der Anfang und die Vollendung. Die Fastenzeit lädt uns ein, aus dieser Fülle zu leben, indem wir uns genau darauf konzentrieren, was unser Leben ausmacht, wem wir es verdanken, wie wir damit umgehen. Diese Einheit kann ein erster Checkpoint, ein guter Anstoß für die vierzigtägige Bußzeit sein. Und wenn mehrere Männer miteinander gehen, ist es bestimmt leichter.

- ■ **Begrüßung und Ablegen der Uhren** aufs Fensterbrett, wo wir sie nicht sehen
- ■ **Lied:** O Herr, nimm unsre Schuld (Gotteslob 273)
- ■ **Perikope:** (Mk 1,14 f.)

Nachdem Johannes ausgeliefert worden war, ging Jesus nach Galiläa; er verkündete das Evangelium Gottes und sprach: Die Zeit ist erfüllt, das Reich Gottes ist nahe. Kehrt um und glaubt an das Evangelium!

- ■ **Predigtgedanken**

- Manchmal sind wir wie dieser **Wasserbecher** – trocken, leer – wir haben keine Zeit, wir hetzen umher. Der Akku ist leer, wir sind ausgetrocknet, ausgepowert und haben keine Kraft mehr.
- Und dann wieder sind wir übervoll an Zeit und Energie (Wasserkrug in Becher läuft über auf den Teller). Unsere Ideen ergießen sich in reiner Schaffensfreude über diese Welt. Die Zeit ist voll, wir erleben sie als interessant und aufregend und sind aufgeschlossen für das, was kommt.
- Manchmal fühlen wir uns ausgepresst wie eine **Zitrone** (Auspressen der Zitrone über dem Teller). Wir leben fremdbestimmt, werden ausgenutzt und laufen im wahrsten Sinne des Wortes unkontrolliert aus.
- Die Zeit ist erfüllt, das Himmelreich ist nahe, kehrt um und glaubt an das Evangelium!, (der Wasserkrug ist voll Wasser, läuft aber nicht über) sagt Jesus im

Evangelium. Volle Zeit erfahren wir in selbstversunkenen Augenblicken, wo wir uns gänzlich vergessen, wo wir uns hingeben und doch so viel empfangen.

## ■ Zeittropfen

„Deshalb lasst uns, solange wir Zeit haben, allen Menschen Gutes tun." (Gal 6, 10)

Unser Umgang mit der Zeit entscheidet darüber, wie wir dieses, unser einmaliges (ewiges) Leben gestalten, wie es uns gelingt oder misslingt, wie wir mit uns selbst und mit den Menschen und Dingen umgehen, mit denen wir zu tun haben. Wer z. B. pünktlich zu einer Verabredung kommt, der sagt, dass ihm seine Zeit und sein Gegenüber wichtig und bedeutungsvoll sind.

Es gibt Menschen, die sich darin sonnen, einen überhäuften Terminkalender zu besitzen und von einem Event zum anderen zu hasten. Sie sehen sich selbst als gefragte und ausgesuchte Männer, sie wähnen sich tatsächlich in ihrer vermeintlichen Unersetzbarkeit dringendst gebraucht. Sie baden sich im Erfolg. Ihre Familien und Freunde jedoch sind für sie bestenfalls zweite Wahl. Die haben sich gefälligst nach ihrem Terminkalender zu richten. Wenn sie gelegentlich ein überflüssiges Tröpfchen Zeit aus ihrer ausgezehrten und ausgelutschten Zeitzitrone pressen, sollen alle möglichst parat stehen, um das Zeittröpfchen sofort mit den gestressten Wichtigmachern aufzufangen. Dieses Verhalten beeindruckt mich keineswegs, es stößt mich persönlich ab, da spüre ich direkt körperlich die Atemnot und Beklemmnis, die von solchen Menschen ausgeht. Da bleibt mir nur noch eines: Abstand halten und Distanz wahren.

Natürlich ist alles im Leben eine Frage der Prioritäten: Wenn mir etwas oder jemand wichtig ist, dann nehme ich mir ausreichend Zeit und dann kann ich sie mir auch dementsprechend gut einteilen. Genutzte Zeit währt lange, sie schenkt sich den Glücklichen und Kreativen, den Liebenden, den Fleißigen und Ruhigen. Ihnen gehört der Tag, die Stunde, die Gelegenheit. Sie leben tatsächlich schon jetzt in der Ewigkeit.

Abgezockte Zeit hingegen bleibt letztlich ungenutzt, sie wird vertan. Sie ist gestohlene Zeit. Deshalb liegt die Vermutung nahe, dass gerade die umtriebigen und viel beschäftigten Menschen in Wirklichkeit am allerwenigsten bewegen. Sie werden von ihren eigenen Terminen wie fliehendes Wild gejagt, sie bücken sich vor dem Götzen Arbeit und Macht, sie sind nicht die Herren, sondern die Knechte ihrer Zeit. Die gehetzte Zeit ist eine Erfindung des Bösen, sie wird – wie die Seelen der Menschen – totgeschlagen und macht krank. Sie zerstört Beziehungen, Familien, Freundschaften und letztlich den Menschen selbst. Wer der Ewigkeit nahekommen will, müsste sozusagen den Schnelldurchlauf der Zeit entschleunigen, um an erfahrener Lebensqualität zu gewinnen. Man spricht heute auch gerne von Verlangsamung der Zeit. Wie ist das möglich? Meiner Erfahrung nach geht es nur um die reine, aufmerksame Präsenz im Augenblick!

Meine Schüler arbeiteten in einem Sozialprojekt mit Menschen mit Behinderung. Sie hatten die Aufgabe, eine Zielvereinbarung für den konkreten Umgang mit diesen Menschen zu erstellen. Und ganz weit oben auf der Liste der Abmachung, die sie alle unterschrieben haben, stand: „Vollständige Anwesenheit". Im einhergehenden Gespräch habe ich erfahren, dass sie präsent sein wollten für die Menschen, sie wollten ihnen Freude bereiten, um sie besser kennenzulernen. Sie wollten lernen geduldig zu sein. Sie wollten ihnen wachsam zuhören. Vieles davon haben sie auch tatsächlich erreicht und in die Tat umgesetzt.

All das bringt mich auf eine Idee: Wenn die Wichtigen Uhren haben und die Glücklichen Zeit, dann lassen wir einfach die tickenden Uhren los, sie tanzen wild um sich, während ihr lautes Schrillen im Dunkel der Nacht verhallt. Wir bringen stattdessen die Zeittropfen zum Überlaufen und leben in zeitloser Präsenz füreinander …

### ■ Offener Gesprächsaustausch mit Bechern

Die Männer gießen je einzeln Wasser in ihre Becher, um so zu zeigen, wo sie gerade stehen, ob sie die Zeit als volle, leere, ausgepresste … erleben. Im Austausch kann sich auch ergeben, was sie denn möglicherweise brauchen (z. B. Erfolg in der Arbeit, Zeit mit der Frau, Stillezeiten, echte Freundschaften, etc.). Darüber hinaus können sich von einem anderen Mann Wasser nachgießen lassen mit den Worten: „Der Herr stärke dich!"

### ■ Vaterunser

### ■ Segen

Vater, lass uns Herren unserer Zeit sein, die du uns geschenkt hast.
Lass uns unsere Zeit mit viel Liebe und Tatkraft füllen.
Führ uns den Weg in die Zeitlosigkeit, die keine menschlichen Grenzen mehr kennt.
Darum bitten wir durch Christus, unseren Herrn,
der in der Einheit des Heiligen Geistes die Fülle der Zeit verkörpert. Amen.

„Zeittropfen"

# Wer das Leben verliert, wird es finden (Mt 10, 37–39)

- **Utensilien:** Bodenbild, Gitarre oder CD-Player

- **Hinführung**

Männer wollen riskieren, sie wollen die Welt verändern. Und das ist gut so. Wenn Männer sich hingeben, wenn sie sich einer großen Aufgabe verschreiben, dann machen sie Platz für das Geheimnis des Lebens. Sie verlieren sich in Menschen, die sie lieben, für die sie Sorge tragen, sie verlieren sich in Aufgaben, die dem Gemeinwohl dienen. Aber sie bleiben sich treu, sie bleiben ganz bei sich, sie finden sich am Rande des Abgrunds gelebter Liebe getrost und gut behütet wieder. Dazu will diese Einheit anregen: zum Sich-Verschenken, zum Dienen, zum Platz-Machen.

- **Lied:** Wo Menschen (Männer) sich vergessen (Gotteslob 804)

- **Begrüßung, Perikope und Predigtgedanken** mit meditativer Gitarrenmusik

Es ist kein Geheimnis, dass die christliche Mystik wahres Leben im Loslassen, im Zu- und Geschehenlassen, in der vertrauensvollen Übereignung an eine Wirklichkeit, die mehr ist, als ich selbst, umschreibt. In diesem Prozess verliert das eigene Ich an Bedeutung, es wird kleiner, bis es sich gänzlich hingegeben in Jesus wiederfindet. Der Evangelist Matthäus legt Jesus folgende Worte in den Mund: „Wer Vater oder Mutter mehr liebt als mich, ist meiner nicht wert […] Wer das Leben findet, wird es verlieren; wer aber das Leben um meinetwillen verliert, wird es finden." (Mt 10, 37 ff.)

Vielleicht ist es im geistlichen Leben wie mit einem Mann in einem brennenden Hochhaus. Er mag sich noch so sehr an die letzten – vom Rauch- und Flammenmeer verschonten – Fensterbalken klammern. Überleben wird er nur, wenn er den Sprung auf das Sprungtuch in der Tiefe wagt. So ist es mit vielen Männern. Sie klammern sich an ihren Besitz, an ihren Erfolg, an ihre wirtschaftlichen Errungenschaften, aber sie verlieren ihr Leben, wenn sie nicht endlich loslassen und in jene Seinsweise hinein aufwachen, die wir als eigentliche Wirklichkeit verstehen.

Ich kann dies üben, indem ich einfach mal 10 Minuten ruhig dasitze und meine Umgebung betrachte, ohne sie zu bewerten, ohne sie ständig verändern zu wollen, gleichsam als aktiver Beobachter. Erst wenn sich in mir beruhigender Gleichmut ausbreitet, Zufriedenheit darüber, dass etwas so sein darf, wie es ist, komme ich den eingangs erwähnten matthäischen Los-Lass-Versen auf die Spur.

Natürlich ist dieser mystische Weg ein langer und sicherlich oft auch anstrengender und steiniger Weg. Ich muss immer wieder Abschied nehmen von eingebildeten Lieblings-Vorstellungen, ich muss mich immer wieder neu ausrichten an dem was ist und eben nicht daran, wie es meiner Meinung nach sein sollte. Ein Beispiel mag dies illustrieren:

Es gibt immer wieder Schüler in der Klasse, die den Unterrichtsbetrieb zum Teil erheblich behindern können. Und da wünscht man gelegentlich manche Schüler in eine andere Schule um sich den Arbeitsalltag zu erleichtern. „Nichts da!", sagt die Mystik. „Sieh die Situation an wie sie ist! Schau liebevoll auf den Schüler, der dich stört! Geh in dich, frag ihn, was er von dir braucht und du wirst sehen, dass sich hinter den vermeintlichen Störungen ein großes Potential fruchtbarer, wirklichkeitsstiftender Begegnung verbirgt."

### ■ Anregungen

- Unser Weg führt oft auf wankendem Boden mitten durch die Dunkelheit. Nur im Nachhinein erkennen wir, wie gut wir stets geführt wurden. Schau jetzt und heute voll Dankbarkeit auf deinen bisher gelungenen Lebensweg.

- Spiritualität hat in erster Linie mit Wandlung zu tun, nicht so sehr mit machen, leisten, vollbringen und schaffen. Wenn sich ein dir bis dahin unauffälliges Mädchen zu deiner Geliebten wandelt, wenn ein beliebiger Mann zu deinem besten Freund wird, wenn du in einem bisherigen Feind und Neider deinen Freund erkennen kannst, dann geschieht Wandlung. Sei heute offen und empfänglich für dieses Geheimnis.

### ■ Stille und Austauschgespräch in der Runde

### ■ Kreatives Schreiben

Schreib dir selbst einen Brief, in dem du Spuren des Lichtes in vergangener Dunkelheit entdeckst. Setze deine Worte dabei mit Bedacht, in Dankbarkeit und großer Aufrichtigkeit. Beobachte, was dir schon alles in deinem Leben geschenkt wurde, was du nicht aus eigener Kraft vollbracht hast, z. B. der Sonnenuntergang am frühen Morgen oder das Brot, das deinen Hunger stillt. Der Brief wird in knapp zwei Monaten an deine Adresse versandt.

### ■ Vorlesen der Briefe

Die Teilnehmer lesen einander ihre Briefe wertfrei vor und fragen behutsam nach, wie dieses oder jenes gemeint ist.

### ■ Vaterunser und Schlussgebet

Vater, das Geheimnis des Lebens besteht im Loslassen. Hilf uns, von uns selbst, von unseren Vorstellungen und Meinungen loszulassen, damit wir dir begegnen durch Christus unseren Herrn. Amen.

# Zippergespräch zum Thema „Erfolgreich Scheitern"
## (2 Kor 12, 7–10)

■ **Materialien:** Gong (für den Männerwechsel), Bibel, Gotteslob

■ **Hinführung**

Das Scheitern ist ein großes Thema im Leben des Mannes. Es wird gerne übertüncht und verdrängt. So beschönigen wir – gesellschaftlich toleriert – unsere Lebensläufe bei Bewerbungen, wir geben uns erfolgreich und gestehen uns Schwachheiten, Krankheit, Niederlagen und Misserfolge nur sehr ungern ein. Der Zipper bietet die Möglichkeit, dass jeder in der Runde mit jedem ins Gespräch kommt. Dabei stellen sich die Männer in einer Zweierreihe gegenüber und tauschen sich aus. Anschließend rücken die Männer einer Reihe einen Platz nach rechts, d. h. ein Mann wechselt ans andere Ende, sodass sich wieder neue Paare bilden. Nach jedem Gong besprechen sie die Frage „Wann bist du in deinem Leben gescheitert?" Das geht so lange, bis jeder mit jedem ins Gespräch gekommen ist.

■ **Begrüßung und Lied:** Meine engen Grenzen (Gotteslob 437)

■ **Einstimmung**

„Der heruntergekommene Gott"

du bist
auch nicht mehr
der alte gott
früher
    haben sie
    erzählt
warst du
umgeben von
himmlischer
herrlichkeit
vom dreimal
heilig der heere
von den kniefällen
der reinen
heute
    höre ich
    sagen
bist du
herausgepresst
aus dem blutigen

mund
liegst bei vieh
und unreinen
bewacht von
zwielichtigem
volk
an wen
sollen wir
uns halten
wenn du
haltlos
geworden und
unten
in welche
richtung
gehen unsere
verbeugungen
wenn dein
thron leer
und der
weihrauch
verdampft
an den
stallgeruch
gewöhnen wir
uns schlecht
und einen
ins fleisch
gefahrenen gott
legen sie
aufs kreuz
meine entdeckung
ich muss mich
vor dir
nicht mehr
klein machen
heruntergekommener
gott

(Wilhem Bruners)[1]

1  aus: Wilhelm Brunners, Senfkorn Mensch. Biblische Meditationen © Patmos Verlag der Schwabenverlag AG, Ostfildern 1986. www.verlagsgruppe-patmos.de.

- **Perikope:** 2 Kor 12, 7–10

- **Predigtgedanken**

Wer sagt denn, dass wir Männer immer ganz vorne sein müssen? Gott bewahre uns davor! Wer behauptet denn, dass nur der Erfolg im Leben erstrebenswert sei? Erfolg ist ein gefährliches Wort, weil wir uns über unsere – oft auch unverdienten – Leistungen definieren können. Und wenn der Erfolg dann ausbleibt, stürzen wir in ein großes Loch und verlieren uns orientierungslos darin. Auf jeden Fall lebt der Mann, der sich mit Ansehen, Ruhm, Einfluss und steter Gewinnmaximierung identifiziert, in einem falschen, verlogenen Selbst. Das ist nur Schein, da ist nichts, außer einer hohlen Nuss. Solche Männer haben nicht viel zu geben und auch nichts Besonderes zu sagen. Der Erfolg macht sie kalt und hochmütig und dann fallen Sätze wie: „Die sollen doch einfach arbeiten, die Harz-IV-Empfänger, es ist doch genug Arbeit da." Dass viele unter ihnen tatsächlich keinen Arbeitsplatz finden, dass sie darunter leiden und in ihrem Selbstwert geknickt sind, sehen sie nicht. Ihnen fehlt die Empathie, die Barmherzigkeit, weil sie selbst auf der Gewinner-Welle schwimmen, die sie vom einfachen Menschen distanziert.

Paulus rühmt sich seiner Schwachheit. Er steigt in die Niedrigkeit seiner Existenz. Er erfährt Ohnmacht und Schwäche und kann durch diese Bedürftigkeit offen werden für die heilende und rettende Gegenwart Gottes. Vielleicht leidet er an einer Form der Epilepsie, auf jeden Fall ist er ernsthaft erkrankt und durch einen „Stachel" auch in seinem Wirken eingeschränkt.

Ist nun Erfolg ein Name Gottes oder nicht? Ich kannte einen sehr erfolgreichen Pfarrer. Die Kirchen waren stets zum Bersten voll, wenn er predigte. Nach Jahren stellte sich heraus, dass der Pfarrer pädophil war, er musste natürlich sein Amt aufgeben. Er hinterließ ein großes Fragezeichen in der Gemeinde, denn sein Nachfolger – ein guter und ernsthafter Mann – kam bei der Gemeinde nicht so an und die Kirchen leerten sich allmählich.

Ich frage noch einmal: Ist Erfolg ein Garant für ein gutes Leben? Nein, ist er nicht. Er wird einem geschenkt und ich bin sicher, dass sich unter uns viele Männer befinden, die schon den einen oder anderen Erfolg in ihrem Leben zu Buche tragen. Im Idealfall behalten sie ihn nicht nur für sich, sondern teilen ihre Freude mit ihren Familien, Arbeitskollegen, Freunden, Nachbarn.

Aber wie ist das nun mit dem Scheitern? Müssen jetzt Ehen zerbrechen, Arbeitsplätze wackeln, Freundschaften in die Brüche gehen, Krankheiten kommen usw. um der Gnade Gottes teilhaftig zu werden, um empfänglich zu werden für seine befreiende Nähe? Nein, natürlich nicht. Aber die Niederlagen kommen so oder so. Im spirituellen Leben nennen wir sie das „tägliche Kreuz", das wir auf uns nehmen, das uns begegnet und durch das wir tatsächlich geläutert werden, wenn wir lernen, es dankbar anzunehmen. „In meiner Ohnmacht bin ich stark", sagt Paulus, denn jetzt ist er ganz auf Gott verwiesen, vermag nichts mehr aus eigener Kraft, gibt sich restlos jenem Geheimnis hin, dass er unermüdlich verkündet.

Ich kenne Männer, die viele Ohnmachtserfahrungen erleben, u.a. mehrere ernsthafte Krankenhausaufenthalte, die nicht wissen, wie es weitergehen wird. Zum Glück hat viele von ihnen diese Krise demütiger und dankbarer und auch barmherziger ihnen selbst gegenüber gemacht. Sie haben auf diese Weise gelernt, ihre eigenen Grenzen zu akzeptieren und die Ansprüche an sich selbst nicht so hoch zu stellen.

- ■ **Zippergespräch** zur Frage: Wann bist du in deinem Leben gescheitert?
- ■ **Austausch unter Brüdern im Kreis**
- ■ **Vaterunser**
- ■ **Schlussgebet**

Herr, unser Leben läuft nicht immer so glatt, wie wir es gerne vorgeben.
Wir erfahren Grenzen.
Wir ignorieren diese und überschätzen uns selbst oft maßlos.
Wir fallen. Wir scheitern. Wir gehen zugrunde.
Doch du fängst uns auf.
Du selbst bist doch der tragende Grund unseres Lebens.
Dafür möchten wir dir danken diesen neuen Tag lang.
Amen.

# Fallen im Leben eines Mannes (Mt 19, 3–8)

- ▣ **Materialien:** Bodenbild, Bibeln, Fallen-Arbeitsblatt

- ▣ **Hinführung**

Die neuen Männer sind nicht so perfekt, wie es den Anschein haben könnte. Sie müssen fehlen, Prüfungen bestehen und wieder fehlen. Schließlich sind auch die Frauen fehlbar – zum Glück, das macht uns alle menschlich und zugänglich.

Jesus wird sehr oft eine Falle gestellt:

1. Darf man eine Frau aus der Ehe entlassen? (vgl. Mt 19, 3)
2. Ist es erlaubt, dem Kaiser Steuer zu zahlen? (vgl. Mt 22, 17)
3. Welches ist das wichtigste Gebot? (vgl. Mt 22, 36)
4. Ist es erlaubt am Sabbat zu heilen? (vgl. Mt 12, 10)
5. Müssen wir die Ehebrecherin steinigen, wie es das Gesetz des Mose vorschreibt? (vgl. Joh 8, 5)

Man versucht Jesus schon zeitlebens ordentlich aufs Kreuz zu legen, aber er lässt es nicht mit sich geschehen.

Uns Männern geht es ähnlich: Wir leben in der ständigen Versuchung vom rechten Weg abzukommen und für Männer gibt es da ganz spezielle Fallen, die uns viel Ärger bereiten können. Diesen wollen wir bei der Einheit, bei der Partnerarbeit und im Austausch unter Brüdern auf den Grund fühlen.

- ▣ **Begrüßung, Kreuzzeichen**

- ▣ **Perikope:** Mt 19, 3–8

- ▣ **Predigtgedanken**

Wir Männer stolpern oft über unsere eigenen Probleme. Uns Männern stellt kein Pharisäer mehr eine Falle, wir graben uns – wenn wir nicht vorsichtig genug sind – schon selbst die Grube, in die wir dann hineinfallen. Etwa dann, wenn das Hirn in die Hose rutscht, wie man so salopp sagt, oder wenn wir uns in finanziellen Belangen total überschätzen.

**Sei perfekt** ↔ Sei fehlbar und gesteh dir dein Ungenügen ein!
Die Perfektionsfalle macht vieles kaputt. Sie tarnt sich in Fleiß und Hingabe, kann aber auch sehr destruktiv sein, wenn das Motiv der Ehrgeiz und das Streben nach Perfektion ist. Männer, die alles richtig und besser als die anderen machen wollen, scheuen den Weg in den Abgrund. Sie gestehen sich nicht zu, dass sie – bei aller Mühe – fehlbar sind. Sie üben Gewalt an sich und anderen aus. Auf subtile Weise üben sie Druck auf andere aus und geben ihren unreflektierten Schmerz z. B. direkt an ihre Arbeitskollegen weiter. Dabei ist es so befreiend und auch menschlich,

nicht alles zur Perfektion treiben zu müssen. Ich darf als Mann schwach sein, ich darf Fehler machen, ich bin so geschaffen und nehme mich genauso an, wie ich bin.

Ja, wir Männer müssen runter in die Tiefen unserer Gebrechlichkeit. Das ist zunächst für die meisten Männer kein angenehmer Weg. Die Spiritualität ist uns dabei eine sehr große Hilfe: Stoßgebete wie: „In meiner Ohnmacht bin ich stark!", oder „Herr, erbarme dich!", helfen uns da schon weiter. Wir wollen es nicht wahrhaben, aber wir sind total auf Gott angewiesen. Ohne ihn wären wir nichts und all unsere Konstrukte, auf die wir uns so wahnsinnig viel einbilden, würden wie ein Kartenhaus in sich zusammenfallen. Es bliebe nichts als Eitelkeit und Hochmut eines verirrten Menschen zurück.

**Beeil dich!** ↔ Hab den Mut zur Langsamkeit und Entschleunigung!
„Herr, gib mir Geduld, aber zackig!", lautet ein Spruch auf einer Magnetkarte in unserer Küche. Dabei braucht gut Ding Weile. Alles in der Natur braucht seine Zeit, so auch der Mensch. Manchen Männern in unserer schnelllebigen Zeit, wo man zu jeder Zeit fast alles aus aller Welt kaufen kann, ist diese Einsicht vielfach verloren gegangen. Wir müssen lernen, Geduld zu üben. Der krankmachende Stress, auch Dissstress genannt, kommt nicht von Gott. Unser Leben ist kein ständiger Konkurrenz- und Leistungskampf! Wir müssen nicht immer die Ersten und Besten sein! Im Gegenteil: Wer Beständiges schaffen will, wird die Muße nicht entbehren können, er wird Tiefgang und Stille suchen. Bruder Franziskus aus Assisi zog sich wochenlang scheinbar untätig in die Stille und Einsamkeit der Höhlen am Fuße des Monte Subiaso und auf dem Berg l'Averna zurück. Daraus dürfen wir ruhig schließen: „Wenn du es eilig hast, geh langsam! Erzwinge nichts! Bescheide dich!" Und es ist einfach nicht wahr, dass wir immer von außen angetrieben werden noch schneller und effizienter zu arbeiten, vieles davon spielt sich in unserem Inneren, bedingt durch unsere Lebenslüge und bei unseren inneren Antreibern, ab.

**Streng dich an!** ↔ Es wird dir letztlich alles geschenkt!
„Haste was, biste was!" oder „Schaffe schaffe, Häusle baue!", heißt es mancherorts. Für diese Maxime werden viele Opfer gebracht. Das gilt auch für das geistliche Leben: Da gilt es Rosenkränze zu beten, Wallfahrten zu machen, Sakramente zu empfangen. Eigentlich müsste uns Männern im geistlichen Leben vieles leichter von der Hand gehen. Wer sich des Überflüssigen in Nahrung, Worten, Materie entsagt, lebt freier, glücklicher und unbeschwerter. Tatsächlich ist es so, dass wir, wenn wir ganz bei uns sind, wenn wir in uns ruhen und aus unserer Mitte heraus leben, sehr viel Ruhe und Zufriedenheit ausstrahlen. Dann geht sozusagen vieles wie von alleine.

Es ist der Herr, der handelt, nicht so sehr wir Wichtigtuer, die wir meinen unersetzlich zu sein und die wir uns fälschlicherweise oft in der Vorstellung wähnen, dass alles allein von uns und unseren Anstrengungen abhinge.

**Sei gefällig!** ↔ Sorge für dich und bleib bei dir!

Eine der gefährlichsten Fallen auf unserem Männerweg ist die Versuchung zur Gefälligkeit. Wir können es nicht allen recht machen und wir müssen es auch nicht! Wenn wir diesem Antreiber Macht geben, gehen wir von uns, von unserer heiligen Mitte weg und verlieren uns draußen in den vielen Erwartungen und Lockungen der Welt. Wie viele Männer buhlen um die Achtung ihrer Vorgesetzten nur deshalb, weil ihr eigener Vater nicht willens war, ihnen diese Achtung zu geben?

Um anderen zu gefallen, nehmen sie unzählige Überstunden in Kauf, machen sie fast alles, arbeiten bis zur totalen Erschöpfung. Es tut uns Männern gut, für uns zu sorgen, auf gute Ernährung, ausreichend Schlaf und Bewegung zu achten und uns – ohne schlechtes Gewissen – Zeiten absoluter Zweckfreiheit zu gönnen. Viele Männer quälen ihren Körper, bringen ihn auf Touren, heizen ihn zu Höchstleistungen an. Dabei überspannen sie oft den Bogen, was zu erheblichen gesundheitlichen Folgen führen kann. Für mich ist dies kein guter Weg, es ist bestenfalls ein Umweg, den wir Männer uns heute ersparen können.

Es gibt Männer, die definieren sich beinah ausschließlich über diesen Antreiber, etwa dann, wenn sie teure Schlitten fahren, lange Titel vor ihrem Namen herschieben, mit großen Häusern protzen, usw. Mönche brauchen auch heute noch fast nichts von dem, was uns wichtig ist. Und der heilige Benedikt blieb ganz bei sich, als er von eifersüchtigen Brüdern verfolgt und beinah vergiftet wurde: Er sorgte für sich, er wählte die Stille, das *habitare-secum* und hielt schweigende Einkehr in seinem Seelenkörper.

**Sei stark!** ↔ Bleib verletzlich und ein Teil der Gemeinschaft!

„Ein echter Indianer kennt keinen Schmerz!", diese Lebenslüge vom einsamen Westernhelden in der Wüste hat schon manchem Mann das Leben unnötig schwer gemacht. Dann kann es passieren, dass Männer autoaggressiv werden. Sie beginnen zu trinken, machen waghalsige Unternehmungen oder geben ihre Wunde an andere, z.B. ihre Kinder, weiter. Dabei ist es wichtig den Schmerz anzuschauen, sich dem eigenen Schatten zu stellen, ihn in einem neuen Licht als Kraftquelle zu sehen und zu transformieren.

Es ist schlimm für Männer als Weicheier da zu stehen, aber es gibt noch einen Mittelweg: Der starke Mann erweist seine Stärke gerade darin, dass er auch schwach und bedürftig sein kann, das macht ihn nahbar, menschlich und liebenswert. „Denn wenn ich schwach bin, dann bin ich stark", schreibt Paulus (2 Kor 12,10).

Dieser Erkenntnis geht ein gehöriges Maß an Lebenserfahrung voraus. Meistens ist es tatsächlich die Niederlage, der Misserfolg, die Krankheit oder ein anderes Leiden, welches uns kleiner, brauchbarer und auch demütiger für diese Welt macht. Wie viele Krieger sind schon mit wehenden Fahnen untergegangen? Es ist zugegebenermaßen sehr verlockend, alleine der Beste sein zu wollen, aber dies ist auch eine Falle. Ich darf als Mann sehr wohl Schwächen zeigen und ich darf mich einer Gemeinschaft unterordnen. Heute spricht man von Team-Fähigkeit.

Ich habe heute die fünf Fallsätze mitgebracht, die ihr jetzt zu zweit besprechen und ergänzen könnt.

1. **Sei perfekt** ↔ Sei fehlbar und gesteh dir dein Ungenügen ein!
2. **Beeil dich!** ↔ Hab den Mut zur Langsamkeit und Entschleunigung!
3. **Streng dich an!** ↔ Es wird dir letztlich alles geschenkt!
4. **Sei gefällig!** ↔ Sorge für dich und bleib bei dir!
5. **Sei stark!** ↔ Bleib verletzlich und ein Teil der Gemeinschaft!

- **Partnerarbeit und Austausch unter Brüdern**

- **Vaterunser**

- **Segen**

Herr, unser Leben kennt viele Überraschungen.
Manchmal tappen wir in eine Falle hinein und erkennen dies erst im Nachhinein.
Die größte aller Fallen sind wir uns wohl selbst:
Wir überschätzen uns gerne, nehmen uns furchtbar wichtig,
glauben, alleine alles meistern zu müssen.
Herr, segne uns, dass wir um unseret- und um deinetwillen
tun, was dir gefällt.
Darum bitten wir durch Christus, unseren Herrn und Gott,
der in der Einheit des Heiligen Geistes mit dir lebt und herrscht
in Ewigkeit.
Amen.

Fallen im Leben eines Mannes

# Fasten – Freiheit – Ewigkeit (Mt 4,1–11)

- **Utensilien:** Tuch, Kerze, Klangschale, Brot, Wasser, Blume, CD-Player mit Meditationsmusik
- **Begrüßung, Kreuzzeichen und Lied:** Aus tiefer Not schrei ich zu dir (Gotteslob 277)
- **Einführung in den Bibliolog**

Peter Pitzele, ein jüdischer Psychodramatiker, hat die Methode als moderne Form des Midrasch (jüdische Schriftauslegung der Rabbinen) in Nordamerika mit seiner Frau Susan entwickelt. Während einerseits der biblische Text („schwarzes Feuer") unangetastet bleibt, bieten die biblischen Erzählungen andererseits viel Raum zwischen dem Erzählten („weißes Feuer"). So werden die alten biblischen Texte mit heutigen Erfahrungen verlebendigt und bereichert. Durch die Wortmeldungen wird die Bibel aus unterschiedlichen Perspektiven heraus erfahrbar. Das ermöglicht ein ganzheitliches Auslegen der Perikope. Die Grundidee beim Bibliolog besteht darin, dass die Teilnehmenden aus der Perspektive verschiedener Charaktere der Geschichte heraus sprechen und sich mit den biblischen Gestalten identifizieren.

- **Ablauf des Bibliologs**

Der Bibliolog beginnt mit einer kurzen Stilleübung in Kreisform. Es folgt eine Einführung in den biblischen Text und dessen Umfeld in der Bibel durch den Gruppenleiter. Die Perikope wird nun vorgelesen und von der moderierenden Leitung an bestimmten Stellen bewusst unterbrochen („Shift").

Alle Teilnehmer eines Bibliologes werden jetzt zu einer Identifikation mit der vorgegebenen biblischen Gestalt eingeladen. In der „Ich-Form" drücken sie nun ihre Gefühle und Gedanken aus.

Durch Handhebung geben die Männer zu erkennen, dass sie sprechen möchten. Der Männerrundenleiter kommt zu ihnen, stellt sich hinter sie und sie teilen sich mit.

Durch „Echoing" verstärkt und vertieft der Leiter diese Äußerungen in Form einer prägnanten Wiederholung des Gesagten.

Im „Interviewing" hat der Leiter die Möglichkeit, bei Unklarheiten nachzufragen, um diese dann erneut mit eigenen Worte auszusprechen.

Durch ausdrücklichen Dank werden die Beiträge der Beteiligten gewürdigt. Der Leiter beendet schließlich den Prozess, indem er an einer bestimmten Bibelstelle abbricht. Am Schluss liest der Gruppenleiter die ganze Perikope noch einmal vor, dann führt er die Teilnehmer in einer kurzen Meditation wieder aus dem Bibliolog heraus und bedankt sich bei allen, die ein kurzes abschließendes Statement abgeben können.

■ **Perikope: Mt 4,1–11**

■ **Impuls**

Die heutige Perikope, die Versuchung Jesu, beginnt mit dem Geist, der Jesus in die Wüste führt. Die Wüste ist der Ort der Entbehrung, der Einsamkeit, der Gefahr, der Bedrohung. Jesus fastet vierzig Tage und sieht sich schließlich dem Versucher gegenübergestellt. Beide argumentieren mit biblischen Worten, aber beide haben völlig unterschiedliche Intentionen. Jesus wird der Versuchung nach kontrollierten Wundern, nach misstrauischen Erprobungen Gottes und nach egozentrischer Macht widerstehen.

Der Teufel als Widersacher Gottes eignet sich grundsätzlich nicht für den Bibliolog. Auch andere schwere Stellen wie Mord, Apokalypse, usw. sind für diese Form der Bibelarbeit ungeeignet. Hier wurde diese Perikope bewusst eingesetzt, weil sich die Männer sehr gut kennen und nichts Erschreckendes oder Aufwühlendes zu erwarten war. Idealerweise macht der Bibliologe eine passende (mehrtägige) Ausbildung.

■ **Die Versuchung Jesu (Mt 4,1–11)**

Der Leiter liest und unterbricht.

*Leiter:* Wir sammeln uns jetzt in Stille, konzentrieren uns auf die Perikope, die Jesus in der Wüste vorstellt. Er wird versucht, sich dem Willen Gottes zu widersetzen. Wir sind gespannt, wie es nun weitergeht ...

Dann wurde Jesus vom Geist in die Wüste geführt; dort sollte er vom Teufel versucht werden. Als er vierzig Tage und vierzig Nächte gefastet hatte, hungerte ihn.

*Shift:* Du bist jetzt Jesus, wie fühlst du dich hier und jetzt in der Wüste?

Da trat der Versucher an ihn heran und sagte: Wenn du Gottes Sohn bist, so befiehl, dass aus diesen Steinen Brot wird. Er aber antwortete: In der Schrift heißt es: Der Mensch lebt nicht vom Brot allein, sondern von jedem Wort, das aus Gottes Mund kommt.

*Shift:* Du bist jetzt der Versucher, der Teufel: Wie argumentierst du jetzt?

Daraufhin nahm ihn der Teufel mit sich in die Heilige Stadt, stellte ihn oben auf den Tempel und sagte zu ihm: Wenn du Gottes Sohn bist, so stürz dich hinab; denn es heißt in der Schrift: Seinen Engeln befiehlt er um deinetwillen, und: Sie werden dich auf ihren Händen tragen, damit dein Fuß nicht an einen Stein stößt. Jesus antwortete ihm: In der Schrift heißt es auch: Du sollst den Herrn, deinen Gott, nicht auf die Probe stellen.

*Shift:* Als Jesus ringst du nach dem rechten Verständnis der Heiligen Schrift. Wie geht es dir dabei?

Wieder nahm ihn der Teufel mit sich und führte ihn auf einen sehr hohen Berg; er zeigte ihm alle Reiche der Welt mit ihrer Pracht und sagte zu ihm: Das alles will ich dir geben, wenn du dich vor mir niederwirfst und mich anbetetest. Da sagte Jesus zu ihm: Weg mit dir, Satan! Denn in der Schrift steht: Den Herrn, deinen Gott, sollst du anbeten und ihm allein dienen. Darauf ließ der Teufel von ihm ab und siehe, es kamen Engel und dienten ihm.

*Shift:* Nun bist du ein Engel des Himmels. Wie betrachtest du deinen Herrn Jesus? Was möchtest du ihm sagen?

*Dank:* Nun kommen wir wieder in diesen Raum zurück, wir verlassen die Wüste und bedanken uns bei allen Beteiligten für ihren wertvollen Beitrag.

### ■ Körperritual

Die Männer stehen im Kreis, im Hintergrund spielt eine ruhige Meditationsmusik. Die Bewegungen werden vom Gruppenleiter vorgemacht und sprachlich ergänzt. Die Übung wird mehrmals wiederholt. Es ist wichtig, das Ritual ruhig und langsam zu vollziehen.

•  Ich strecke mich vom Boden zum Himmel aus.

*Beide Arme von unten (Erde) nach oben ausstrecken, von der Hüfte ab mit gefalteten Händen, über dem Kopf gehen die Hände wieder auseinander zum Vater im Himmel, und die Finger werden weit nach oben gestreckt.*

•  Ich komme in meiner Lebensmitte an.

*Beide Hände liegen auf der Körpermitte (Sonnengeflecht).*

•  Ich öffne mich für die ganze Welt: für die Familie, für die Menschen …

*Beide Arme langsam öffnen und weit ausstrecken.*

•  Ich blicke auf das, was mir wichtig ist.

*Die Arme langsam verschränken und die Hände übereinander auf das Herz legen.*

•  Ich muss loslassen lernen: All das, was ich liebe, muss ich auch lernen los zu lassen: spätestens im Tod.

*Die Hände und Arme langsam öffnen und nach unten zur Erde hin öffnen. Langsam in die Knie gehen und die Hände flach auf den Boden legen.*

- ■ **Vaterunser**

- ■ **Segen**

Herr, wir sind oft versucht, das zu tun, was uns schadet.
Wir sehen oft nur den Augenschein mit seinen Reizen und lassen uns davon blenden und in die Irre führen.
Du hast allen Versuchungen widerstanden,
du bist nicht umgefallen,
du bist deinen geheimen Wünschen und Sehnsüchten nicht erlegen.
Hilf uns, standhaft zu sein,
hilf uns, durchzuhalten in schwierigen Zeiten,
hilf uns, deinem Willen zu entsprechen.
Dazu segne uns der Vater (+) und der Sohn (+) und der Heilige Geist (+).
Amen.

# Österliche Themen

## Er ist auferstanden; er ist nicht hier (Mk 16,1–8)

■ **Utensilien:** Bodenbild, Bild vom Altar der ev. Erlöserkirche
        Rosenheim, Gotteslob

■ **Hinführung**

Kein Satz berührt mich persönlich so sehr in der Bibel wie der Satz: „Er ist nicht hier." Er ist tatsächlich nicht hier, zumindest nicht im Grab unserer Hoffnungslosigkeit, unseres Unglaubens, unserer Verzweiflung. Er ist schon weiter. Um dieses Weiter geht es in dieser Einheit: „Er geht euch voraus nach Galiläa; dort werdet ihr ihn sehen ..." (Mk 16,7) Wir Männer kommen mit ihm in Berührung, da wo wir sind, da wo wir leben und arbeiten. Das sind doch Perspektiven!

■ **Begrüßung, Kreuzzeichen und Lied:** Dies ist der Tag (Gotteslob 329)

■ **Perikope und Predigtgedanken**

Er ist auferstanden; er ist nicht hier ... (Mk 16,6)

„Er ist nicht hier." Diese Aussage aus dem Markusevangelium geht mir unter die Haut. „Er geht euch voraus nach Galiläa", heißt es weiter. Frei übersetzt könnte dies bedeuten: „Such deinen Jesus nicht bei den Toten, such ihn in deiner unmittelbaren Lebenswirklichkeit, dort wirst du ihn finden. Die Auferstehung hat bereits begonnen und wir sind mittendrin."

Drei Frauen sind es, die Jesus nach der verheerenden Katastrophe vom Karfreitag am Ostermorgen eine gute Tat angedeihen lassen wollen. Sie sind auf dem Weg, ihn, den Totgeglaubten, zu salben. Am „ersten Tag der Woche", dem Tag der Auferstehung, geht über ihnen und dem Grab Jesu frühmorgens die Sonne auf. Der Stein ist weggewälzt. Der Eingang zum Grab ist frei. „Hat Jesus tatsächlich den Tod und somit alle Beschwernis der Welt für immer überwunden?", fragt sich der Leser. Eine Lichtgestalt, ein junger Mann in weißem Gewand, ein Bote Gottes, ein ἄγγελος κυρίου *(angelos kyriou)*, wie er im ersten Evangelium (Mt 28,2.5) genannt wird, spricht sonderbare Worte. „Er ist auferstanden; er ist nicht hier ... Er geht euch voraus nach Galiläa, dort werdet ihr ihn sehen, wie er es euch gesagt hat" (Mk 16,6f.). Die älteste sprachlich formulierte Osterbotschaft ist die sogenannte Auferweckungsformel. Formel deshalb, weil die Begriffe und Struktur der Redewendung in mehreren Überlieferungen fast identisch sind. Der Kern der Osterbotschaft also lautet: „Gott hat Jesus aus den Toten auferweckt." (Vgl. Röm 10, 9; 1 Kor 6, 14; Apg 3, 15)

Bei Markus heißt es: „Er ist auferstanden; er ist nicht hier." (Mk 16, 6) Dieses kleine Wort „nicht" ist im Zusammenhang mit dem Verständnis der Auferstehung von großer Bedeutung. Wir müssen uns davor hüten, Jesus und seine Auferstehung zu missdeuten. Er ist sehr wohl hier, aber nicht im Sinne unserer Vorstellung von Gegenwärtigkeit. Er ist immer noch unterwegs, er kommt uns entgegen. Wir werden Jesus niemals bei den Toten, beim Gestrigen, Vergessenen und längst Vergangenen finden. Er ist ein „Gott von Lebenden", nicht von Toten und er schickt uns an den Anfang. Wir sollen sein Wort neu hören und begreifen, wir sollen es neu erleben. Die Botschaft des Evangeliums ist das Leben mitten im Tod!

Das Wort „Galiläa" bezeichnet hier nicht nur eine geographische Angabe als den Lebens- und Arbeitsbereich der Jünger, und es bezieht sich auch nicht nur auf den Anfang der Jesusbewegung. Wenn mündliche Überlieferungen zu versickern drohen, muss das Bezeugte in Worte gefasst werden. „Galiläa" ist ein in Buchstaben gefasster Begriff dafür, wie sich der Himmel auf Erden mit Jesus öffnen konnte. Man kann als Leser nicht genug davon bekommen. Diese Erfahrungen wollen verinnerlicht und ins Alltagsleben realisiert werden.

Endlich löst sich – zumindest für den Leser – der Knoten des Markusevangeliums: Gott hat diesen Jesus auferweckt, er lebt, seine Worte von der Leidensankündigung haben sich endgültig erfüllt und bestätigt. Erst jetzt, aus dem Osterglauben heraus, erfassen und bekennen wir diesen Jesus als unseren Christus.

Dass die Frauen Furcht hatten, entspricht der biblischen Berufungsgeschichte, bzw. Angelophanie (Engelerscheinung). Dennoch liegt der begründete Verdacht nahe, dass die markinische Urgemeinde, verstört durch den verheerenden Jüdischen Krieg (66–74 n. Chr.), große Probleme mit dem als abwesend empfundenen Herrn hat. Markus zeigt uns einen gangbaren Weg mitten durch die Katastrophe und mitten in ihr. Letztlich zentriert sie sich auf das Bekenntnis und die Verkündigung des gekreuzigten und auferstandenen Herrn. Das ist der Kern dieser – und im Grunde jeder – Perikope. Das ist ihr ureigentlicher Inhalt. Noch einmal macht sich durch das Schweigen der Frauen, die die Botschaft des Engels weitertragen sollen, das Schweigemotiv des Evangelisten bemerkbar. Mit Flucht, Schrecken, Entsetzen, mit Verstummen und Angst endet das ursprüngliche Evangelium nach Markus ohne den nachträglichen Zusatz von Mk 16, 9–20. Eine alles andere als liebliche, glatte und leicht verständliche Historie über Jesus von Nazaret, den Sohn Gottes, neigt sich dem Ende (oder neuen Anfang?) zu! Markus zeigt uns jedenfalls in seiner Ostergeschichte, dass Auferstehung mitten im bedrohten Leben auf unserem Weg (in die Ewigkeit) möglich und erfahrbar ist.

Das Altarbild aus der ev. Erlöserkirche in Rosenheim stammt von der Münchener Künstlerin Petra Winterkamp. Es ist aus dem Jahre 1999. Das Altarkreuz aus Bronze kommt aus der Werkstatt Bergmeister in Ebersberg und zeigt den Gekreuzigten umgeben von hellen Bergkristallen vor dem Hintergrund verschwenderischen Goldes. In ein weißes Feld sind die Worte OYK EΣTIN ΩΔE *(ouk estin hode)* eingeritzt, was so viel bedeutet, wie: Er ist nicht hier.

• Betrachte das Bild aufmerksam, geh dabei von links unten nach oben, zieh einen Kreis, blicke von außen nach innen in die Mitte des Bildes. Was kannst du erkennen? Welche Farben, Strukturen fallen dir auf?
• Nun sprich aus, wie das Altarbild auf dich wirkt. Was macht es mit dir? Inwiefern verändert es deine Stimmung?

■ Vaterunser und Segen

„Ich werde [...] dich segnen und deinen Namen großmachen. Ein Segen sollst du sein. Ich werde segnen, die dich segnen. Geht hinaus in die ganze Welt und verkünde das Evangelium der ganzen Schöpfung!" (vgl. Gen 12,2 f.; Mk 16,15)

# Männeraustausch auf dem Wege (Lk 24,13–35)

■ **Materialien:** Stier-Texte, Tuch, Kerze, Klangschale, Klöppel, Wegbodenbild, Bilder, Flipchart, Stifte

*Die Bilder können beliebig sein: Bäume, Häuser, Tiere, rel. Symbole, etc.*

■ **Hinführung**

Die Emmausjünger gehen von der Verzweiflung direkt ins Licht. Es geht ihnen wie vielen Männern, denen die Puste ausgegangen ist, die kein Licht am Horizont mehr erkennen können, die des Lebens sogar überdrüssig geworden sind. Die Osterbotschaft ist eine kraftvolle und lebenserneuernde Botschaft, die sogar Steine zum Erweichen bringt. Diese Einheit thematisiert gerade diese Wandlung, diese Erneuerung, diese Verwandlung vom Dunkel ins Licht.

Die Männer positionieren sich nach dem Hören der Perikope an einem für sie stimmigen Bild, welches am Boden ausgebreitet ist. Sie sprechen darüber, was das Bild mit der Perikope zu tun hat und anschließend ordnen sie mit dem Gruppenleiter am Flipchart den Bibeltext den vier Teilen der Eucharistiefeier zu.

■ **Begrüßung und Lied:** Bleibe bei uns (Gotteslob 325)

Gruppenleiter: Jeder Mann bekommt die Perikope (eigene Übersetzung) in die Hand gedrückt. Er liest sie leise durch und dann stellt er sich zu einem Bild auf dem Weg-Boden, das er mit einer ganz bestimmten Zeile aus der Emmaus-Perikope verbindet.

■ **Lk 24,13–35** (nach eigener Übersetzung)

Und siehe, zwei von ihnen waren am selben Tag auf dem Weg in ein Dorf mit Namen Emmaus, das sechzig Stadien von Jerusalem entfernt ist. Und sie unterhielten sich miteinander über all diese Ereignisse. Und es geschah, während sie sich unterhielten und stritten, kam Jesus selbst hinzu und ging mit ihnen. Aber ihre Augen waren gehalten, dass sie ihn nicht erkannten.

Er sagte aber zu ihnen: Was sind das für Worte, die ihr im Gehen miteinander redet? Und sie blieben traurig stehen. Es antwortete der eine mit Namen Kleopas und sagte zu ihm: Bist du der einzige, der in Jerusalem wohnt und nicht weiß, was in diesen Tagen dort geschehen ist? Und er sagte zu ihnen: Was denn? Sie sprachen zu ihm: Das mit Jesus, dem Nazarener, der ein Prophet war, mächtig in Tat und Wort vor Gott und allem Volk. Und wie ihn unsere Hohepriester und Anführer dem Todesurteil ausgeliefert haben und ihn kreuzigten. Wir aber hatten gehofft, dass er es sei, der Israel erlösen werde. Zu alldem aber ist heute schon der dritte Tag, seit dieses geschah. Aber auch einige Frauen von den unseren haben uns in große Aufregung versetzt. Sie waren frühmorgens am Grab und als sie seinen Leib nicht fanden, kamen sie und sagten, sie hätten eine Erscheinung von Engeln gesehen, die sagten, dass er lebe. Und es gingen einige von denen, die mit uns sind, zum Grab und fanden es so, wie die Frauen gesagt hatten; ihn aber sahen sie nicht. Und er sagte zu ihnen: O ihr Unverständigen, deren Herz zu träge ist, um alles zu glauben, von dem die Propheten redeten! Musste nicht das der Christos leiden und so in seine Herrlichkeit hineingehen? Und angefangen von Mose und allen Propheten legte er ihnen aus, was in allen Schriften über ihn steht.

Und sie kamen nahe an das Dorf, wo sie hingingen. Und er tat, als wolle er weitergehen. Aber sie drängten ihn und sagten: Bleib bei uns; denn es ist gegen Abend und der Tag hat sich schon geneigt! Und er ging hinein, um bei ihnen zu bleiben.

Und es geschah, als er sich mit ihnen zu Tisch legte,
nahm er das Brot,
sprach den Lobpreis,
brach es und
gab es ihnen.
Da wurden ihre Augen geöffnet und sie erkannten ihn; und er verschwand. Und sie sprachen zueinander: Brannte nicht unser Herz in uns, als er mit uns auf dem Weg redete, als er uns die Schriften eröffnete?

Und sie standen auf in derselben Stunde, kehrten nach Jerusalem zurück und fanden die Elf und die mit ihnen versammelt waren. Die sagten: Wirklich auferweckt wurde der Herr und er erschien Simon. Und sie erzählten, was auf dem Weg geschehen war und wie er von ihnen erkannt wurde beim Brechen des Brotes.

■ **Austauschgespräch im Stehen bei den Bildern**

Nun sprechen wir über unseren Standort und warum wir ihn gewählt haben im Stehen.

■ **Erarbeitung der vier Teile unter Brüdern mit Flipchart**

Gruppenleiter: Im Sitzen erarbeiten wir im Kreis die vier grundlegenden Teile der Heiligen Messe (Rahmen, Wortgottesdienst, Eucharistiefeier, Sendung/Entlassung), die jetzt auf dem Flipchart sichtbar gemacht werden:

- Gruppenleiter: Erläutert die große Starre, Unbeweglichkeit und Trauer im Text.

(stritten, Augen gehalten, nicht erkannten, verdrossen dreinblickend, zum Tode ausgeliefert, träge ...)

- Gruppenleiter: Hebt die Dynamik, Hoffnung und große Beweglichkeit der Perikope hervor.
(Prophet, kraftvoll in Tat und Wort, Israel erlösen werde, außer uns gerieten, Engelserscheinung, er lebe, erklärte er ihnen, was über ihn geschrieben steht, brach das Brot, erkannten ihn, brannte uns nicht das Herz, kehrten nach Jerusalem zurück, berichteten ...)
- Gruppenleiter: <u>Gliedert den Text</u> in den Rahmen und die zwei großen Teile der hl. Messfeier
1. Rahmen: Eröffnung (war Jesus genaht)
2. Wortgottesdienst mit Homilie (erklärte, was über ihn geschrieben steht)
3. Eucharistiefeier (Brechen des Brotes, Preisung/Berakah)
4. Rahmen: Sendung (kehrten zurück und berichteten)

■ **Vaterunser und Lied:** Bleib bei uns (Gotteslob 94)

■ **Segensgebet**

Unser Leben gleicht einem Weg.
Manchmal ist er steinig und hart,
dann wieder eben und weich ...
Unser Leben gleicht einem Weg,
lass uns nie vergessen, dass du selbst der Weg bist,
den wir gehen,
lass uns immer dankbar daran denken,
dass du stets bei uns bist.
Amen.

# Der Mann als König (Joh 18, 37)

- **Materialien:** Mantel (Decke), Krone, Ring, weiße Handschuhe, Chrisam-Öl

- **Hinführung**

Jesus ist ein König. Er verkörpert den bewussten, klaren, entscheidungsfreudigen und gütigen Mann. Als männlicher Archetyp schlummert er in jedem von uns. Durch das Königsspiel soll diese gute männliche Seite in uns geweckt und gefördert werden. Wir tun dies im Spiegel der Männergemeinschaft, die uns dabei respektvoll und ehrlich begleitet. Obwohl die Perikope des Johannes aus der Passion stammt, dürfen wir Jesus – wie vom Verfasser selbst – aus österlicher, d.h. auch erhabener Position betrachten.

- **Begrüßung, Kreuzzeichen und Lied:** Gelobt sei Gott im höchsten Thron (Gotteslob 328)

- **Perikope:** Joh 18, 37

- **Predigtgedanken**

Diese Perikope handelt von der Passion unseres Herrn Jesus. Wenn wir sie jedoch aus der österlichen Perspektive des Verfassers Johannes betrachten, entdecken wir die königliche – im Grunde auch schon österliche – Würde, die Jesus zueigen ist. In der Taufe wurden wir ihm gleichgestaltet, wir sind auf seinen Tod und seine Auferstehung getauft. Wir sind mit Chrisam-Öl gesalbt: Nur Propheten, Priestern und Königen in der antiken Welt wurde diese Ehre zuteil. Wir sind Gesalbte, Christen, wir sind Könige.

Der König steht für klares Bewusstsein, für erhabene, gebieterische Gelassenheit, sein Reich ist integer. Der Weg dorthin ist schmerzhaft und sehr schwer, er führt über das Kreuz. Am Schluss weiß der König, wer er ist und was er will. Ein großer König herrscht über ein weites Reich, in dem selbst seine ärgsten Feinde noch genügend Platz finden.

Der König ist die typische Vaterfigur und der Inbegriff für Ordnung und Frieden, für das Himmelreich, aus dem Jesus kommt und wohin er zurückkehrt. Der König ist der Vater der Nation – der König der Juden – und vertritt das Gesetz sowie die Tradition. Dabei ist er Garant für Sicherheit und Kontinuität. Er steht für den väterlichen Schutz der Gemeinschaft, für gut genützte Macht des Männlichen. Ein wahrer König (heute Manager, Chef, Lehrer, Vater, Trainer, Pfarrer) gibt seinen Untergebenen seinen Segen in Form von Anerkennung und Lob und wenn es nötig ist, weist er sie auch in die Schranken. Jesus verspricht noch am Kreuze hängend, im Angesicht des qualvollen Martertodes – dem bereuenden Verbrecher das Himmelreich (Lk 23, 43). Der König ist großmütig und liebevoll, aber auch harsch und bestrafend. Ein König spricht Missstände und Fehler offen und ehrlich an. Und er weist jene in ihre Grenzen, die es wagen, die Regeln zu missachten. Sollte es notwendig sein, nutzt der König seinen Zorn, um andere zum Wohle des Größeren zu bestrafen. Er lässt sich dabei jedoch nie von seinen Emotionen leiten, sondern nutzt seine Emotionen für die größere Sache, z. B. für das Haus des Vaters bei der Tempelreinigung. Dieser Affront der Tempelaristokratie hat Jesus historisch gesehen möglicherweise das Leben gekostet.

Dabei bietet der wahre König einem Bestraften immer die Hand zur Wiedergutmachung an. Ein König kann verzeihen. Genauso kann er sich selbst verzeihen. Denn er weiß, dass auch er Fehler macht und dass er dafür geradestehen muss.

### ■ Königs-Ritual mit schönem Mantel, Ring, Handschuhe und Krone

Dauer: ca. 1 Stunde für 8 Personen. Ich verwende meinen roten Nikolausmantel, den Nikolausring, die weißen Handschuhe und die Krone der Sternsinger, aber es genügt grundsätzlich auch eine schöne Decke für das Königs-Ritual.

Bei dem Ritual geht es um Selbst- und Fremdwahrnehmung. In respektvoller Weise äußern sich die Teilnehmer zum „König", der merkt, wie er auf die Männer wirkt und sogleich auch die Gelegenheit bekommt, sich zu „verbessern", so dies überhaupt nötig sein sollte. Meistens blickt der König – oft erst nach mehreren Durchgängen – gütig, freundlich und entschlossen von seinem Thron zu seinen „Untertanen".

- Ein Mann sitzt mit Mantel vor dem Halbkreis der Männer und wird von jedem beschrieben, z. B. du wirkst auf mich erhaben/witzig/ängstlich …
- Gegebenenfalls wird der König mit von ihm ausgesuchten zwei „Engeln" (Männer aus dem Halbkreis) korrigiert, sie treten hinter ihn und geben ihm verbal was er braucht, z. B. Entschlossenheit, Ernsthaftigkeit. Diese Form der Kraftübertragung lässt sich durch einen sanften Händedruck auf den Kopf oder eine andere Geste bestätigen.
- Das geht so lange, bis der „König" für alle stimmig ist. Erst wenn alle an der Reihe waren, ist das Königsspiel beendet.
- Anschließend bedankt sich der Gruppenleiter bei den Männern und verbeugt sich vor den Königen.

### ■ Vaterunser und Segen

Gott, der du uns Würde verleihst.
Wir sind nicht irgendwer.
Vor dir sind wir echte Könige, deine geliebten Söhne.
Du gebietest über dein Reich, in dem grundsätzlich jeder Mensch leben darf.
Du bist großzügig und weise. Lass uns wachsam sein und stets wissen, was wir tun.
Bette uns in deinen großzügigen Segen, damit wir nie vergessen, wer wir sind.
Amen.

# Pfingstliche Themen

## Ein pfingstlicher Hauch von Ewigkeit (Joh 20,19–23)

▦ **Materialien:** Bodenbild, Luftballon, Feder, Wasserbecher, Wuschel-
(Sprech-)ball, Blumen, Tuch, Kerze, Wildrosenöl

▦ **Hinführung**

Philosophie ist die Liebe zur Weisheit. Der bekannteste Philosoph ist wohl Sokrates. Die sokratische Kunst der Mäeutik besteht darin, dass Sokrates so geschickt und so lange fragt, bis sein Schüler die Antwort zur Sprache bringt. Sie wird sozusagen durch Hebammenkunst nur „geboren", ist aber schon lange da. Männer lieben es, zu philosophieren, d.h. weise, klug und liebevoll über das Leben und den Sinn des Lebens nachzudenken und das Bedachte auch mitzuteilen.

Ziel dieser Einheit ist es, die Münder der Männer für das Wirken des Heiligen Geistes zu öffnen. Dazu bringt der Gruppenleiter Symbole – passend zum Heiligen Geist – in die Runde und verbindet sie mit einem Satz, zu dem die Männer Stellung nehmen, ohne von anderen kritisiert oder korrigiert zu werden.

Diese Einheit praktiziert das Philosophieren mit Männern. Welche Haltung nimmt ein Denker, ein Philosoph ein? Darüber denken die Männer nach. Er legt vielleicht die Hand ans Kinn und ergründet wichtige Sinnzusammenhänge. Wer den Wuschelball hat, hat auch das Wort. Es gelten dieselben Regeln wie bei den anderen Männertreffen: einer spricht, alle hören zu; es gibt keine Bewertungen, Urteile; jeder spricht von sich in der ersten Person.

▦ **Begrüßung, Kreuzzeichen**

▦ **Lied:** Komm Schöpfer Geist (Gotteslob 351) **und Perikope:** Joh 20,19–23

▦ **Predigtgedanken**

Jesus erscheint seinen Jüngern und zeigt ihnen seine Wundmale. Er ist es, aber er kommt aus einer anderen Welt und wird nicht mehr sterben. Er bringt den Frieden und die Jünger haben keinen Grund mehr, sich hinter verschlossenen Türen zu fürchten. Jesus haucht sie an und sagt: „Empfangt den Heiligen Geist!" (Joh 20,22) Wer diesen Geist empfängt, lebt furchtlos, er ist für sein Leben gestärkt und getröstet, er ist absolut in der Lage, sein Leben gut zu bewältigen. Im Griechischen bedeutet der Geist πνεῦμα *(pneuma)*, d.h. Lufthauch; im Hebräischen ist er die רוּחַ *(ruah)*, der Atem bzw. Hauch Gottes und im Lateinischen heißt er *spiritus* – Geist. Immer haben wir es mit einer unsichtbaren, aber sehr wirksamen Kraft zu tun, die

Leben mit sich bringt, die uns geheimnisvoll durchdringt und immer bei uns ist. Für uns Christen ist er nach dem Vater und dem Sohn die dritte göttliche Person in der Trinität.

Der Geist ist zwar unserem Sehvermögen völlig entzogen, aber er wirkt fruchtbar in diese Welt, was man am Verhalten der Menschen erkennt. Paulus schreibt demnach an die Galater: „Die Frucht des Geistes aber ist Liebe, Freude, Friede, Langmut, Freundlichkeit, Güte, Treue, Sanftmut und Enthaltsamkeit ... Die zu Christus Jesus gehören, haben das Fleisch und damit ihre Leidenschaften und Begierden gekreuzigt. Wenn wir im Geist leben, dann lasst uns auch im Geist wandeln!" (Gal 5, 22–25)

Es ist wieder einmal die Freude, die gläubige Männer auszeichnet. Sie wird ihnen geschenkt, ebenso wie die Liebe und der Sanftmut. Die Frucht des Geistes steht im Gegensatz zum Lasterkatalog des Fleisches, das aus Unzucht, Zauberei, Neid, Eifersucht, Maßlosigkeit, etc. besteht.

Wenn wir Gottes Geist in uns Raum geben, werden wir verwandelt, wir werden von innen her zu neuen Menschen gestaltet. Auf diesen Geist ist Verlass, er lässt uns bestimmt nicht im Stich!

Gruppenleiter: Heute dürft ihr auch viele Fragen stellen, Fragen erweitern den Horizont und regen uns an, das Bedachte aus mehreren Perspektiven zu sehen.

**Thesen** mit leerem Luftballon, einem Wasserbecher, Wildrosenöl, einer Feder, einer Flamme:
- Der Heilige Geist ist wie Luft in einem Ballon. Wenn er voll ist, läuft unser Leben rund. (Luftballon wird aufgeblasen)
- Der Heilige Geist ist wie Luft in einem Ballon. Wenn die Luft raus ist, sind wir schlapp und antriebslos. (Luft geht raus)
- Der Heilige Geist ist wie Luft in einem Ballon. Mit Helium gefüllt, steigt er hoch und erhebt sich über die Erniedrigungen des Alltags. (Luftballon wird hochgehoben)
- Der Heilige Geist ist wie Wasser, das belebt und reinigt. (Becher Wasser wird hochgehalten)
- Der Heilige Geist ist wie dieses Wildrosenöl. Er durchdringt dich, er geht dir unter die Haut, er hat heilende Wirkung. (Wildrosenöl wird hochgehalten)
- Der Heilige Geist ist wie eine Taube, die Frieden bringt und die Luft durchdringt. (Feder wird hochgehalten)
- Der Heilige Geist ist wie eine Flamme, die uns selbst zu flammenden Christenmännern macht. (Kerzenflamme wird entfacht)

**Philosophischer Austausch** mit Wuschel-Sprechball, jeweils zwischen den Thesen

## ■ Vaterunser und Gebet zum Heiligen Geist

Du Atem Gottes,
der du warst von Anfang an,
der du dem Menschen eingehaucht,
du starkes und zärtliches Gottesbrausen,
erfülle mich mit deinem Atem.
Mach mich frisch für ein gutes, kraftvolles Leben.
Tröste mich in Zeiten der Not.
Brenne in mir, damit ich Feuer fange für das Reich des Vaters,
und des Sohnes
und des Heiligen Geistes.
Amen.

# Der biblische „Obstsalat" (Gal 5,13 f.22)

- ■ **Materialien:** Bodenbild, Obstsalat, Wein

- ■ **Hinführung**

Für mich ist die Freude mit Abstand die schönste und überzeugendste Form gelebten Christseins. Sie kommt aus der Tiefe, sie kann selbst im Leiden noch tragen und sie gründet im Heiligen Geist, der sie uns sozusagen zur Speise gibt.

Die Männer werden bei dieser Einheit in die Geheimnisse der Geistesfrüchte, allen voran der Freude, eingeweiht und reflektieren schöne Erlebnisse, Abenteuer, Begegnungen, Erfahrungen von denen sie Kraft schöpfen für ihren Alltag. Sie bearbeiten in Gruppen á 3–4 Männer biblische Texte mit frohem Inhalt und tauschen ihre Ergebnisse im Plenum aus. Anschließend gibt es einen echten Obstsalat.

Die Atemübung belebt den Körper, erfrischt ihn, Lebenskraft wird aufgenommen, Verbrauchtes wird losgelassen.

- ■ **Begrüßung, Kreuzzeichen und Lied:** Freu dich, erlöste Christenheit
  (Gotteslob 337)

- ■ **Perikope und Predigtgedanken**

Wenn wir von den Früchten des Geistes sprechen, denke ich sogleich an einen Obstsalat: Mit dem Wort Frucht assoziiere ich zunächst Äpfel, Birnen, Bananen, Papayas, Mangos, Heidelbeeren, Johannisbeeren, Sharon-Früchte oder Erdbeeren. Alles zusammen ergibt mit einem Schuss Rotwein oder einem satten Löffel Schlagsahne eine köstliche Nachspeise.

In diesem Fall handelt es sich um einen biblischen „Obstsalat", wobei ich besonders auf die Freude als Frucht des Geistes eingehen möchte. Der Geist Gottes bringt Früchte hervor, gute, schmackhafte Früchte, von denen wir richtig leben können.

Mich spricht die Idee vom bunten, biblischen „Obstsalat" sehr an. Er bietet eine Vielfalt an Auslegungsmöglichkeiten und Anregungen für das Leben eines Mannes. Es geht eben nicht darum, was wir Männer alles abzuarbeiten haben, welche Vorschriften und Punkte wir erfüllen und worüber wir dann vielleicht sogar eine spirituelle Prüfung ablegen müssen, die wir dann bestehen oder auch nicht.

Bei allem, was wir sind und tun, lassen wir uns die Freude nicht nehmen! Sie ist für mich persönlich die süßeste Frucht in diesem „Obstsalat" des Heiligen Geistes. Freude (griechisch: χαρά *chara*) hat mit Jubel und Frohsinn des Herzens zu tun. Sie hat ihren Grund in Jesus, der uns buchstäblich Schritt für Schritt bei allem was wir tun und denken, reden und fühlen näherkommt. Wer in ihm verwurzelt lebt, bringt aus der Kraft des Gottesgeistes wieder neue, echte, schöpferische Freude hervor. Bei der Taufe unserer Tochter durfte jeder Anwesende eine Bitte für die

Getaufte aussprechen. Mein Schwiegervater bat um Humor. Das hat mich sehr beeindruckt, weiß ich doch, dass ein Leben ohne einer Prise Humor kaum zu bewältigen ist.

„Freut euch im Herrn zu jeder Zeit!" (Phil 4, 4), schreibt der Apostel Paulus mit gefesselten Händen von Ephesus aus an die christliche Gemeinde in Philippi. Nie ist im Laufe der Kirchengeschichte die Freude am Herrn, die Freude am Leben, die Freude an den vielen kleinen und großen Dingen des Alltags gänzlich erloschen. Wie ein roter Faden zieht sich die Freude durch die Jahrtausende und spiegelt sich in den Gesichtern vieler Männer wider, deren Leben uns als vorbildhaft, glaubwürdig und heilig vorgestellt wird.

Im Römerbrief schreibt Paulus: „Denn das Reich Gottes ist nicht Essen und Trinken, sondern Gerechtigkeit, Friede und Freude im Heiligen Geist." (Röm 14, 17) Freude bekommen wir von Gott so, dass sie von den äußeren Umständen, die uns auch schwer belasten mögen, unangetastet bleibt. Uns geht – auch wenn es muffig und trostlos um uns wird – die Frischluft nicht aus: „Der Gott der Hoffnung aber erfülle euch mit aller Freude und mit allem Frieden im Glauben, damit ihr reich werdet an Hoffnung in der Kraft des Heiligen Geistes", schreibt Paulus (Röm 15, 13).

Wer fröhlich an die Arbeit geht, wer gerne für seine Überzeugungen eintritt, wer seiner Familie ein humorvoller Papa und Ehemann ist, der wird auch fair und sanftmütig bleiben und alle anderen Früchte aus dem biblischen „Obstsalat" genussvoll verkosten und teilen.

### ◾ Anregungen

Gruppenleiter: Ihr bekommt heute vier Bibelstellen, die ihr in Gruppen lest und besprecht. Sie alle haben eines gemeinsam, sie handeln von der Freude. Nach etwa 20 Minuten stellt ihr eure Ergebnisse im Plenum vor und dann verspeisen wir den Obstsalat.

### ◾ Aufteilung in Gruppen

- Neh 8, 8–12
- Ps 1, 1–6
- Zef 3, 16–20
- Mt 13, 44–46

### ◾ Austausch auch mit persönlichen Freude-Erfahrungen im Plenum

■ **Übung:** Des Geistes Brausen in mir

Du sitzt aufrecht und spürst die Füße und den Kontakt zum Boden. Deine Füße tragen dich, und dein Gesäß bildet ein angenehmes Sitzkissen. Du spürst deine Wirbelsäule, die deinen Körper aufrecht hält.

Wenn du möchtest, schließt du jetzt die Augen. Beobachte jetzt deinen Atem, wie er ein- und ausströmt. Richte deine Aufmerksamkeit auf das Ausatmen. Lege alle Traurigkeit, allen Stress, alle Enttäuschung ins Ausatmen, atme es von dir weg.

Nun beobachte dein Einatmen. Stell dir vor, es ist der Heilige Geist, die frohmachende Kraft Gottes, die du einatmest. Alles ist vom Geist Gottes erfüllt, alles ist von seiner Herrlichkeit durchströmt.

Atme jetzt das Geistesbrausen in dein Herz. Beim Ausatmen ergießt sich die Energie aus deinem Herzen in alle Körperzellen.

Du bist jetzt beseelt von Gottes Hauch, er lebt in dir, nimm ihn so lange wahr, wie es dir möglich ist. Wie fühlst du dich dabei, wenn du dir vorstellst, dass Gottes Geist in dir wohnt, lebt, sich ausbreitet?

Langsam kommst du wieder hierher zurück und freust dich hier zu sein.


■ **Agape** mit Obstsalat und Wein

■ **Vaterunser**

■ **Segensgebet**

Herr, du möchtest, dass wir erhobenen Hauptes
und frohen Gemütes durch das Leben marschieren.
Du magst keine grantigen, verstimmten Männer.
Freude entströmt einem reinen und versöhnten Männerherzen.
Sie ist das untrüglichste Zeichen für deine Nähe.
Schenke uns deinen Geist der Freude,
lass uns fröhlich und dankbar leben,
darum bitten wir durch Christus, unseren Herrn,
der in der Einheit des Heiligen Geistes mit dir lebt und herrscht
in Ewigkeit.
Amen.

# Der Virenscanner und das Pfingstfest (Apg 2, 1–13)

- **Materialien:** Bodenbild, Laptop oder Tablet (Handy ist auch möglich)
- **Hinführung**

Es gibt viele Bilder für den Heiligen Geist und täglich kommen mehr dazu, weil sich das Leben zum Glück weiterentwickelt. Der Virenscanner als Schutzwall vor Versuchungen, vor Einflüssen des Bösen ist durchaus mit dem Heiligen Geist bzw. mit seinem Wirken vergleichbar.

Heute setzen sich die Männer mit Einflüssen verschiedenster Art auseinander und damit, wie sie sie gut und vernünftig in ihr Leben integrieren können. Vor dem Schlussgebet singen (oder beten) die Männer den Psalm 118 aus der Vesper der Osterzeit.

- **Begrüßung, Kreuzzeichen und Lied:** Komm, Heilger Geist, der Leben schafft (Gotteslob 342)

- **Predigtgedanken** mit der Symbolgestalt Tablet

Jeder der im Internet surft oder sich auf das Online-Banking einlässt, muss sich mit diversen Informationen für mehr Sicherheit im weltweiten Netz auseinandersetzen. Als erstes lese ich da in der Begleitbroschüre: „Sorgen Sie dafür, dass Sie Virenscanner installieren und stets aktualisiert haben." Man muss seinen Computer pflegen, um das Risiko möglicher Schäden von Computerviren, Computerwürmern und Trojanern bewusst zu verringern.

Ich weiß natürlich nicht genau wie ein Antiviren-Programm funktioniert, aber ich habe inzwischen gelernt, dass sein Einsatz bei der Arbeit im Internet unverzichtbar ist, und dass es sehr gute Dienste leistet.

Vielleicht ist der Heilige Geist mit so einem Antiviren-Programm vergleichbar? Er sorgt dafür, dass wir auf dem guten Weg bleiben, dass wir vor dekadenten Einflüssen von außen geschützt werden, dass wir uns nicht vergiften lassen vom Hass und der Verlogenheit der Welt und dass wir gegebenenfalls wieder auf den rechten Weg zurückfinden. Die Apostel jedenfalls konnten völlig ungestört miteinander und mit Ausländern kommunizieren, es gab keine Sprachbarrieren mehr, sämtliche Viren und Störfaktoren, die das menschliche Miteinander oft so schwer bis unmöglich machten, waren ausgeschaltet.

Es ist schon seltsam: Kein Mann kommt auf die Idee seinem Auto den TÜV zu verweigern. Er wird selbstverständlich die nötigen, regelmäßigen Reparaturen und Wartungen dafür vornehmen. Aber mit der Gesundheit des Mannes und mit seinem Seelen-Check, sprich geistigen Virenscanner, der noch dazu ständig up to date sein sollte, nimmt er es oft nicht so genau. Das finde ich sehr schade und bedenklich.

Wenn Pfingsten als Wartungs-Fest des Heiligen Geistes, der den Menschen

Mut macht, der sie tröstet, der sie bestärkt und zu Zeugen des Auferstandenen heranreifen lässt, gefeiert wird, dann kann das doch an uns Männern nicht spurlos vorübergehen! Petrus hat sich aus der ängstlichen Verschanzung nach dem himmlischen Geistesbrausen in die Öffentlichkeit gewagt und sogleich Christus als den Gekreuzigten und Auferstandenen verkündet. Er hat Neues gewagt und den Ursprung einer riesigen Gemeinschaft eingeleitet, die wir heute Christenheit oder schlicht Kirche nennen.

Mit dem Heiligen Geist, mit der Kraft und Zuversicht, mit dem Schutz Gottes, ausgerüstet, können wir Männer uns den Problemen in der Welt mutig stellen. Wir dürfen eingreifen in das Schicksal dieser Erde und vertrauen darauf, dass wir letztlich wirklich „unbesiegbar" sind, selbst wenn wir ein paar unbedeutende Kratzer abbekommen sollten.

Im uralten Lied „Veni creator spiritus" (Text um 900) geht es u. a. genau darum, dass wir die Obhut Gottes dringend brauchen, wie es auch in der deutschen Übersetzung deutlich hervorgeht: „Die Macht des Bösen banne weit, schenk' deinen Frieden allezeit. Erhalte uns auf rechter Bahn, dass Unheil uns nicht schaden kann." *(Gotteslob 342, 5)* Mit diesem Beistand, mit dem Feuer und dem Hauch des Lebens gestärkt, sind wir wirklich gut gerüstet. Da kann uns niemand etwas anhaben solange wir mit uns selbst gut und vernünftig umgehen. Jetzt kann uns nichts mehr passieren. Und wenn doch, dann stehen wir einfach wieder auf.

- ■ **Austausch unter Brüdern**

- ■ **Vaterunser**

- ■ **Psalm 118** (Gotteslob 643)

- ■ **Segensgebet**

Guter Gott,
es ist heute nicht einfach Mann zu sein,
wir leben in einer vielfältigen Welt,
in der sehr vieles möglich und machbar ist.
Nicht alles tut uns gut,
manches verwirrt und betrübt uns.
Schenk uns die Klarheit, das eine vom anderen, das uns aufbaut,
zu unterscheiden.
Schenk uns die Kraft zu widerstehen,
wenn das Böse uns lockt.
Dazu segne uns und unsere Lieben der allmächtige Herr,
der Vater (+)
und der Sohn (+)
und der Heilige Geist (+).
Amen.

Der Virenscanner und das Pfingstfest

# B.
# Gottesdienste
# in Gruppen
# und Gemeinde

# Advent und Weihnachten

## Adventliches Warten (Lk 12, 35–40)

■ **Materialien:** Bodenbild, Wecker (oder Handy mit Weckerfunktion), Lebkuchen o. ä.

■ **Hinführung**

Das ist vermutlich der erste Männergottesdienst im neuen Kirchenjahr. Und er beginnt mit dem Warten. Warten worauf? Auf die Gehaltserhöhung? Auf einen neuen amerikanischen Präsidenten? – Oder auf Gott? Und wie geht das überhaupt? Das lässt sich bei diesem adventlichen Gottesdienst im kleineren Kreis gut erfahren, die Rahmenbedingungen hierfür sollten jedenfalls gegeben sein.

■ **Begrüßung mit dem Kreuzzeichen**

■ **Lied:** O Heiland reiß die Himmel auf (Gotteslob 231) oder Adventus Christi (Melodie und Text: Christian Kuster, Salzburg)

### ■ Kyrie

Herr Jesus Christus, du bist das menschgewordene Wort Gottes.
   A: Herr, erbarme dich.
Dein Wort leuchtet uns auf unserem Weg.
   A: Christus, erbarme dich.
Du bist das Wort des ewigen Lebens.
   A: Herr, erbarme dich.


### ■ Gebet

Gott, du freust dich über jeden, der umkehrt und Buße tut.
Du hast für alle ein großes Herz.
Lass uns auf dich vertrauen, lass uns auf dich warten.
Darum bitten wir durch Jesus Christus,
deinen Sohn, unseren Herrn und Gott,
der in der Einheit des Heiligen Geistes
mit dir lebt und herrscht in alle Ewigkeit. Amen.


### ■ Perikope und Predigtgedanken

Einer der längsten Tage in meinem Leben war der Tag, an dem ich zu meinem Professor an der Universität in Graz fuhr. In meinem alten, grasgrünen VW Polo raste ich über den Packsattel. Ich sollte meine Diplomarbeit abgeben und hing so richtig in den Seilen, da mein Prof mir mitteilte: „Kommen Sie abends nochmal, dann kann ich Ihnen sagen, ob Sie es geschafft haben oder nicht." Das war so gegen 11.00 Uhr. Ich bin ca. 150 Kilometer gefahren und jetzt saß ich auf Nadeln. „Wie bring ich den Tag rum? Was mach ich jetzt?", dachte ich bei mir. So lief ich durch die Straßen. Ich erinnere mich noch gut, dass ich wahllos ein paar Schuhe für meine Mutter kaufte, die ihr dann natürlich nicht passten, weil sie viel zu groß waren. Ich ging sogar in eine Kirche. Ich kam mir vor wie bestellt und nicht abgeholt. Es hing viel davon ab. Ich hatte meine alte Wohnung in Klagenfurt bereits aufgegeben und der Umzug nach Bayern war in vollem Gange. Wenn ich jetzt auf der Zielgeraden scheitern sollte, würde sich die Beendigung des Studiums ungemein verkomplizieren.

   Ich kaufte mir etwas zu essen, verbrachte ein paar unsinnige Minuten im Park und tänzelte den ganzen Tag zwischen Sein und Nichtsein. Ich hatte auch kein Handy dabei, mit dem ich spielen und mich ablenken konnte. Also ging ich im Kreis – hierhin und dorthin – wahllos, ziellos, wie ein kleines Kind. Ich schaute auf die Uhr, aber es wollte einfach noch nicht Abend werden. Ich traf eine hübsche Studentin aus Kärnten, aber ich hatte überhaupt keinen Bock zu flirten, abgesehen davon, dass ich damals ja ganz jung verheiratet war. Ich rief auch nicht meine Frau an. Was hätte ich ihr auch schon sagen sollen?

Schließlich hielt ich es nicht mehr länger aus. Ich gab mir einen Ruck und ging direkt zum Haus des Professors. Ich weiß, dass ich lange läutete, bis er mir öffnete und sagte: „Wenn Sie kommen, glauben Sie wohl, dass alle Ampeln auf Grün schalten?"

„Ich wollte nur fragen, ob …", stammelte ich, aber der Professor unterbrach mich mit den Worten: „Sie arbeiten äußerst kreativ um nicht zu sagen verwirrend, aber Sie haben es geschafft! In drei Wochen ist die Diplomprüfung."

Da fiel mir ein Stein vom Herzen. Das Warten hat sich gelohnt. Ich war ja schon beim Hinfahren so nervös gewesen. Und unserer gemeinsamen Zukunft in Bayern stand somit nichts mehr im Wege und ich fuhr total erleichtert über die Pack wieder nach Klagenfurt. Unterwegs in meinem Polo hörte ich mir ungefähr 50 Mal das Lied „Heast as net" von Hubert von Goisern an.

Wann hast du das letzte Mal auf jemanden gewartet? War es in der Blechkolonne eines Megastaus, oder beim Arzt im Wartezimmer? Bei mir ist es nicht so lange her, dass ich ca. zwei Stunden im Stau gestanden bin, um ein Bayernspiel in der Allianzarena ansehen zu können. Oft ist das Warten in unserem Leben negativ besetzt, weil wir dazu neigen, das Warten als Zeiträuber zu sehen.

Ich finde es trotzdem aufregend, dass wir in großen Erwartungen leben dürfen. Dieses Hier und Jetzt, so gerne wir es auch leben mögen, ist noch nicht alles. Da kommt noch was, da ist noch etwas – oder besser jemand – ausständig. Nur die drei mosaischen Religionen des Judentums, des Christentums und des Islams, kennen einen Anfang und einen Ausgang der Geschichte, eine Vollendung, die über unser natürliches Sterben hinaus in diese Menschengeschichte hineingreift.

Der dritte Evangelist mahnt uns zur Wachsamkeit, damit wir die Stunde nicht verpassen, wann der Herr – der von einer Hochzeit zurückkehren wird – wiederkommt. Wir werden selig gepriesen wenn wir für diese Ankunft bereit sind. Dieses große Fest nennen wir Christen die Parusie, die Wiederkunft Christi am Ende der Zeiten. Diese Ankunft ist, nach der Ankunft Gottes in Menschengestalt in Betlehem und nach der Ankunft in unseren bereiten Männerherzen, die dritte geschichtliche Ankunft am Ende und zur Vollendung der Zeiten.

Für uns Männer von heute bedeutet dies, dass wir jetzt noch nicht alles haben können, dass wir uns vielmehr für ein letztes, großes, ganz großes Abenteuer aufsparen und vorbereiten dürfen ehe es zu spät dazu ist. Wie kann man nun warten und bereit bleiben, wie ist dies heute möglich?

Das ist nicht schwer: Ich gönne mir ein paar Minuten Stille täglich, ich lese in einem anspruchsvollen Buch, allen voran in der Bibel. Ich verrichte meinen Alltag in kleinen Schritten ganz bewusst und meide Stress, Hektik und Traurigkeit. Ich ernähre mich nicht so, als ob ich die nächsten drei Wochen keine Nahrung mehr bekommen würde, ich versuche nicht alles so persönlich zu nehmen. Ich schaue mich nach einem geistlichen Begleiter um, der mir durch die Adventszeit beisteht. Ich suche Menschen auf, die schon lange auf mich warten …

Wir Männer müssen jetzt nicht alles Genannte sofort und peinlich genau durchführen, es genügt, wenn wir uns für ein oder zwei Vorschläge – vielleicht fällt uns ja noch etwas anderes ein? – entscheiden, um dies dann auch täglich zu tun. Doch darauf kommt es an, dass wir das Erkannte nach Kräften auch tun und so unsere Bereitschaft für den großen Advent (lat. Ankunft) zeigen.

### ▧ Fürbitten

Zu dir, oh Herr, erheben wir unser Fürbittgebet:
- Wir beten für die Männer, die meinen, in diesem Leben schon alles gefunden zu haben.

A: Wir bitten dich, erhöre uns.
- Wir beten für Männer, die ausdrücklich auf dich warten wollen und noch viel vor sich haben.
- Wir beten für jene, die die Welt sofort haben wollen – ohne Rücksicht auf Verluste.
- Wir beten für uns, die wir uns nach dir ausstrecken, von dem wir alles erwarten.

### ▧ Meditation mit Wecker

Gruppenleiter: In ca. sieben Minuten wird dieser Wecker klingeln, dann gibt es eine kleine Überraschung. Bis dahin verweilen wir in Stille und harren dem Kommenden. Lasst die Gedanken kommen und gehen und kommt immer wieder auf den Satz zurück: „Seid wie Menschen, die auf ihren Herrn warten." (Lk 12, 36)

### ▧ **Stille** und Klingeln des Weckers

### ▧ **Überraschung** (Lebkuchen) **und Austausch unter Brüdern**

### ▧ **Psalm** (Gotteslob 633, 3): gesungen oder in zwei Reihen gebetet und **Schlusslied** (Der eine Augenblick mit dir)

und gibst mir mei - nes Er - bes Teil?     Nicht leicht ist es, dir, Herr zu
lass mich doch bit - te in dir ruhn.     Des Le - bens al - ler - tief - ste
doch du warst da, mit mir ver - eint.     Denn du bist mir mein Weg und

die - nen,     ob - wohl du nah und greif - bar bist.     Du schö - nes
Freu - den,     ent - sprin - gen nur aus dei - nem Quell.     Und was nicht
Le - ben,     auch wenn die Näch - te dun - kel sind.     Zum Heil hast

Licht, das einst er - schie - nen     und das mein Herz so sehr ver - misst.
du bist, will ich mei - den,     da - mit dein Glanz mir leuch - te hell.
du dich mir ge - ge - ben,     und ich bin dei - nes Va - ters Kind.

*Refrain*

Ich möch - te ihn so ger - ne fas - sen,     den ei - nen

Au - gen - blick mit dir,     und ihn e - wig wer - den

las - sen,     o Je - sus, komm und schenk dich mir.

Melodie und Text: Christian Kuster, Reutte in Tirol

■ **Segen** (Gotteslob 632, 4)

Der Herr segne uns, er bewahre uns vor Unheil und führe uns zum ewigen Leben.
Amen.

Adventliches Warten

# Der hl. Bischof Nikolaus – ein Familienabend
## (Eph 4, 32 – 5, 2)

■ **Materialien:** schön gedeckter Tisch, kleine Geschenke für alle, Gotteslob, Bibel, „echter, verkleideter" Nikolaus oder Nikolaus-Ikone, Bratäpfel, Glühwein

■ **Hinführung**

Historisch ist vom Bischof Nikolaus (griechisch: Sieg des Volkes) wenig bekannt. Aber Legenden ranken sich um sein Leben und die bringen einen wahren, bleibenden Kern seines Wesens auf den Punkt. Dieser ist zeitlos und hat bis zum heutigen Tag eine magische Anziehungskraft – vor allem auf Kinder: die Güte des Bischofs von Myra. Seine Eltern sind vermutlich an Pest erkrankt und er hat dann das elterliche Vermögen großzügig an Arme verteilt. So hat er u.a. junge Mädchen vor der – durch große Armut herbeigezwungenen – Prostitution bewahrt, indem er ihnen nachts Goldklumpen durchs Fenster warf.

Der Wortgottesdienst findet im feierlichen Rahmen zuhause in der Großfamilie statt. Idealerweise kommt ein „echter, verkleideter" Nikolaus ins Haus, sonst kann man auch heimlich die Geschenke an der Haustüre deponieren und durch ein (verstecktes) Läuten an der Tür holen lassen.

Die ersten Christen lebten in Hauskirchen, sie waren in der *ecclesia domestica* beheimatet und so kehren wir an diesem Abend in diese Tradition zurück: Wir feiern Gottesdienst zu Hause, wir feiern Agape durch ein schmackhaftes Liebesmahl, wir hören Gottes Wort, wir singen und wir beten.

■ **Begrüßung** durch den Hausvater und **Kreuzzeichen**

■ **Lied:** Wir sagen euch an den lieben Advent (Gotteslob 223)

■ **Gebet**

Herr, wir kommen heute zusammen, um dich in unserer Mitte zu feiern. Wir tun dies am Beispiel eines liebevollen Menschen, Bischof Nikolaus, dessen Werke der Güte und Freude in uns lebendig bleiben mögen durch Christus, unseren Herrn. Amen.

■ **Kyrie** (Gotteslob 154)

Herr, wir begrüßen dich in unsrer Mitte.
Kyrie
Herr, wir danken dir für deine Gegenwart.
Kyrie
Herr, wir freuen uns mit dir.

- **Halleluja** ostkirchlich (Gotteslob 174,1)

- **Perikope** (Eph 4, 32 – 5, 2)

- **Predigtgedanken**

In der Ostkirche gilt der heilige Bischof Nikolaus von Myra als beliebtester Heiliger nach der Gottesmutter. Und auch bei uns ist er immer noch hoch im Kurs. Ich habe bereits im September echte Schoko-Nikoläuse, noch dazu fair trade – also gerecht gehandelt – erworben. Was macht Nikolaus so beliebt, so anziehend, so interessant? Bischof Nikolaus übernimmt Verantwortung für seine Stadt Myra. Er schaut auf die ihm anvertrauten Männer und Frauen, Greise und Kinder. Er ist überaus großmütig und überlässt einen Großteil seines Vermögens den Armen. Er ist ein Mann mit offenen Augen und sieht auf die Not der Menschen. Er ist betroffen von deren Schicksal. Und er handelt klug und beherzt. Er ist ein Mann des Volkes und verhilft ihm immer wieder zum Sieg über Krankheit, Tod, Hunger und Bedrohung vielfältigster Art.

Wohl kaum ein Mensch verbindet mit ihm etwas Negatives, zu viel Freundlichkeit, Hilfsbereitschaft und Güte geht von ihm aus und überdauert die Zeiten. Er ist energisch, er ist mutig: So hat er dem kaiserlichen Schiffsführer dessen Ladung – Getreide – abgerungen, mit dem Versprechen, er würde voll beladen nach Rom zurückkehren. Mit dem Getreide hat er seine hungernde Stadt versorgt und auch der Schiffskapitän kam tatsächlich mit einer vollen Ladung an. Das heißt: Wer teilt gewinnt, er verliert nichts und wer sich für andere stark macht, dem passiert nichts. Wer für seine Anvertrauten kämpft, kann nur gewinnen, wer nicht kämpft, hat bekanntlich schon verloren.

Nikolaus ist ein Bischof, das erkennt man an seinem Hirtenstab, er sorgt sich um seine Mitmenschen, er zeigt ihnen – wie ein Hirte seinen Schafen – den Weg. Bischof Nikolaus war – historisch belegt – Teilnehmer des Konzils von Nicäa (Istanbul) im Jahre 325 n. Chr. Dort hat er sich leidenschaftlich für die Lehre eingesetzt, dass Christus eines Wesens mit dem Vater ist. Auf diese Weise widersprach er den Arianern, die nur den Vater als Gott sehen und anbeten. In seinem Eifer soll er der Legende nach sogar Arius, deren Verfechter, beim Konzil geohrfeigt haben. Das ist eine wichtige Seite im Leben des Heiligen, die sehr oft kaschiert wird, die aber unbedingt zu ihm gehört. Sein Einsatz für das rechte Christusverständnis mag für uns auf den ersten Blick unbedeutend erscheinen, ist es aber nicht, denn: Orthodoxie und Orthopraxie, d. h. rechte Lehre und rechte Praxis bedingen einander, sie sind wie zwei Seiten einer Medaille und bilden eine Einheit.

Nikolaus trägt ein Kreuz. Er ist dem Gekreuzigten und Auferstandenen verbunden, er ist getauft und verkündet Gottes Botschaft. In seiner Hand hält er das Evangelium. Er ist Verkünder des Evangeliums, der Frohen Botschaft und er macht dies in Worten und Taten. Meist wird er auch mit drei goldenen Kugeln dargestellt, das erinnert daran, dass er eben die drei Goldklumpen in das Haus der armen

Mädchen geworfen hat, um deren Aussteuer für die Hochzeit zu garantieren und sie vor der Prostitution zu bewahren.

### ▧ Interview-Gespräch

Gruppenleiter: Jeweils zwei setzen sich jetzt im Raum gegenüber. Eine Person ist der Interviewer und eine ist der hl. Nikolaus. Der Reporter stellt Fragen und der hl. Nikolaus antwortet darauf.

Gruppenleiter: Jetzt dürft ihr eure Ergebnisse aus den Interviews vorstellen.

### ▧ Fürbitten

Gruppenleiter: Herr, wir kommen zusammen, um dem Beispiel des hl. Nikolaus zu folgen. Auf seine Fürsprache bitten wir dich:
• Für die Kinder, deren Eltern verarmt sich.
V: Christus, höre uns.
A: Christus, erhöre uns.
• Für Menschen, die heute noch Hunger leiden.
• Für unsere Männer, dass sie sich mit Leidenschaft für ihren Glauben einsetzen.
• Für unsere Großfamilie, dass sie zusammenhalte.
• Für die Männer, dass sie ihre weiche Seite leben.
• Für unsere Verstorbenen, dass sie in Frieden ruhen mögen.

### ▧ Vaterunser

### ▧ Lied: Tochter Zion (Gotteslob 228)

### ▧ Schlussgebet

Vater, voll Vertrauen kommen wir zu dir. Wir danken dir, dass es Menschen gibt, wie der heilige Nikolaus, die deine Güte glaubwürdig gelebt haben. Hilf auch uns, diese Großzügigkeit und Barmherzigkeit in unsere Zeit hinein zu tragen.

Darum bitten wir dich in der Einheit des Heiligen Geistes durch unseren Herrn Jesus Christus, der mit dir lebt und herrscht in Ewigkeit. Amen.

### ▧ Kleine Geschenke für die Mitfeiernden

### ▧ Agape mit Brätäpfeln, Keksen, Glühwein u. a.

# Zur Weihnachtszeit (Lk 2,1–21)

■ **Materialien:** Bodenbild, Weihnachtsstern, Klangschale, Wildrosenöl, Weihrauch, Maria und Jesuskind aus Ton, Gotteslob

■ **Hinführung**

Es ist die Freude, die aus einem gläubigen Männerherzen strömt. Das ist mit Sicherheit das beste Kriterium für echten, gewagten Glauben: „Ich verkünde euch eine große Freude … Heute ist euch in der Stadt Davids der Retter geboren." (Lk 2,10 f.) Der Ruf des Engels möchte auch uns Männer erreichen und uns zu einem weihnachtlichen, d.h. fröhlichen und dankbaren Leben anstiften. Dieser Gottesdienst ist eher für einen kleineren Kreis bis ca. 20 Männern gedacht, dazu bietet sich eine kleine Kapelle an.

■ **Begrüßung und Lied:** Gott, heilger Schöpfer aller Stern
(Gotteslob 230)

■ **Gebet**

Gott,
in Jesus von Nazaret
ist uns der neue Mensch erschienen.
Wir danken dir, dass wir ihn kennen dürfen;
dass sein Wort und Beispiel unter uns lebendig ist.
Mach uns auf für seine Botschaft,
rühr uns an mit seinem Geist.
Mach uns zu weihnachtlichen Männern.
Darum bitten wir durch Christus,
deinen Sohn, unseren Herrn und Bruder,
der in der Einheit des Heiligen Geistes
mit dir lebt und herrscht in Ewigkeit.
Amen.

■ **Perikope** feierlich lesen, evtl. mit Weihrauch

■ **Predigtgedanken**

Im heutigen Impuls spanne ich einen Bogen zwischen Armut, d. h. auch Bedürftigkeit, Sehnsucht und Leere einerseits und der überströmenden Freude andererseits. Zwischen diesen beiden Polen befindet sich das Evangelium nach Lukas, dessen Herz vorrangig für die Armen schlägt. „Fürchtet euch nicht, denn siehe, ich verkünde euch eine große Freude, die dem ganzen Volk zuteilwerden soll: Heute ist euch in der Stadt Davids der Retter geboren; er ist der Christus, der Herr." (Lk 2, 10b-11)

Mit diesen Worten begrüßt der Engel des Herrn die Hirten, die auf freiem Feld lagern um Nachtwache zu halten. Es ist kein Zufall, dass die Frohe Weihnachtsbotschaft nach Lukas zuerst bei den Armen ankommt, bei den verachteten Hirten, bei denen, die außerhalb der Stadtmauern ein einfaches Dasein fristen, die beim übrigen Volk nicht als besonders angesehen gelten. Sie sind die ersten Adressaten der evangelischen Freude.

„Die Freude des Evangeliums erfüllt das Herz und das gesamte Leben derer, die Jesus begegnen. Diejenigen, die sich von ihm retten lassen, sind befreit von der Sünde, von der Traurigkeit, von der inneren Leere und von der Vereinsamung. Mit Jesus Christus kommt immer – und immer wieder – die Freude."[1] Mit diesen Worten beginnt Papst Franziskus sein päpstliches Lehrschreiben Evangelii Gaudium. Und dann fügt er gegen Ende des Schreibens noch hinzu, dass diese Freude vorrangig den Armen zugedacht ist.

Der Evangelist pendelt – wie Papst Franziskus – zwischen der Welt der Freude und der Welt der Armen. Irgendwie lässt sich dieser Widerspruch verbinden, denn empfänglich für die Freude sind wir Männer, wenn wir arm werden, d. h. einfach, lernfähig, anspruchslos, solidarisch mit den Nächsten, frei von den Lockungen des stets präsenten Konsums, frei von zerstörerischen, uns überfordernden Erwartungen. In unserem Umfeld gibt es viel Armut und Entbehrung: Da ist die alleinerziehende Mutter, die sich um ihr drogenkrankes Kind sorgt; dort ist der Alte, der seine letzten Tage in schwerer Krankheit und großer Einsamkeit verbringt; da ist der Arbeitslose, der seit Monaten vergeblich einen Job sucht ... Armut hat sehr viele Gesichter – beispielsweise in Form einer hoch verschuldeten Familie, die sich den Skikurs ihrer Kinder nicht mehr leisten kann – und ist auf den ersten Blick nicht immer gleich erkennbar. Anders ist es mit der Freude: Sie ist uns ins Gesicht geschrieben, sie leuchtet von innen heraus auf unserem Weg und sie ist das wohl untrüglichste Zeichen für authentische Christen. Diese Freude ist wie ein Öl, das sogar die schmutzigste und kränklichste Leibseele mit seinem Wohlergehen durchdringt. Die Freude kennt den Schmerz und die Entbehrung, ihr sind Not und Bedrohung durchaus vertraut, aber sie lässt sich von der Angst nicht unterkriegen, denn heute ist uns der Retter geboren! In diesem Heute verschmelzen die Zeiten: die Vergangenheit ist vorbei, die Zukunft hat noch nicht begonnen, aber das HEUTE lässt uns ganz intensiv und zeitenlos nah das weihnachtliche Geschehen in Betlehem immer wieder neu erfahren.

---

[1] Evangelii Gaudium, 1 https://w2.vatican.va/content/francesco/de/apost_exhortations/documents/papa-francesco_esortazione-ap_20131124_evangelii-gaudium.htmlDer_bevorzugte_Platz_der_Armen_im_Volk_Gottes (23.09.2017)

■ **Fürbitten**

Wir beten zu Gott, der uns seinen Sohn geschenkt hat:
- Wir beten für die Einsamen und Unglücklichen.

V: Komm, Herr, und säume nicht.

A: Komm, Herr, und säume nicht.
- Wir beten für die zerstrittenen Familien.
- Wir beten für alle, die in den Menschenhandel verwickelt sind um Befreiung.
- Wir beten für die, die Jesus nicht kennen.
- Wir für uns Männer, dass wir zu weihnachtlichen Boten des Friedens werden.
- Wir beten für unsere Verstorbenen, dass du ihnen ihr ewiges Licht sein mögest.

■ **Austausch unter Brüdern** mit dem Jesuskind in der Hand
                                (als Sprechsymbol)

■ **Vaterunser**

■ **Lied:** Nun freut euch, ihr Christen (Gotteslob 241)

■ **Segensritual mit Wildrosenöl**

Die Männer stehen sich zu zweit gegenüber und spenden einander den Weihnacht-lichen Segen mit Wildrosenöl auf die Stirn des Gegenübers.

Sie sprechen dazu: Der arm gewordene Gott segne dich und deine Lieben im Namen des Vaters (+) und des Sohnes (+) und des Heiligen Geistes (+). Amen.

# Fackel-Winterwanderung
## (Gen 12,1–9; Mt 2,1–12; Mt 2,13–15)

■ **Materialien:** je eine Fackel für jeden Teilnehmer, Liedblatt, Bibel

■ **Hinführung**

Das Christentum ist eine Weg-Religion. Männer wollen etwas be-weg-en, sie suchen nach neuen, abenteuerlichen, spirituellen Erfahrungen. Die Fackelwanderung (in der Weihnachtszeit) bietet ihnen die Möglichkeit, für kurze Zeit in die Gemeinschaft von Pilgern einzutreten und so die gehörten Bibelstellen am eigenen Leib zu erfahren. Beim Beten mit den Füßen kommen die Männer den biblischen Gestalten wie Abraham, Josef und den Sterndeutern unterwegs im anschließenden Austausch näher. Es gibt insgesamt drei Stationen mit Impulsen.

Die abschließende Einkehr in einem Gasthaus oder bei einem Freund schließt die kurze Wanderung gesellig ab.

■ **Begrüßung und Kreuzzeichen**

■ **Gebet**

Vater,
wir machen uns jetzt auf den Weg wie Abraham, Maria und Josef und die Sterndeuter es taten.
Wir schauen aus nach dir, wir bleiben nicht stehen.
Hilf uns, dass wir dich immer besser verstehen.
Darum bitten wir durch Jesus Christus, deinen Sohn,
unseren Herrn und Gott,
der in der Einheit des Heiligen Geistes
mit dir lebt und herrscht in Ewigkeit.
Amen.

■ **Erste Station:** Bei der Kirche oder einer Kapelle

Gruppenleiter: Wir machen uns auf den Weg durch die Dunkelheit. Wie Abram, der in hohem Alter aus Ur in Chaldäa aufbrach um in ein Land zu gehen, das Gott ihm zeigen würde. So zahlreich wie die Sterne des Himmels sollten seine Nachkommen sein. Ein Segen soll er sein, das heißt, dass sein Leben gut gelingen wird.

■ **Gen 12,1–9:** Geh fort aus deinem Land …

■ **Stille und Tandemgespräch zu zweit**

- Wie muss es Abram wohl ergangen sein, als er alles liegen und stehen ließ, um ins Ungewisse zu wandern? Wann hast du eine ähnliche Erfahrung gemacht? Kennst du jemanden, der alles aufgegeben hat und in ein anderes Land gezogen ist?
- Abram wird Segen, Land und Nachkommen versprochen. Was könnte dies in deinem Leben bedeuten?

■ **Lied: Wechselnde Pfade oder: Geh mit uns, auf unserem Weg (Gotteslob 870, 4)**

© unbekannt

■ **Zweite Station: Kreuz oder anderer einladender Ort (Baum)**

Gruppenleiter: Wir machen uns auf den Weg wie die Weisen aus dem Morgenland. Sie gehen, um den Messias zu finden.

■ **Mt 2,1–12: Die Huldigung der Sterndeuter**

■ **Stille und Tandemgespräch: wieder mit einem anderen Partner**

- Erklärt einander, warum sich ein mächtiger Mann wie Herodes vor einem kleinen Kind fürchten kann. Denkt darüber nach, wie zerbrechlich die Macht dieser Welt sein kann.
- Wann ist dir in deinem Leben ein Stern aufgegangen, der dir Freude bereitet hat?
- Wenn wir uns jetzt auf den Weg ins Haus begeben, reden wir darüber, wie sich die Weisen wohl gefühlt haben müssten, endlich dem ersehnten Messias begegnen zu dürfen.

- **Lied:** Wechselnde Pfade oder: Geh mit uns, auf unserm Weg
  (Gotteslob 870, 4)

- **Dritte Station:** Vor dem Haus des Gastgebers

Gruppenleiter: Wir machen uns auf den Weg durch die Dunkelheit. So wie es Josef getan hat, als er mit seiner Frau und ihrem Kind nach Ägypten floh. Wie viele Menschen sind heute auf der Flucht? Wie ergeht es ihnen in ihren Gastgeberländern? Worüber mag sich Josef wohl mit Maria unterhalten haben?

- **Mt 2,13–15:** Der Aufbruch nach Ägypten

- **Stille und Tandemgespräch:** diesmal mit einem neuen Partner

- Wie geht es Josef, als er mit dem Kind und dessen Mutter nach Ägypten floh?
- Sprecht darüber, worüber sich die beiden wohl unterhielten?

- **Lied:** Wechselnde Pfade oder: Geh mit uns (Gotteslob 870, 4)

- **Ansprache**

Wir Männer haben uns jetzt auf den Weg gemacht wie Abraham, die Sterndeuter oder Josef mit seiner Familie es taten. Abraham folgte dem Ruf seines Herrn, die Magier aus dem Morgenland folgten dem Stern, der sie zum Kind nach Betlehem geleitete und Josef floh nach Ägypten um das Kind zu retten. Sie alle waren nicht vergebens unterwegs. Sie alle hatten ein Ziel, einen Ruf sozusagen, der sie nicht blind umherirren ließ, sondern sicher dorthin brachte, wo sie hinkommen sollten.

Wir Männer ziehen auch durchs Leben. Und ehrlich gesagt geht uns manchmal das Licht aus. Es wird oft finster und trüb in den Banalitäten des Alltags. Dafür brauchen wir einen Stern, der uns den Weg weist, eine Fackel, die niemals verlischt, eine Hoffnung, die nicht stirbt. Und wenn wir uns nicht auf abenteuerliche Irrfahrten einlassen wollen, sind wir gut damit beraten, es den biblischen Gestalten gleichzutun: Wie Abraham, der aufbrach und in hohem Alter ein völlig neues Leben in einem bis dahin unbekannten Land anfing; wie die Sterndeuter, deren Sehnsucht sie aus fernen Ländern zum Kind in Betlehem führte; wie Josef, der in Ägypten Schutz vor dem wütenden König Herodes suchte.

- **Fürbitten**

Wir beten zu Gott, unserem Vater:
- für jene, denen es an Notwendigem fehlt.
- für alle, die heimatlos und schutzlos sind.
- für jene, die den Flüchtenden Obdach geben.
- für uns alle, die wir Pilgernde sind hin zur ewigen Heimat bei dir.

Vater, du behütest deine Söhne und Töchter. Hilf uns, das Unsrige zu tun, darum bitten wir durch Christus, unseren Herrn. Amen.

- ■ **Vaterunser**

- ■ **Segen**

Herr, wir haben uns auf die Reise gemacht
wie Abraham, die Sterndeuter und Josef es taten.
Lass unsere Wege stets gesegnet sein.
Lass uns immer wieder hinfinden zu dir,
dem Quell aller Freude.
Amen.

- ■ **Einkehr** in einer warmen Stube, z. B. einem Gasthaus oder bei einem
  Freund

# In der Fastenzeit

## Wenn nicht alles so läuft, wie gewünscht ... (Mt 20,1–16)

- **Materialien:** Bodenbild

- **Hinführung**

„Du hast nicht die Kontrolle", lautet bekanntlich eine Initiationsbotschaft an die Männer. Gott hat die Kontrolle, er ist die Wirklichkeit und wir Männer sind oft genug das Problem, weil wir dies nicht akzeptieren wollen. Das bringt sehr viel Stress und Unglück auf die Welt. Bei diesem Gottesdienst können sich die Männer dessen betend und singend vergegenwärtigen und niemand wird dabei – wie im Evangelium befürchtet – zu kurz kommen.

- **Begrüßung, Kreuzzeichen und Lied:** Herr, deine Güt ist unbegrenzt (Gotteslob 427)

- **Kyrie**

Bekehre uns, vergib die Sünde *(Gotteslob 266)*

- **Gebet**

Guter Gott,
es läuft nicht immer alles so, wie wir es wünschen.
Wir sind oft uneinsichtig und hartherzig.
Lass und erkennen, wie gütig und großzügig du bist.
Darum bitten wir durch Christus, unseren Herrn,
der mit dir lebt in der Einheit des Heiligen Geistes
von nun an bis in Ewigkeit.
Amen.

- **Ruf zum Evangelium:** Beim Herrn ist Barmherzigkeit (Gotteslob 518)

- **Perikope**

- **Impuls**

„Herzlichen Glückwunsch, Thomas, du hast zwar die Aufnahmeprüfung für den VW-Konzern verkackt, aber dafür bekommst du jetzt gleich den Aufsichtsratposten!" Wie müssen sich da die anderen Bewerber fühlen, die die Prüfung geschafft haben und „bloß" als Angestellte oder gar nicht angestellt werden?

Im Gleichnis von den Arbeitern im Weinberg geht es genau darum, wie gerecht Gottes Güte tatsächlich ist und wie wir Menschen damit umgehen. Gott jedenfalls verlangt keine Leistung, seine Gerechtigkeit ist leistungsfrei und kommt sozusagen umsonst, aus überfließender Gnade. Es ist auf den ersten Blick ungerecht, wenn die Arbeiter der letzten Stunde gleich viel Entlohnung erhalten, wie die Arbeiter der ersten Stunde – nämlich einen Denar. Die länger gedienten Arbeiter haben den gerechten und vereinbarten Lohn erhalten und beschweren sich darüber, dass die neu Hinzugekommenen ebenso viel bekommen.

Dieses Denken ist nachvollziehbar, es ist menschlich, aber es ist auch kleinlich, weil es den Neuen missgönnt, ganz dabei zu sein. Für Matthäus waren die Letzten die Heiden, die Zöllner und Sünder. Auch sie dürfen sozusagen ohne große Vorarbeit die unberechenbare Güte Gottes erfahren.

Wie gehen wir mit Situationen um, die unseren Wünschen und Absichten widersprechen? Mir fällt es sehr schwer zu akzeptieren, dass sich Autodrängler im Stau aus hinterster Reihe über den Pannenstreifen vor mir einreihen. Da werde ich richtig wütend und lass auch keinen rechts Wartenden vor mir rein. Wenn ich dieses Verhalten reflektiere, ist es natürlich – menschlich gesehen – durchaus berechtigt und angebracht. Andererseits fehlt ihm die Güte, der Weitblick, die Herzensweite. Es ruht eigentlich auf einem borniertem, engstirnigen Denken – so nach dem Motto: Wie du mir, so ich dir!

Gottes Mühlen mahlen anders als wir es gewohnt sind. Warum soll ein Weltmeister oder Olympiasieger plötzlich zu den Letzten gehören? Und warum soll ein Erster in der Gemeinde, etwa der Herr Pfarrer oder der Herr Pfarrgemeinderatsvorsitzende oder ein regelmäßiger Kirchgänger plötzlich von Anderen, Unbekannten, Außenseitern, Späteren überholt werden können? – Nicht so einfach, dieser Abstieg.

Matthäus möchte mit seinem Gleichnis von den Arbeitern im Weinberg Gottes universelle Güte hervorheben und die sogenannten Etablierten wohl zur Vorsicht mahnen, sich in ihren Positionen nicht allzu sicher zu wiegen. Und unabhängig davon möchte Gott mit Sicherheit alle zu „Ersten" machen, denn in seinem Evangelium gibt es letztlich nur Gewinner, nur Sieger, sofern sie sich von seiner Liebe berühren und verwandeln lassen.

Gottes Gerechtigkeit ist unberechenbar, sie übersteigt menschliches Fassungsvermögen. Gott überrascht mit allumfassender Gnade, die keinen Halt vor jenen macht, die unserem Lebensideal nicht ganz entsprechen.

Ich habe jetzt drei Fragen mitgebracht, die ihr bitte in Stille bedenkt, um eure Ergebnisse dann in der Runde mitzuteilen.

1. Wie fühle ich mich, wenn es in meinem Leben nicht so läuft, wie ich es mir wünsche, wenn es sozusagen außer Kontrolle gerät?
2. Wie verhalte ich mich in solchen Momenten?
3. Wie kann ich diese Ohnmachts-Erfahrungen im Lichte des Evangeliums deuten?

■ **Austausch unter Brüdern im Partnergespräch**

■ **Freie Fürbitten** mit dem Ruf: Erbarme dich meiner, o Gott
(Gotteslob 639)

■ **Vaterunser**

■ **Friedensgruß**

Gruppenleiter: Gebt einander ein Zeichen des Friedens und der Versöhnung

■ **Schlussgebet**

Gib nicht auf!

Lass den Kopf nicht hängen,
gib nicht auf,
wenn eine offene Tür
vor deiner Nase sich wieder schließt.

Lass den Kopf nicht hängen,
gib nicht auf,
wenn auf deine Briefe
von ihr keine Antwort kommt,
und ihr Lächeln nicht aus deinen Träumen weicht.

Lass den Kopf nicht hängen,
gib nicht auf,
wenn ein Blick in deinen Spiegel zeigt,
dass du nicht ins Endspiel kommst,
falls das Äußere nur zählt.

Lass den Kopf nicht hängen,
gib nicht auf,
du bist ein Mann,
der verlieren kann,
weil Gott für dich verloren hat.

Lass den Kopf nicht hängen,
gib nicht auf,
du bist ein Mann, der kämpfen und gewinnen lernt,
weil er dazu als David
nur ein paar Kieselsteine braucht.

(© Werner May)[1]

### ■ Segen

Herr, deine Güte ist unbeschreiblich und grenzenlos. Sie übersteigt unser Fassungsvermögen und ist nicht immer nachahmenswert. Segne uns Männer, dass wir tun, was vor dir recht ist, dass wir handeln, statt klagen und uns nach dir und deinem Willen ausrichten.
Das gewähre uns der dreifaltige Gott, der barmherzige Vater (+),
der wesensgleiche Sohn Jesus Christus (+),
und der alles durchdringende Atem seiner Liebe, der Heilige Geist. Amen.

---

[1] May, Werner, In: Adam Online, Adam, Emmerich (Hrsg.), Für den Mann mit Werten, September bis November 2017, S. 16

Wenn nicht alles so läuft, wie gewünscht ...

# Kreuzweg für Männer

## ■ Hinführung

Der Kreuzweg ist speziell für Männer konzipiert, die gerne unter sich sind. Er kann in der Kirche oder besser im Freien (Kreuzwegwanderung) gebetet und gesungen werden. Es gibt viele Kreuzwege in der Natur und meistens sind sie in weniger als einer halben Stunde zu gehen. Nach dem Kreuzweg empfiehlt sich ein gemütlicher Austausch in vertrauter Runde.

## ■ Kyrie

Herr, wir stellen uns unter dein Kreuz.
    A: Herr, erbarme dich.
Herr, wir gehen deinen Kreuzweg.
    A: Christus, erbarme dich.
Herr, wir sehnen uns nach dir.
    A: Herr, erbarme dich.

## ■ Tagesgebet

Guter Vater, du hast deinen Sohn sehr viel zugemutet.
Er hat deinen Willen unter Schmerzen erfüllt.
Lass uns mit ihm gehen.
Mach uns zu verlässlichen Zeugen seiner Nähe.
Darum bitten wir durch Christus, unseren Herrn und Bruder,

der in der Einheit des Heiligen Geistes mit dir lebt und herrscht
bis in alle Ewigkeit.
Amen.

### ■ Einleitung

V: Herr Jesus. Du warst ein ganzer Mann, keine halbe Portion, wie wir es manchmal sind. Du hast dich deinem Schicksal mutig gestellt und bist deinen Kreuzweg bis hinauf nach Golgota gegangen.

Mit dir gehen wir jetzt und stellen uns in deine Nachfolge. Wir nehmen alle mit, die uns am Herzen liegen: unsere Familien, Freunde, Arbeitskollegen, die Menschen, die mit uns unsere kostbare Freizeit verbringen und auch alle unsere Verstorbenen.
Heiliger Gott!
Heiliger starker Gott!
Heiliger, unsterblicher Gott!
A: Erbarme dich unser.

### ■ Lied: O Haupt voll Blut und Wunden (Gotteslob 289,1; nach jeder zweiten Station wird eine Strophe gesungen)

### ■ 1. Station: Jesus wird zum Tode verurteilt

V: Wir beten dich an, Herr Jesus Christus, und preisen dich.
A: Denn durch dein heiliges Kreuz hast du die Welt erlöst.
L: Der Mensch Pilatus steht vor dem Menschensohn. Er richtet über ihn. Er fällt sein Todesurteil. „Wir haben ein Gesetz und nach dem Gesetz muss er sterben, weil er sich zum Sohn Gottes gemacht hat" (Joh 19,7), schreit der aufgewiegelte Pöbel. Jesus steht da und schweigt.

V: Zu Unrecht wird Jesus verurteilt. Zu Unrecht sterben täglich mehrere tausend Menschen an Hunger. Zu Unrecht erkranken Menschen an Aids, Krebs oder anderen Leiden. Zu Unrecht sterben Menschen im Straßenverkehr.
A: Das Leben ist nicht fair, auch nicht mit dir, Herr Jesus!
V: Zu Unrecht urteilen wir andere, die uns nicht zu Gesicht stehen, ab. Wir mobben sie ins gesellschaftliche Out. Wir machen unsere Konkurrenten mit Worten und Blicken fertig.
A: Das Leben ist nicht fair. Auch nicht mit dir, Herr Jesus.
V: Zu Unrecht schreiben wir Schwächere ab. Zu Unrecht stellen wir sie an den Pranger. Zu Unrecht erfahren sie die Härte unserer Lieblosigkeit und vermissen unsere Güte.
A: Das Leben ist nicht fair. Auch nicht mit dir, Herr Jesus.

### ■ 2. Station: Jesus nimmt sein Kreuz auf seine Schultern

V: Wir beten dich an, Herr Jesus Christus, und preisen dich.
A: Denn durch dein heiliges Kreuz hast du die ganze Welt erlöst.
L: Jesus muss seinen Marterpfahl selbst tragen. Die Last ist schwer. Jesus ist bereit, sein Leiden auf sich zu nehmen. Er schleppt sich durch die Gassen Jerusalems bis vor die Tore der Stadt.

„Wenn einer hinter mir hergehen will, verleugne er sich selbst, nehme täglich sein Kreuz auf sich und folge mir nach" (Lk 9, 23), hat Jesus seinen Schülern gesagt. Nun gilt dieses Wort in besonderer Weise für ihn selbst. Der Meister kennt den Weg, er geht ihn voran, er scheut sich nicht.

V: Viele Männer leiden unter der Last ihres Berufes oder ihrer zerbrechlichen Partnerschaft. Manchen wird besonders viel zugemutet: etwa, wenn sie ein behindertes Kind erwarten oder eine schwere Krankheit zu tragen haben.
A: Dein Kreuz ist schwer, auch das unsrige, Herr Jesus.
V: Viele Männer sind perspektivenlos, sie irren verzweifelt umher, auf der Suche nach dem Glück. Viele sträuben sich dagegen, ihren Weg zu gehen, sie laufen davon, sie bleiben stehen oder entwickeln sich rückwärts.
A: Dein Kreuz ist schwer, auch das unsrige, Herr Jesus.
V: Das Kreuz kann Männer auch erschlagen, etwa dann, wenn alles zu viel wird.
A: Dein Kreuz ist schwer, auch das unsrige, Herr Jesus.

### ■ 3. Station: Jesus fällt zum ersten Mal unter dem Kreuz

V: Wir beten dich an, Herr Jesus Christus, und preisen dich.
A: Denn durch dein heiliges Kreuz hast du die ganze Welt erlöst.
L: Die Last des Kreuzes ist so groß, dass unser Herr Jesus allmählich daran zerbricht. So sehr hat Gott die Welt geliebt, dass er seinen einzigen Sohn dahingab um für uns alles bis zum Letzten zu geben.

V: Wie viele Männer sind schon gefallen: in Kriegen oder in Geldgeschäften, wo sie mit wehenden Fahnen untergingen. Auch Frauen können Männer in die Knie zwingen.
A: Wir fehlen. Und wir fallen, wie du, Herr Jesus.
V: Fehlen und Fallen gehört nicht unbedingt zum guten Ton des Mannes. Und doch passiert es uns öfter, als es uns lieb ist.
A: Wir fehlen. Und wir fallen, wie du, Herr Jesus.
V: Manchmal wählen wir als Väter den leichteren Weg. Wir fallen um, wenn Standhaftigkeit vor unseren Kindern von uns gefordert ist.
A: Wir fehlen. Und wir fallen, wie du, Herr Jesus.

### ■ 4. Station: Jesus begegnet seiner Mutter

V: Wir beten dich an, Herr Jesus Christus, und preisen dich.
A: Denn durch dein heiliges Kreuz hast du die ganze Welt erlöst.
L: Hinter jedem erfolgreichen Mann steht eine starke Frau, sagt man. In diesem Augenblick ist Jesus nicht erfolgreich im weltlichen Sinne. Aber eine – auch in ihrer größten Not – sehr starke Frau steht gerade jetzt zu ihm. Ein ganzes Menschenleben lang wird sie ihm eine gute Mutter sein: Maria, die Mutter Jesu und die Mutter der Kirche.

V: Mütter führen ihre Söhne in die Welt des Vertrauens, der Geborgenheit und der bedingungslosen Akzeptanz.
A: Wir brauchen Mütter, die uns nehmen wie wir sind, so auch du, Herr Jesus.
V: Mütter können auch vereinnahmend und bemutternd sein. Wenn sie uns weichkochen, machen sie möglicherweise viel kaputt. In solchen Fällen ist klare und freundliche Abgrenzung der Söhne gefragt.
A: Wir brauchen Mütter, die uns nehmen wie wir sind, so auch du, Herr Jesus.
V: Die Welt lebt von der Barmherzigkeit. Das hebräische Wort dafür heißt: רחם (rehem). Es wird mit „Mutterschoß" gleichgesetzt und auf Gott selbst bezogen. Wir Männer tun gut daran, auch unsere weiche Seite zu leben.
A.: Wir brauchen Mütter, die uns nehmen wie wir sind, so auch du, Herr Jesus.

### ■ 5. Station: Simon von Zyrene hilft Jesus das Kreuz tragen

V: Wir beten dich an, Herr Jesus Christus, und preisen dich.
A: Denn durch dein heiliges Kreuz hast du die ganze Welt erlöst.
L: Ein Bauer, der von der Arbeit nach Hause gehen möchte, wird in die grausame Hinrichtungsszenerie hineingezogen. Er heißt Simon und soll Jesus helfen, sein Kreuz zu tragen. Simon zögert nicht lange.

V: Oft werden wir Männer völlig schuldlos in schwierige Situationen verwickelt und mehr oder weniger gezwungen, Stellung zu beziehen: bei einem Autounfall auf der Straße oder etwa bei einem Streit in der Familie oder in der Firma.
A: Wir sind verwoben in den Lauf der Welt, so auch du, Herr Jesus.
V: Eigentlich möchten wir nur unsere Ruhe. Aber das Leben mit seinen täglichen Anforderungen lässt uns gerade nicht in Ruhe. Es fordert unsere ständige Bereitschaft.
A: Wir sind verwoben in den Lauf der Welt, so auch du, Herr Jesus.
V: Simon wurde aus der Not heraus zum Helfer des Menschensohnes. Er hat die Chance des Augenblicks für sich und seinen Nächsten erkannt und gut genützt.
A: Wir sind verwoben in den Lauf der Welt, so auch du, Herr Jesus.

### ■ 6. Station: Veronika reicht Jesus das Schweißtuch

V: Wir beten dich an, Herr Jesus Christus, und preisen dich.
A: Denn durch dein heiliges Kreuz hast du die ganze Welt erlöst.
L: Wieder ist es eine Frau, die Jesus einen letzten Liebesdienst erweist. Veronika – die Siegbringerin. In der Bibel taucht sie nicht auf, wohl aber im Leben aller Menschen, die nicht nur sich selbst leben und die Grenzen der Selbstgenügsamkeit mutig überschreiten.

V: Wie von außen kommt Veronika auf Jesus zu. Sie kommt freiwillig. Sie riskiert viel und tröstet den schwitzenden und blutenden Jesus mit einem Tuch. In diesen Stoff brennt sich das Angesicht des Herrn hinein.
A: Auch wir möchten Spuren in diesem Leben hinterlassen, wie du, Herr Jesus.
V: Viele Männer laufen gerne vor unangenehmen Dingen davon. Sie überlassen es oft ihren Frauen, ihre Kinder zu trösten. Dabei ist unsere Präsenz als Mann so sehr gefragt. Wir können sie schwerlich an andere delegieren.
A: Auch wir möchten Spuren in diesem Leben hinterlassen, wie du, Herr Jesus.
V: „Was ihr den geringsten meiner Brüder getan habt, das habt ihr mir getan", sagt Jesus. Das ist ein Appell an unsere Mitmännlichkeit!

### ■ 7. Station: Jesus fällt zum zweiten Mal unter dem Kreuz

V: Wir beten dich an, Herr Jesus Christus, und preisen dich.
A: Denn durch dein heiliges Kreuz hast du die ganze Welt erlöst.
L: Zum zweiten Mal bricht Jesus unter der Last des Kreuzes zusammen. Auf ihm, dem Unschuldigen, lastet die Schuld der Welt. Er leidet. Er fällt zu Boden – für uns. „Er wurde misshandelt und niedergedrückt, aber er tat seinen Mund nicht auf", wie auch schon der Prophet Jesaja sagte.

V: Wie oft fallen wir Männer um: vor dem Kühlschrank, vor der zweiten Flasche Wein, vor dem Monitor, der uns aus dem Internet zweideutige Bilder ins Haus liefert, vor dem Vorgesetzten, der uns sanft zu einer zweifelhaften Handlung nötigt.
A: Wir fehlen und fallen. Wir stehen wieder auf, mit dir, Herr Jesus.
V: Männer werden platt gemacht: durch ein Übermaß an Arbeit, durch eine verlogene Beziehung, durch Überanstrengung im Sport.
A: Wir fehlen und fallen. Wir stehen wieder auf, mit dir, Herr Jesus.
V: Manche Männer werden schwach, wenn sie einer anmutigen Frau begegnen. Stärkste Männer fallen um, wenn sie ihren heimlichen Versuchungen freien Lauf lassen.
A: Wir fehlen und fallen. Wir stehen wieder auf, mit dir, Herr Jesus.

### ■ 8. Station: Jesus begegnet den weinenden Frauen

V: Wir beten dich an, Herr Jesus Christus, und preisen dich.
A: Denn durch dein heiliges Kreuz hast du die ganze Welt erlöst.
L: Frauen bedauern den geschundenen Herrn Jesus. Er aber sagt: „Weint nicht über mich, weint über euch und eure Kinder!" Jesus hat immer noch ein Herz für die anderen, für ihre Not und Traurigkeit. Er geht immer noch von sich weg auf die Nächsten zu, er liebt das Leben mehr, als sich selbst.

V: Tränen heilen. Tränen sind Ausdruck unseres Schmerzes oder auch unserer Freude. Wann haben wir Männer das letzte Mal geweint?
A: Wer weint, hat Anteil am Leben, wie du, Herr Jesus.
V: Wir müssen uns nicht dafür genieren oder rechtfertigen, dass bei einem ergreifenden Spielfilm unsere Tränen fließen. Wir sind zum Glück verletzlich und sensibel, und das ist gut so.
A: Wer weint, hat Anteil am Leben, wie du, Herr Jesus.
V: Auch Jesus hat um seinen verstorbenen Freund Lazarus bitterlich geweint. Sein großer Schmerz hat ihn und seine Umgebung zum Guten verwandelt. Seine Tränen wurden zum Quellwasser für vertrocknetes, verdorrtes Leben.
A: Wer weint, hat Anteil am Leben, wie du, Herr Jesus.

### ■ 9. Station: Jesus fällt zum dritten Mal unter dem Kreuz

V: Wir beten dich an, Herr Jesus Christus, und preisen dich.
A: Denn durch dein heiliges Kreuz hast du die ganze Welt erlöst.
L: Jesus fällt zum dritten Mal. Er muss seinen Weg, den der Vater ihn geheißen hat, zu Ende gehen. Und er rafft sich auf. Er kämpft sich durch die gaffende Masse auf Golgota zu.

V: So viele Stunden der Tag hat, so oft fallen wir: bei der Erziehung unserer Kinder, beim Sprechen und Denken über andere, bei unserem Konsumverhalten …
A: Fallen gehört zum Mannsein. Wir machen täglich weiter, mit dir, Herr Jesus.
V: Gerade dann, wenn wir meinen, aus eigener Kraft alles schaffen zu können, werden wir eines Besseren belehrt.
A: Fallen gehört zum Mannsein. Wir machen täglich weiter, mit dir, Herr Jesus.
V: In der Masse ist die Individualität des Mannes gefährdet. Oft fällt seine Würde im Mehrheitsverhalten und in der seichten Meinung der Beliebigkeit.
A: Fallen gehört zum Mannsein. Wir machen täglich weiter, mit dir, Herr Jesus.

### ■ 10. Station: Jesus wird seiner Kleider beraubt

V: Wir beten dich an, Herr Jesus Christus, und preisen dich.
A: Denn durch dein heiliges Kreuz hast du die ganze Welt erlöst.

L: Jesus wird vor den Augen seiner Mörder bloßgestellt. Seine Kleider werden unter den Henkern verteilt. Ein grausamer Anblick! Nackt wie er auf diese Welt gekommen ist, muss er nun wieder von ihr gehen.

V: Es gibt Männer, die ziehen Frauen mit ihren Blicken aus. Sie vergessen, dass jeder Mensch das Recht hat, würdevoll geachtet und respektiert zu werden.
A: Bekleide uns, Herr Jesus, mit reichem Erbarmen.
V: Manchmal sind Menschen, auf die wir zu Recht oder zu Unrecht beleidigt sind, von unseren hämischen Worten entblößt.
A: Bekleide uns, Herr Jesus, mit reichem Erbarmen.
V: Wir tragen schöne Gewänder, die in armen Ländern zu Lasten von Billigstkräften hergestellt werden, die gerade mal genug zum Leben haben.
A: Bekleide uns, Herr Jesus, mit reichem Erbarmen.

### ■ 11. Station: Jesus wird ans Kreuz genagelt

V: Wir beten dich an, Herr Jesus Christus, und preisen dich.
A: Denn durch dein heiliges Kreuz hast du die ganze Welt erlöst.
L: Hilflos wird Jesus wie ein Schwerverbrecher und römischer Staatsfeind ans Holz des Kreuzes geschlagen. Die Prophezeiung Jesajas erfüllt sich: „Doch er wurde durchbohrt wegen unserer Vergehen, wegen unserer Sünden zermalmt. Zu unserem Heil lag die Züchtigung auf ihm, durch seine Wunden sind wir geheilt." (Jes 53, 5)

V: Wie angenagelt stehen manche Männer da, wenn sie angesichts drohender Katastrophen keinen Ausweg mehr sehen.
A: Mit ausgestreckten, angenagelten Armen umarmst du, Herr Jesus, die Welt.
V: Nägel sind spitz, verletzen und nageln Meinungen und Menschen fest – bis zur Handlungsunfähigkeit. Und wir schauen tatenlos zu.
A: Mit ausgestreckten, angenagelten Armen umarmst du, Herr Jesus, die Welt.
V: Wunden schmerzen und manche brauchen gehörig Zeit, bis sie verheilen. Manchmal werden sie uns Männern zu Türen in ein neues, liebevolleres Leben.
A: Mit ausgestreckten, angenagelten Armen umarmst du, Herr Jesus, die Welt.

### ■ 12. Station: Jesus stirbt am Kreuz

V: Wir beten dich an, Herr Jesus Christus, und preisen dich.
A: Denn durch dein heiliges Kreuz hast du die ganze Welt erlöst.
L: Unter lautem Geschrei haucht Jesus seinen Geist aus. Er fühlt sich von Gott und der Welt verlassen. Das Herz des liebevollsten Menschen auf Erden hört auf zu schlagen. Es ist durchbohrt, aus ihm strömt Blut und Wasser.

V: Wir Männer verdrängen den Tod gerne, zumindest so lange uns dies irgendwie möglich ist. Dabei naht er still und unaufhaltsam jedem menschlichen Leben.
A: Mit dir, Herr Jesus, sterben wir in eine neue, große Zukunft hinein.
V: Im Sterben verschenkt Jesus noch das Wasser der Taufe, das uns zu neuem Leben erweckt.
A: Mit dir, Herr Jesus, sterben wir in eine neue, große Zukunft hinein.
V: Im Sterben verströmt Jesus noch das Blut des Lebens, das uns in die Ewigkeit führt. Wir nähren uns von diesem Blut am eucharistischen Altar.
V: Mit dir, Herr Jesus, sterben wir in eine neue, große Zukunft hinein.

### ■ 13. Station: Jesus wird in den Schoß seiner Mutter gelegt

V: Wir beten dich an, Herr Jesus Christus, und preisen dich.
A: Denn durch dein heiliges Kreuz hast du die ganze Welt erlöst.
L: Der tote Jesus wird in den Schoß seiner zu Tode betrübten Mutter Maria gelegt. Sie hat sich ihr Leben und das ihres Sohnes bestimmt anders vorgestellt. Kann ein Mensch so viel Leid überhaupt noch tragen?

V: Die Mutter hält ein totes Kind in ihren Armen. Wie oft wiederholt sich dieses Schicksal in Krankenhäusern, auf Kriegsschauplätzen oder auf den stark befahrenen Straßen dieser Welt?
A: Wir sind getragen und gehalten – auch im Tod. Mit dir, Herr Jesus.
V: Durch Abwesenheit oder Desinteresse sind manche Söhne für ihre Mütter wie gestorben. Sie zeigen keinerlei Regung für sie. Dasselbe gilt für manche Väter, die bei ihren Söhnen durch ihre Absenz ein gähnendes Loch hinterlassen.
A: Wir sind getragen und gehalten – auch im Tod. Mit dir, Herr Jesus.
V: Josef von Arimatäa ist es zu verdanken, dass Jesus vom Kreuz genommen wird. Er hat gegen die allgemeine Niedergeschlagenheit aufbegehrt und mutig und aktiv für den toten Jesus gehandelt.
A: Wir sind getragen und gehalten – auch im Tod. Mit dir, Herr Jesus.

### ■ 14. Der Leichnam Jesu wird in das Grab gelegt

V: Wir beten dich an, Herr Jesus Christus, und preisen dich.
A: Denn durch dein heiliges Kreuz hast du die ganze Welt erlöst.
L: Im frischen Felsengrab des Josef von Arimatäa findet der tote Jesus seine letzte Ruhestatt. Drei Tage wird er hier liegen und in diesen Tagen wird sich Unglaubliches ereignen: Sein Abstieg in die Hölle und seine leibliche Auferstehung von den Toten.

V: Wenn ein von mir gemiedener Mensch sein Herz aus Stein erweicht und mich wieder freundlich grüßt ist das wie Aufbruch aus der Grabesstarre.
A: Der Tod kann dich nicht halten, Herr Jesus. Doch wir halten an dir fest.

V: Vor dem Grab Jesu ist ein Garten, da blühen bunte Blumen. Sie erinnern an das Paradies, welches immer näher rückt.

A: Der Tod kann dich nicht halten, Herr Jesus. Doch wir halten an dir fest.

V: Wir Männer haben schon viele Träume zu Grabe getragen. Manche haben sich erfüllt.

A: Der Tod kann dich nicht halten, Herr Jesus. Doch wir halten an dir fest.

### ■ Abschluss

V: Herr Jesus. Du warst ein ganzer Mann, keine halbe Portion. Zerbrochen und durchbohrt hast du die Welt und den Tod besiegt. Diese Hoffnung ist untrüglich, sie trägt uns durch die Zeiten.

Wir sind jetzt ein Stück weit in deine Nachfolge bis vor die Tore Jerusalems getreten. Es gibt kein Leiden auf dieser Welt, das nicht von dir umfangen wäre. Leiden will verwandeln. Leiden will uns zu jenen Männern umgestalten, die dir ähnlich sind: in deinem Mut, in deiner Treue zum Vater, in deiner Entschiedenheit aber auch in deiner Ohnmacht und Hinfälligkeit.

Heiliger Gott!

Heiliger starker Gott!

Heiliger, unsterblicher Gott!

A: Erbarme dich unser.

A: Vater unser.

# Zieht den neuen Menschen an – eine spirituelle Reise (Eph 4, 24)

- ■ **Materialien:** Kirche (Kapelle), drei Tücher, drei Kreuze, drei Kerzen, Gotteslob, Bibel, Tablet mit Boxen, zwei Kreuzesbalken (an der Kreuzung hinten eingeritzt, damit sie leichter zusammenhalten) pro Mann und Kerzenwachsplatten, Messer für die Männer, Lederschnüre

- ■ **Hinführung**

Der Paulusschüler schreibt: „Zieht den neuen Menschen an, der nach dem Bild Gottes geschaffen ist in wahrer Gerechtigkeit und Heiligkeit!" (Eph 4, 24) Das ist der Anfang und das Ziel unserer männlichen Reise – unsere Heiligkeit. Auf dem spirituellen Weg des Mannes geht es letztlich darum, seine eigenen Schatten, sein Kreuz, sein Unvermögen zu umarmen und in eine große, gelassene Liebe hinein zu übertragen. Auf diesem Weg gibt es viele individuelle Stationen, sie lassen sich nicht überspringen. Wir können den Lebensfluss nicht anschieben, nur uns in ihm bewegen hin zu dem Ziel, zu dem Gott uns führt und das ist unsere Heiligkeit: der versöhnte, glückliche Mann, der in großer Dankbarkeit auf sein Leben zurückblickt und weiß, dass er noch viel vor sich hat.

Der sakrale Kirchenraum bietet sich an, diesen Weg mit den Männern zu gehen und es kann auch ausdrücklich schon bei den einzelnen Stationen ein Gespräch mit dem Gruppenleiter stattfinden, der z.B. fragen könnte: Wie fühlt ihr euch jetzt an dieser Station? Was braucht ihr jetzt? Was vermisst ihr? Dann kommt es sehr oft zu einem „heiligen" Gespräch, das Männer unter anderen Umständen nicht führen würden.

Die Kreuze symbolisieren das Leben der Männer. Mit den selbst geschnitzten Kerben werden ihre Wunden, Verletzungen, Versäumnisse, Niederlagen ... sichtbar, die jedoch mit Wachs symbolisch wieder „gefüllt" werden. Das Wachs steht für die verklärte, angenommene, verheilte Wunde (des Auferstandenen), die den Mann erst zu dem macht, der er ist.

■ **Begrüßung, Kreuzzeichen und Lied:** O Herr, nimm unsere Schuld
(Gotteslob 273)

■ **Kyrie**

Herr, komm zu uns in deinem Heiligen Geist.
    A: Herr, erbarme dich.
Herr, wir grüßen dich und danken dir.
    A: Christus, erbarme dich.
Herr, der du uns verwandeln kannst.
    A: Herr, erbarme dich.

■ **Gebet**

Gott, du schickst den Menschen auf die Reise
durch Raum und Zeit.
Damit er wachse und gedeihe vor dir.
Mach uns zu dem Bild, das du dir von Anfang an erdacht hast.
Christus, unseren Herrn,
der in der Einheit des Heiligen Geistes mit dir lebt und herrscht
von Ewigkeit zu Ewigkeit.
Amen.

■ **Perikope:** (Eph 4, 24)

*Zieht den neuen Menschen an, der nach dem Bild Gottes geschaffen ist in wahrer Gerechtigkeit und Heiligkeit!*

■ **Lebensreise**

Erklärung

Es werden drei linear verlaufende Stationen im sakralen Raum oder im Freien aufgebaut. Die Stationen sind durch ein Kreuz und eine Kerze gekennzeichnet. Die Männer stehen nebeneinander zu meditativ gesprochenen Sätzen durch „ihr" Leben und halten dort auch längere Zeit in Stille inne, um den Worten auf die Spur zu kommen.

1. **Reise des Helden – der nehmende Mann** (bis ca. 35 Jahre)
   Lass dich nun begleiten auf eine imaginäre männliche Reise durch das Leben von der Geburt bis zu seiner Vollendung. Vielleicht erinnerst du dich an deine Kindheit und Jugend, an die Zeit, wo alles noch möglich und offen war, es schien dir vielleicht, dass es beständig aufwärts gehen würde. Du hattest wahrscheinlich hohe Ideale, wolltest die Welt verbessern, hast sie möglicherweise auch in Schwarz-Weiß-Tönen wahrgenommen. Die Welt gehört dir und du glaubst, dass dir alles möglich ist. Du lebst Opfer statt Barmherzigkeit. Du riskierst viel und scheust keine Mühen. Du bist ein *puer aeternus*, ein ewiger Knabe, der sich als Mittelpunkt der Welt wähnt. Du lebst nach dem weisheitlichen Motto: „Auf, lasst uns die Güter des Lebens genießen …" (Weish 2, 6)
   Du meidest den Weg nach unten zum zornigen, jungen Mann, der nie seine eigene Kraft und das eigene Gutsein erlebt. Du hast vieles aus eigener Kraft zu bewirken versucht und bist manche Um- und Irrwege gegangen.

■ **Stille**

2. **Die Reise des Abstiegs – der gebende Mann** (bis ca. 50 Jahre)
   Mit den Jahren hast du vermutlich deine eigene Identität entwickelt und gelernt, die Wirklichkeit realistischer einzuschätzen. Du hast Grenzen erfahren und gelernt, mit ihnen umzugehen. Du hast möglichenfalls gelernt zu begreifen, was es heißt, wenn Jesus sagt: „Wenn das Weizenkorn nicht in die Erde fällt und stirbt, […] bringt es reiche Frucht." (vgl. Joh 12, 24)
   Oft kommt dann die tiefe Lebenskrise der Beschränkung, die Krise der Lebensmitte, die Zeit des inneren Verlusts. Du machst möglicherweise die Erfahrung des Propheten Jesaja: „Ich darf den HERRN nicht mehr schauen im Land der Lebenden, keinen Menschen mehr sehen bei den Bewohnern der Erde. Meine Hütte bricht man über mir ab, man deckt sie über mir ab wie das Zelt eines Hirten." (Jes 38, 11 f.) Alles, was bisher Bestand hatte, bricht nun zusammen und es gibt vorerst keinen Ausweg.
   Manche reisen dann weiter in den steilen Aufstieg, kaufen sich teure Autos, müssen sich bis ins hohe Alter etwas beweisen, suchen sich blutjunge Frauen, machen sich lächerlich und werden zu hohlen, alten Narren. Andere reisen in die Verbitterung, sie werden zynisch und hart und scheuen den Wandel. An-

deren wiederum gelingt es, aus ihren Fehlern und Zusammenbrüchen Aufbrüche in ein neues, gereifteres Leben zu wagen. Sie müssen nicht mehr alles selbst kontrollieren, sie können vertrauen und lassen sich von Gott lenken. Sie werden mit dem Paradox des Kreuzes konfrontiert. Es ist nicht nur ein Zeichen der Niederlage, sondern vor allem auch ein Zeichen des Heiles und der großen Hoffnung.

■ **Stille**

3. **Die Reise der Weisheit – der erntende Mann** (ab ca. 50 Jahre)
Irgendwann spürst du womöglich, dass die Kräfte schwinden, dass die alten Muster und Gewohnheiten nicht mehr funktionieren. Du begibst dich auf die Reise der Weisheit. Du lässt nach, lebst in heiligem Verzicht, zeigst Mitgefühl, durchlebst die dunkle Nacht des Glaubens. Du begibst dich etwa wie der alte Abraham auf die Reise von dem was du hast, zu dem, was du nicht hast. Die Zeit schmerzhafter Einschnitte ist gekommen, das Gebet ist nicht mehr vordergründig, es wird lebensnotwendig. Die Schatten im Leben werden nicht nur ertragen, sondern auch umarmt und angenommen, sie werden durch dich zu einem Geschenk, das Versöhnung und Frieden spendet. „In der dritten Lebensphase geht es zum einen um die Einübung einer abschiedlichen Lebenshaltung, in der Verluste realisiert, betrauert und auch angenommen werden können. Zum anderen sind die Chancen dieser Lebensphase in den Blick zu nehmen: Was kann ich erst jetzt, was ich vorher nicht konnte, weil mir Lebenserfahrung, Reife und Gelassenheit fehlten?"[1] Du ziehst Bilanz wie Petrus, zu dem Jesus spricht: „Als du jünger warst, hast du dich selbst gegürtet und gingst, wohin du wolltest. Wenn du aber alt geworden bist, wirst du deine Hände ausstrecken und ein anderer wird dich gürten und dich führen, wohin du nicht willst." (Joh 21, 18)
Wenn du diesen Weg weitergehen möchtest, wirst du wahrscheinlich zum heiligen Narren, zu Gottes geliebtem Sohn, zum heiligen Großvater, der Gegensätze in sich vereinigt. Du wirst ganz einfach, kontrollierst nicht mehr und lebst jenseits von Verurteilungen, Vernunft und Kontrolle. Macht, Ansehen oder Besitz bedeuten dir nichts mehr. Du warst dort. Du hast es selbst erfahren. Du bist Gottes geliebter Sohn. Du hast nichts und doch alles! Du bist dem Ruf Gottes gefolgt, du hast dich finden lassen von ihm, dem Heiligen, und lebst immer noch aus diesem Aufruf: „Seid heilig, denn ich, der HERR, euer Gott, bin heilig." (Lev 19, 2)

---

[1] Gerland, Manfred, Männlich glauben. Eine Herausforderung für den spirituellen Weg, Freiburg i. Br. 2014, S. 131.

■ **Stille**

Gruppenleiter: Jetzt seid ihr Männer sozusagen am Ziel eurer Reise, ihr seid euer Leben liturgisch durchschritten. Wie fühlt es sich an, heilig zu sein, am Ziel zu sein, versöhnt zu sein mit sich und der ganzen Welt?

■ **Kurzes Austauschgespräch unter Brüdern**

Gruppenleiter: Ihr bekommt jetzt ein Messer. Nehmt euch zwei Kreuzesbalken. Schnürt sie mit dem Lederriemen zusammen und ritzt Kerbungen für eure Wunden hinein. Was euch belastet, was euch das Leben schwer machte …, das ritzt symbolisch in die Kerbe. Dann füllt die Kerben mit buntem Wachs. Eure Wunden mögen strahlen, mögen sich verklären, mögen euch leicht wie eine Feder werden.

■ **Austauschgespräch unter Brüdern mit den Holzkreuzen**

■ **Fürbitten**

Vater, zu dir bitten wir voll Vertrauen:
• Wir beten für Männer, die sich ganz bewusst auf ihre männliche Reise begeben.
V: Hilf uns, o Herr.
A: Wir bitten dich.
• Wir beten für jene, die die Orientierung verloren haben.
• Wir beten für alle, die unter der Last ihres Lebens zu zerbrechen drohen.
• Wir beten für uns, dass wir immer wieder neu beginnen mögen.
• Wir beten für unsere Verstorbenen, dass sie Heimat finden mögen bei dir.

■ **Lied:** Suchen und fragen (Gotteslob 457)

■ **Vaterunser mit anschließendem Friedensgruß**

■ **Segen**

Heiligkeit ist das Ziel unserer männlichen Reise: Gegensätze zu verbinden, Schmerzen auszuhalten und in kreativer Liebe zu überwinden ist unsere Aufgabe. So segne uns dazu der verborgene Gott: der Vater (+) und der Sohn (+) und der Heilige Geist (+). Amen.

# An Ostern

## Am See von Tiberias – ein Lagerfeuergottesdienst (Joh 21,1–14)

■ **Materialien:** im Freien (an einem Gewässer), mit Fisch (Forelle oder Saibling) und Brot und Kohlefeuer, (Weih-)Wasser, Bibeln, Gotteslob

■ **Hinführung**

Diese Osterzählung beginnt ganz unauffällig mit den Jüngern, die ihrer gewohnten Arbeit nachgehen. Sie entpuppt sich dann jedoch als ein wunderbarer Fischfang und ein zeichenhaftes Mahl mit Jesus, dem Auferstandenen, dem Herrn des eucharistischen Geheimnisses.

Schön wäre es, diesen Gottesdienst für Männer an einem See oder einem Fluss mit gegrilltem Fisch und Brot zu feiern, weil dadurch die Perikope zum Greifen und zum Essen nahe rückt.

■ **Begrüßung, Kreuzzeichen und Lied:** Das ist der Tag (Gotteslob 329)

■ **Kyrie** (Gotteslob 156)

Gruppenleiter: Herr Jesus Christus, du bist von den Toten auferstanden:
Du Freund des Lebens, offenbare dich den Suchenden.
Du Hoffnung der Glaubenden, zeige dich den Menschen.
Du Freund der Jünger, halte Mahl mit uns.

■ **Tagesgebet**

Lasset uns beten:
Gütiger Gott,
du hast uns deinen Sohn gesandt, damit er den Menschen Kunde bringe von dir.
Du wirst nicht müde an uns zu glauben und dich uns zu zeigen.
Lass uns in der Gegenwart von Fisch und Brot deine Nähe spüren,
darum bitten wir durch unseren Herrn Jesus Christus,
der in der Einheit des Heiligen Geistes
mit dir lebt und herrscht in Ewigkeit.
Amen.

- **Halleluja** (Gotteslob 725,3)

- **Perikope:** Joh 21,1–14

- **Predigtgedanken**

Kennt ihr dieses Gefühl? Ihr arbeitet tagelang an einem Projekt, speichert alles am Computer ab und dann ist es plötzlich nicht mehr da. Einfach verschwunden! Die ganze Arbeit umsonst. Eine Horrorvorstellung!

Bei den Jüngern am See von Tiberias ist es ähnlich. Es beginnt alles ganz unauffällig: Die Jünger gehen an die Arbeit, sie fischen und diesmal fangen sie in der Nacht rein gar nichts. Dann spricht der Auferstandene, den sie noch nicht erkennen, zu ihnen: „Werft das Netz auf der rechten Seite des Bootes aus" (Joh 21,6). Was passiert? Sie ziehen das Netz an Land und es ist voller Fische, dass es zu zerreißen droht. Sie erkennen ihren Herrn, als er sie zum Essen von Fisch und Brot über dem Kohlefeuer einlädt. Sie haben 153 Fische gefangen. Hieronymus hielt sie für 153 Fischarten, die es im See von Tiberias gibt. Augustinus sieht darin einen symbolischen Hinweis auf die Dreifaltigkeit (3 mal 50 + 3). Die wahrscheinlichste Erklärung ist jedoch, dass die Zahl 153 auf die Menge der Glaubenden hinweist, auf die Universalität der Kirche. Diese These wird dadurch bekräftigt, dass die zukünftige Kirche im Folgenden als Herde benannt wird.

Wie auch immer: Aus einer zunächst völlig banalen Erzählung – Petrus sagt: „Ich gehe fischen." – wird eine Wiedererkennungsszene mit dem Auferstandenen. Er kommt genau dahin, wo Menschen leben, wo sie arbeiten, wo sie sich mühen und plagen. Er kommt heute in unsere Werkstätten, Firmen, Schulen, Universitäten. Auf sein Wort hin werfen die frustrierten Jünger das Netz auf der rechten Seite des Bootes aus und werden nach einer erfolglosen Nacht überreich beschenkt. Was sagt uns dieses Schriftwort?

Wenn wir Männer auf Jesus hören, wenn er der Herr über unser Leben sein darf, dann wird es auch gelingen. Es wird nicht immer erfolgsgekrönt sein, aber es wird gelingen. Es hat Sinn und dieser ist ganz in unserem Herrn verankert. Jesus ist der Herr über unser (Arbeits-)Leben und er ist auch der Herr über das eucharistische Mahl, er ist der Gastgeber und die Gabe zugleich. Er schenkt sich uns auch heute noch am Altar in den Gaben von Brot und Wein.

- **Glaubensbekenntnis**

Herr, wir glauben,
dass du der Herr über unser Leben bist.
Wir glauben, dass du uns im eucharistischen Mahl begegnest.
Herr, wir glauben, dass du unser Bestes willst,
auch wenn uns dies manchmal sehr schwerfällt.
Herr, wir glauben,
dass du unser Leben gütig in den Händen hältst,

dass dein Sohn von den Toten erstand
und dein Heiliger Geist uns zusammenführt.
Amen.


### ■ Fürbitten

Zu dir, auferstandener Herr Jesus, beten wir:
- Wir bitten für alle arbeitenden Männer, dass sie von dir geführt werden.
V: Jesus, du lebst.
    A: Sei du unser Heil.
- Wir bitten für die Geistlichen, die uns die heilige Eucharistie spenden.
- Wir bitten für alle Hungernden dieser Erde.
- Wir bitten für unsere Familien, für die wir Sorge tragen.
- Wir bitten für alle, die uns Brot und Nahrung zubereiten.
- Wir bitten für die Toten, deren Auferstehung wir erwarten.


### ■ Austauschgespräch unter Brüdern und Grillen der Gaben

### ■ Segnung der gegrillten Speisen

### ■ Lied: Segne Vater diese Gaben (Gotteslob 88,1)

Wir loben dich, wir preisen dich.
    A: Wir loben dich, wir preisen dich.

(Beim Zeigen der gegrillten Fische.)
Gepriesen bist du, Herr, unser Schöpfer der Welt.
Wir danken dir für die Fische aus lebendigem Wasser.
    A: Wir loben dich, wir preisen dich.

(Beim Zeigen der Brote.)
Gepriesen bist du, Herr, unser Schöpfer der Welt.
Wir danken dir für das Brot, das uns satt macht.


### ■ Abschlussgebet

Allmächtiger Gott,
du hast Himmel und Erde erschaffen.
Du hast deinen Sohn vom Tod ins Leben gerufen.
Du schenkst uns die Gemeinschaft der Brüder.
Sättige auch die Armen und Hungernden.
Darum bitten wir durch Christus, unseren Herrn,
der in der Einheit des Heiligen Geistes
mit dir lebt und herrscht in alle Ewigkeit.
Amen.

(Die Gaben werden mit Weihwasser besprengt.)

▪ **Gemeinsames Mahl**

▪ **Vaterunser**

▪ **Schlusslied:** Grünes Gras

Melodie und Text: Christian Kuster, Jerusalem

# Der Auftrag an Petrus (Joh 21, 15–19)

- ▨ **Material:** Meditationsraum/Kapelle, Bodenbild, Gotteslob, Bibeln, Zettel, Stift

- ▨ **Hinführung**

Bei diesem österlichen Gottesdienst im kleineren Kreise steht Petrus, der wankelmütige und dann doch so verlässliche Mann und Apostel im Vordergrund. Er erhält von seinem auferstandenen Herrn den Auftrag die Schafe zu weiden, was so viel bedeutet wie sich um die ihm Anvertrauten angemessen zu kümmern und sie gut zu versorgen. Männer wollen etwas tun, sie wollen anpacken, sie wollen aktiv werden und sich in diese Welt einmischen, das können sie auch bei dieser Liturgiefeier.

Bei der Schreibblatt-Übung geht es darum, nonverbal und still das Thema in einer Vierer-Gruppe zu erarbeiten. Der Vorteil ist, dass jeder Mann zu Wort bzw. zu Papier kommt. Jeder kann in Ruhe überlegen und schreiben, um anschließend das Geschriebene auch verbal mitzuteilen.

- ▨ **Begrüßung und Kreuzzeichen**

- ▨ **Lied:** Wir wollen alle fröhlich sein (Gotteslob 326)

- ▨ **Kyrie**

Herr, du hast den Tod für immer überwunden.
　A: Herr, erbarme dich.
Herr, du bist der Herr über Leben und Tod.
　A: Christus, erbarme dich.
Herr, durch dich dürfen auch wir auf ewig leben.
　A: Herr, erbarme dich.

- ▨ **Tagesgebet**

Gott und Vater aller Menschen, du kommst allen nahe, die auf dich vertrauen.
Nimm von uns, was uns belastet und steh uns bei in unserer Not.
Darum bitten wir durch Christus, unseren Herrn,
in der Einheit des Heiligen Geistes. Amen.

- ▨ **Halleluja-Ruf:** Surrexit Dominus vere (Gotteslob 321)

- ▨ **Perikope** abwechselnd gelesen, Satz für Satz: Joh 21, 15–19

■ **Predigtgedanken**

Dreimal hat Petrus seinen Herrn vor dessen Tod verleugnet und dreimal fragt der Auferstandene seinen Jünger Petrus ob er ihn denn liebe. Die Liebe ist das Fundament der Nachfolge. Sie ist stärker als die Angst und Feigheit des Petrus vor Leuten, die ihn als Jünger des gefangenen Jesus erkannten.

In einem Männerleben ist nichts so tragend, so echt und so überzeugend wie die Liebe zum Leben, die Liebe zur Frau, zu den Kindern, die Liebe zu jenem Abenteuer „Gott", das größer ist als alles, was wir denken, fühlen und tun können. „Weide meine Schafe!", ist die Osterbotschaft an Petrus. Für uns bedeutet dies: „Tu, was du tun kannst! Aber tu es! Nimm Verantwortung für deine Wohnung, dein Haus, für dein Leben, für deine Mitarbeiter, für deine Familie, für diese Mutter Erde!"

Der österliche Mann ist in der Tat ein Behüter, ein Bewahrer, ein guter Hirte, der sich um die ihm Anvertrauten kümmert. Bei ihm ist es gut sein, auch und gerade dann, wenn er gelegentlich hart und glasklar auftreten muss, wenn er Grenzen zieht und manche in die Schranken weisen muss. Das griechische Wort βόσκω *(bosko)* steht für weiden, behüten, fürsorgen, füttern. Andere zu behüten und selbst behütet zu werden, das macht gesunde Männer glücklich und frei für ein Leben in der Nachfolge, welches Gott gefällt.

■ **Hinführung zur Übung: Rotierendes Schreibblatt**

Gruppenleiter: Ihr setzt euch in Vierer-Gruppen zusammen und bekommt ein Blatt und einen Stift. Ihr schreibt jetzt, einer nach dem anderen, zu dem aus der Heiligen Schrift Gehörten bzw. allgemein zum Thema „Petrus" nonverbal, d.h.: ohne Worte, Stichpunkte auf. Lasst dabei das Blatt im Kreis rotieren. Reicht den Stift von Mann zu Mann weiter.

Gruppenleiter: Jetzt könnt ihr euch zu euren Wortmeldungen in der Vierer-Gruppe verbal äußern und diese in die Gruppe hineindeuten.

Gruppenleiter: Wenn ihr damit fertig seid, kommt ihr wieder in den Kreis und teilt eure Erfahrungen und Ergebnisse dem Plenum mit.

■ **Austausch unter Brüdern im Kreis, Freie Fürbitten mit Liedruf (Gotteslob 152)**

■ **Vaterunser und Segensgebet**

Herr, ein jeder von uns hat Aufgaben.
Nicht alle werden diesen Aufgaben immer gerecht.
Wir fehlen, wir fallen, wir sind menschlich. Du aber trägst uns in deiner großen Liebe.
Du machst uns stark für das Leben, das du uns geschenkt hast.
So segne uns denn, du gütiger Gott Vater, du zärtlicher und kraftvoller Gott Sohn und du heilender Geist Gottes. Amen.

# Zu Pfingsten

## Die sieben Gaben des Heiligen Geistes (Jes 11,1–2)

■ **Material:** Kirche, Bodenbild, Namen der Gaben auf Papier, Schokolade, Turm, Seil, Schwert, Spaten, leerer Bilderrahmen, Besen

■ **Hinführung**

Die sieben Gaben des Geistes gehen auf den Propheten Jesaja zurück. Im Kapitel 11 verheißt er angesichts der zahlreichen Könige des Volkes Israel („aus dem Hause Davids"), die schwach waren, ihre Macht missbrauchten und sich von Gott abwandten, das Kommen des Messias. Dieser neue König sollte die Beziehung zwischen Gott und seinem auserwählten Volk wiederherstellen. Das Volk Israel sehnte sich nach der Stärkung dieses Bundes. Die Könige David und Salomo waren das Vorbild von starken, klugen und gläubigen Königen.

Der von Jesaja angekündigte Messias sollte aus dem Hause Davids stammen, also an diese herrlichen Zeiten anknüpfen. Jesaja nennt den Vater des Königs David, Isai, auf den dieses Geschlecht zurückgeht. Die einleitenden Worte: „Doch aus dem Baumstumpf Isais wächst ein Reis hervor, ein junger Trieb aus seinen Wurzeln bringt Frucht" (Jes 11, 1), sind aus der adventlichen Liturgie bekannt.

Im christlichen Glauben ist der Heilige Geist kein pneumatisches Neutrum, sondern eine personifizierte, göttliche Kraftquelle, die das Leben eines Menschen reich beschenkt. Er tröstet, belebt und stärkt die Menschen, welche dazu befähigt sind, seine Gegenwart zu atmen, sich von ihr durchdringen und erfrischen zu lassen. Biblisch gesehen gilt das Buch Jesaja (Jes 11, 1 ff.) als Inspirator für die sieben Geistesgaben. Die Könige zur Zeit des Propheten waren schwach, sie wandten sich von Gott ab und missbrauchten ihre Macht. Jesaja (740–701 v. Chr.) prophezeit das Kommen eines Messias, eines Gesalbten, der die marode Beziehung zwischen Gott und seinem Volk wiederherstellen wird. Die von Resignation gekennzeichneten Menschen zur Zeit des Propheten Jesaja sehnten sich nach einer solchen Erstarkung und Wiederherstellung des Bundes. David und Salomo galten als Vorbilder für einen klugen, starken und frommen König. Jesaja spricht den müde Gewordenen eine neue Vision eines Paradieses, das vor ihnen liegt, zu. Aus dem Baumstumpf Isais, aus einem erschlafften – nach Assur und später nach Babylon verschleppten Volk – soll wieder neue Kraft erwachsen? Der Baumstumpf wird gegen alle Hoffnung doch noch einmal ausschlagen und grünen. Es wird ein neuer Hoffnungsträger kommen. Der neue König wird vom Geist erfüllt sein, nicht zu einer einmaligen Tätigkeit, sondern als dauerhafte Gabe. Der Geist (hebräisch: רוּחַ *ruach*) behält dabei die Initiative, alle Kraft und aller Segen kommt von ihm. Durch seine Gaben wird das königliche Amt auf charismatische Weise gestärkt:

1. Weisheit und Einsicht
2. Rat und Kraft
3. Erkenntnis und Furcht des Herrn
4. (Frömmigkeit)

Das erste Wortpaar beschreibt die menschlichen Voraussetzungen für dieses Amt, das zweite die dienstlichen Qualifikationen, das dritte betrifft das religiöse Leben. In der Septuaginta wird die 7. Gabe, die Frömmigkeit, hinzugefügt, daher die traditionelle Siebenzahl in der christlichen Spiritualität.

Die Geistesgaben werden mit unterschiedlichen Symbolen vorgestellt und danach ergibt sich jeweils die Möglichkeit zu einem Gesprächsaustausch unter Brüdern.

■ **Begrüßung und Kreuzzeichen**

■ **Kyrie**

Herr, dein Geist ist Wahrheit.
    A: Herr, erbarme dich.
Herr, dein Geist schenkt Freude.
    A: Christus, erbarme dich.
Herr, dein Geist stiftet Gemeinschaft.
    A: Herr, erbarme dich.

■ **Tagesgebet**

Gott, unser Herr,
am Pfingsttag hast du das österliche Geheimnis vollendet,
du hast uns deinen Geist mit seinen Gaben gesandt,
du hast uns dein Heil geoffenbart.
Lass uns aus der Kraft deiner Geistesgaben leben
zur Ehre seines Namens.
Darum bitten wir durch Christus,
deinen Sohn, unseren Herrn und Gott,
der in der Einheit des Heiligen Geistes
mit dir lebt und herrscht in alle Ewigkeit.
Amen.

■ **Eröffnungslied:** Atme in uns (Gotteslob 346)

■ **Halleluja:** Gotteslob 175,3

■ **Perikope:** Jes 11,1f.

Doch aus dem Baustumpf Isais wächst ein Reis hervor, ein junger Trieb aus seinen Wurzeln bringt Frucht. Der Geist des Herrn ruht auf ihm: der Geist der Weisheit und der Einsicht, der Geist des Rates und der Stärke, der Geist der Erkenntnis und der Furcht des Herrn.

■ **Predigtgedanken**

Zu jedem Impuls legt der Gruppenleiter einen Gegenstand mit dem Namen der Gabe auf das Bodenbild und eröffnet auf diese Weise das Gespräch unter Brüdern nach jeder Gabe.

Der Geist Gottes kommt zu uns Männern nicht mit leeren Händen. Er bringt uns bleibende Gaben mit, die unser Leben reich beschenken, die es erst lebenswert machen, die uns tüchtig machen für die Aufgaben, vor die wir zeitlebens gestellt sind:

Die **Weisheit** (hebräisch: חכמה *hokmah*) umfasst viele Aspekte handwerklichen und fachlichen Könnens. Sie meint auch Erfahrung und Umsicht in politischem Handeln. Sie ist ein Geschenk Gottes. Die lat. *sapientia* bzw. Klugheit galt schon in der Philosophie der Antike als Lenkerin der vier Kardinaltugenden. Weisheit ist nicht zwingend ans Alter gebunden. Auch junge Menschen treffen kluge, verständige und besonnene Entscheidungen, wenn es ihnen gelingt, Wichtiges von Unwichtigem zu unterscheiden. Ich gebe dieser Gabe als Attribut ein Stück **Schokolade** für den bleibend guten Geschmack (lat. *sapere* = schmecken), den sie hinterlässt.

**Einsicht** bezeichnet im Hebräischen (בינה *binah*) in der Regel das menschliche Verstehen oder Beherrschen einer Sache. Es bedeutet, seinen Verstand einem Sachverhalt entsprechend anzuwenden und das Erkannte auch tatkräftig umzusetzen. Es ist gar nicht so leicht, den eigenen Balken im Auge zu sehen und zugleich anderen Menschen vorurteilsfrei und freundlich zu begegnen. Eine Schülerin hat mir einmal gesagt: „Sei deinem Freund nahe und deinem Feind noch näher." Mit dieser Einsicht lerne ich mich selbst und den Nächsten richtig gut kennen – Überraschungsmomente inklusive! Als Symbol eignet sich der **Turm**, der uns einen objektiven Überblick auf die Sachlage ermöglicht.

**Rat** (hebräisch: עצה *ezah*) hängt mit raten und beschließen zusammen und bedeutet, dass die eigenen Ziele an Gott rückgebunden werden. „Guter Rat ist teuer", und jeder, der einmal vergebens etwas aus dem Internet bestellt hat, weiß, was eine gute kaufmännische Beratung vor Ort wert ist. Rat ist auch ein geistliches Werk der Barmherzigkeit, denn das Wort, das uns weiterhilft, können wir uns nicht immer selber sagen. Wir sind als soziale Wesen sehr oft auf andere angewiesen und sie zugleich auf uns. Ein guter Rat hilft uns, Schwierigkeiten und Entscheidungssituationen zu bewältigen. Ein guter Rat ist demnach wie ein **Seil**, das uns auffängt und nicht fallen lässt.

**Stärke** meint Überlegenheit und Kraft, die uns Männer in schwierigen (kriegerischen) Situationen bestehen lässt. Zugleich ist Stärke die Gabe, die Anvertrauten wirksam zu schützen. Stark sind wir, wenn wir die eigene Trägheit überwinden, wenn wir unser Leben immer wieder neu auf Gott, der unsere Kraft und Stärke ist, ausrichten. Stärke hat für mich sehr viel mit Durchhaltevermögen zu tun. Auch in unserer Schwachheit können wir Männer stark sein, wenn wir eben nicht aufgeben (2 Kor 12,9). Den Geist der Stärke versinnbildliche ich mit einem **Schwert**, mit dem man Menschen beschützen und verteidigen kann.

**Erkenntnis** (hebräisch: דעת *da'at*) wird in Verwendung mit handwerklichem und technischem Können in Verbindung gebracht. Es hat auch damit zu tun, den Dingen und Zusammenhängen dieser Erde auf den Grund gehen zu wollen. Die Erkennenden leben nicht an der Oberfläche nichtssagender Floskeln. Sie haben Tiefgang, sie achten das Leben, die Schöpfung. Sie sind neugierig und haben ihre Freude daran, das Leben aktiv mitzugestalten. Ich würde der Geistesgabe der Erkenntnis für die Bodenständigen symbolisch einen **Spaten** zuordnen.

**Die Furcht des Herrn** (hebräisch: יראה *jir'ah*) kann im Sinne von Ehrfurcht übersetzt werden. Sie rechnet in einer komplexen Lebenswirklichkeit mit Gott und entfaltet das Leben ganz bewusst in seiner Gegenwart. Das erste Gebot lautet: „Du sollst neben mir keine anderen Götter haben." (Dtn 5,7) Wenn Gott in Vergessenheit gerät bzw. durch Ersatzgötzen wie Konsum, Spielsucht u.a. ausgetauscht wird, verliert die Welt auch an Menschlichkeit und Barmherzigkeit. Wer Gott fürchtet und ehrt, lebt dankbar und weiß, dass sich letztlich alles zum Guten wenden wird. Für mich ist ein **leerer Bilderrahmen** ein stimmiges Bild für diese Gabe.

**Die Frömmigkeit** ist durchaus keine bigotte oder altmodische Gabe. Die Wortbedeutung „fromm" kommt den Adjektiven „tüchtig, nützlich, rechtschaffen" gleich. Fromme Menschen sind brauchbare Menschen, sie dienen dem Leben. Das hat absolut nichts mit Bigotterie zu tun. Fromme bzw. spirituelle Menschen sind fröhlich, politisch aktiv und sozial intelligent. Nur zufällig erfährt man, dass sie sonntags gerne zur Kirche gehen. Sie kehren beispielsweise als einzige und ungefragt den Besprechungsraum auf, wenn der Chef darin eine Sitzung anberaumt. Als Symbol für die Frömmigkeit eignet sich demnach ein **Besen**.

■ **Fürbitten**

Lasst uns beten zu Jesus Christus, der uns seinen Heiligen Geist gesandt hat:
- Wir beten für alle, besonders für die Regierenden, dass sie klug und weise entscheiden.

■ **Liedruf: Sende aus deinen Geist (Gotteslob 345, 3)**

- Wir beten für die Ratlosen, dass sie Klärung ihrer Verhältnisse finden.
- Wir beten für die Schwachen und Hilflosen, dass sie der Geist der Stärke aufrichte.
- Wir beten für die Gottlosen, dass sie wieder zurückfinden zum wahren Glauben.
- Wir beten für die frommen Männer, dass sie weiterhin zu ihrem Glauben stehen können.

■ **Vaterunser**

■ **Segen**

[Der Herr] wird nicht müde und matt, unergründlich ist seine Einsicht.
Er gibt dem Müden Kraft, dem Kraftlosen verleiht er große Stärke.
Die Jungen werden müde und matt, junge Männer stolpern und stürzen.
Die aber auf den HERRN hoffen, empfangen neue Kraft,
wie Adler wachsen ihnen Flügel.
Sie laufen und werden nicht müde, sie gehen und werden nicht matt.
(Jes 40, 28–31)
So segne uns dieser einsichtige, kraftvolle Gott,
er nähre das Feuer der Liebe in unseren Herzen,
er rege uns an, seiner Weisheit gemäß das zu tun, was wir für richtig erkennen,
er erfülle an uns all seine Verheißungen nach seinem Rat
durch Christus, unseren Herrn.
Amen.

# Wenn Männer Visionen haben (Joel 3,1–5) – ein kreativer Gottesdienst

- ■ **Material:** Im Freien oder in einem Meditationsraum, Perikope, Bodenbild, Satzpuzzle, Acrylfarben, Pinsel, Leinwände auf stabilen Keilrahmen (50 × 50 cm)

■ **Hinführung**

Mit Pfingsten, d. h. 50 Tage (griechisch: πεντηκοστή *pentekoste* = Pfingsten heißt 50) nach dem Ostersonntag, endet die Osterzeit. Es geht auf das jüdische Wochenfest Schawuot zurück, das am 50. Tag nach Pessach gefeiert wird. Am Pfingstsonntag feiern wir Christen die Sendung des Heiligen Geistes auf die verzagten Jünger in Jerusalem, die Taufe tausender Menschen und somit den Geburtstag der Kirche. Pfingsten gilt als Gegenstück zur Perikope vom Turmbau zu Babel. Mythologisch gesehen begann hier aufgrund des menschlichen Hochmutes die allgemeine Sprachenverwirrung. Zu Pfingsten, erfüllt vom Geist Gottes, kann jeder Mann alle anderen aus unterschiedlichen Nationen und Sprachen in seiner Muttersprache reden hören.

Die Entstehung des Prophetenbuches Joel wird in das frühe 4. Jh. v. Chr. datiert. Das 3. Kapitel spricht vom zukünftigen Heil für Israel und schließlich für alle Menschen, die Gottes Willen entsprechen. Der Tag des Herrn gilt zwar einerseits als Katastrophe, andererseits wird mit ihm auch die künftige Heilszeit eingeleitet, die nach dem Gericht über Israel und die Völker dauerhaften Frieden verspricht.

Der Gottesdienst lässt sich im Freien abhalten oder auch in einer Kapelle mit viel Platz für die Satz-Puzzles. Die Männer malen gegen Ende der Liturgie ihre Träume auf Leinwand.

- ■ **Begrüßung, Kreuzzeichen und Lied:** Komm, Heilger Geist
(Gotteslob 342)

- ■ **Kyrie** (Gotteslob 181,1)

- Herr, wir haben Träume und Visionen.
- Herr, wir wissen nicht, wie wir sie leben sollen.
- Herr, wir brauchen deinen heiligen Geist.

■ **Satzpuzzle**

Die Männer werden – je nach Teilnehmern – in bis zu sieben Gruppen unterteilt. Jede Gruppe erhält Wörter aus dem 3. Kapitel des Buches Joel, die sie selbstständig zu ganzen und sinnvollen Sätzen zusammenfügen. Anschließend wird das Ergebnis mit dem Bibeltext verglichen.

1. Danach aber wird Folgendes geschehen: Ich werde meinen Geist ausgießen über alles Fleisch. (Joël 3, 1a)

2. Eure Söhne und Töchter werden Propheten sein, eure Alten werden Träume haben und eure jungen Männer haben Visionen. (Joël 3, 1b)

3. Auch über Knechte und Mägde werde ich meinen Geist ausgießen in jenen Tagen. (Joël 3, 2)

4. Ich werde wunderbare Zeichen wirken am Himmel und auf der Erde: Blut und Feuer und Rauchsäulen. (Joël 3, 3)

5. Die Sonne wird sich in Finsternis verwandeln und der Mond in Blut, ehe der Tag des Herrn kommt, der große und schreckliche Tag. (Joël 3, 4)

6. Und es wird geschehen: Jeder, der den Namen des Herrn anruft, wird gerettet. (Joël 3, 5a)

7. Denn auf dem Berg Zion und in Jerusalem gibt es Rettung, wie der Herr gesagt hat, und wen der Herr ruft, der wird entrinnen. (Joël 3, 5b)

Die Männer lesen ihre zusammengestellten Sätze vor und wir lesen die **Perikope** Joël 3, 1–5 vollständig.

### ■ Predigtgedanken

Da ist was los, in dem alten, kunstvoll komponierten biblischen Text. Er stammt vermutlich aus dem 4. Jh. v. Chr. und stellt literarische Prophetie dar. Da rechnet einer noch voll mit dem Kommen Gottes, mit dem Tag des Herrn, mit den Träumen der Söhne und Töchter, der jungen Männer, der Knechte und Mägde. Der Geist ist es, der über die Menschen ausgegossen wird und der sie kreativ und prophetisch belebt.

Wer rechnet ehrlich gesagt bei uns heute noch mit Gott? Wer traut Ihm zu, dass er in diese Welt hineinwirkt? Wahrscheinlich nur wenige. Das ist unser Problem in einer machbaren Welt, in der man sich so vieles kaufen kann, in der alles möglich erscheint und die zugleich doch so anfällig und gebrechlich ist. Viele Katastrophen und Unglücksberichte zeugen davon.

„Jeder, der den Namen des Herrn anruft, wird gerettet" (Joël 3, 5), heißt es. Es gibt keine Ausnahmen für das auserwählte Volk. Alle, die den Namen Gottes anrufen, werden gerettet. Dazu muss man allerdings den Namen Gottes überhaupt erst einmal kennen. Es ist in der hebräischen Bibel der „Ich-bin-da", der rettend und befreiend in die Geschichte seines unterdrückten Volkes Israel eingreift. Jesus nennt ihn „Vater", das ist sein Name, den er uns Männern gegeben hat. Vielleicht auch deshalb, weil der Vaterhunger bei uns sehr groß ist und weil er das so entstandene Vakuum mit seiner väterlich-strengen und zugleich barmherzigen Präsenz füllen wollte?

Erst wenn uns sein Name zum Programm, zur Aufgabe, zum Lebensinhalt wird, verwirklicht sich das prophetische Wort Joels an uns Männern. Auch Paulus schreibt in seinem berühmten Philipperhymnus: „Darum hat ihn [Jesus] Gott über alle erhöht und ihm den Namen verliehen, der größer ist als alle Namen, damit alle im Himmel, auf der Erde und unter der Erde ihre Knie beugen vor dem Namen Jesu und jeder Mund bekennt: Jesus Christus ist der Herr zur Ehre Gottes, des Vaters." (Phil 2, 9–11) Von Träumen und Visionen ist bei Joel die Rede. Was haben wir noch für Träume? Welche großen Visionen prägen unser Leben bis ins kleinste Detail? Was trauen wir unseren Söhnen und Töchtern zu?

Petrus hat in seiner Pfingstpredigt die Verse 3, 1–5 aus dem Buch Joel komplett übernommen (Apg 2, 17–21). Den Männern in Jerusalem wird vorgeworfen betrunken zu sein. Sie waren nämlich außer sich und hörten in ihren Muttersprachen Menschen aus unterschiedlichen Ländern reden. Sie waren erfüllt vom Heiligen Geist und begannen in Sprachen zu reden, die der Geist ihnen eingab. Und Petrus rechtfertigt sich und sagt: „Jetzt geschieht, was durch den Propheten Joël gesagt worden ist." (Apg 2, 16) Petrus sieht die prophetische Vision von der Ausgießung des Geistes im Pfingstfest erfüllt. Wenn nach Antoine de Saint-Exupéry die Sprache die Quelle der Missverständnisse ist, dann ist das Pfingstfest genau das Gegenteil davon: Die Menschen verstehen sich, sie sprechen eine Sprache, sie reden nicht mehr aneinander vorbei, sie sind sozusagen auf Augenhöhe und ihre Begegnungen sind von großem Respekt getragen. Das babylonische Chaos nach dem berüchtigten Turmbau ist aufgehoben, die Menschen aller Völker sind miteinander liebevoll verbunden, keiner konkurriert mehr mit dem anderen. Und wir Getauften sind vom Geist Gesalbte, Christen, die aus der Kraft des Gottesgeistes leben dürfen.

### ■ Fürbitten

Lasst uns beten zu Jesus Christus, der in uns die Träume und Visionen nährt:
- Herr, wir bitten für alle Menschen, die ihre Träume verdrängt und vernachlässigt haben.

### ■ Liedruf: Kyrie eleison (Gotteslob 619, 5)

- Herr, wir bitten für alle, die noch Großes vor sich haben.
- Herr, wir bitten für alle, die den Traum von deinem Gottesreich leben wollen.
- Herr, wir bitten für alle Zerstrittenen, dass sie sich in deinem Geist gut verstehen.

■ **Austauschgespräch unter Brüdern mit der Kernfrage:**

• Was sind deine Visionen und Träume?

Gruppenleiter: Jetzt nimmt sich jeder eine Leinwand, Farben und Pinsel und malt aus dem Bauch heraus, was ihm zum Pfingstfest einfällt: Das kann etwas aus der Perikope sein, eine Geistesgabe oder eben ein ganz persönliches Traum- bzw. Visionsbild. Dabei geht es nicht darum, besonderes bildnerisches Geschick unter Beweis zu stellen. Im Vordergrund liegt vielmehr der persönliche Ausdruck der Männer.

Die Bilder werden dann in der Kirche (oder auf einer Webseite) – wenn ihr wollt auch anonym – aufgehängt und für die Gottesdienstbesucher sichtbar gemacht.

■ **Malen**

Nach dem Malen stellt jeder Mann sein Bild vor, der Ablauf sieht so aus:
1. Die betrachtende Gruppe sagt ohne Wertung, was sie auf dem Bild sieht.
2. Die Gruppe bekundet ihre Eindrücke respektvoll.
3. Der Maler ergänzt, was er mit seinem Bild noch verbindet bzw. intendiert hat.
4. Dann gehen die Männer zum nächsten Bild.

■ **Vaterunser**

■ **Schlussgebet**

Du, unser Vater,
du hast uns Träume ins Herz gelegt,
große Männerträume,
schenk uns die Freude,
den einen oder anderen Traum
in Erfüllung gehen zu sehen.
Darum bitten wir durch Christus,
unseren Herrn.
Amen.

■ **Segen**

Komm, du Geist der Propheten und Visionäre!
Wehe du in unseren Männerherzen!
Erfülle uns mit deiner Kraft und Weisheit!
Belebe uns mit deinem Hauch von Zärtlichkeit!
Drücke uns dein Siegel auf unser Männerherz!
Auf dass wir dir für immer gehören,
der du uns durch dieses Leben geleitest
mit dem Vater durch Jesus Christus, unseren Herrn.
Amen.

# Eine Meditationsreise und die petrinische Pfingstpredigt (Apg 2,14–36)

- **Material:** Meditationsraum oder freies Gelände, Entspannungsmusik, evtl. Decken, Arbeitsblätter, Stifte, Bibeln, Bodenbild

- **Hinführung**

Manchmal tut es Männern gut, einfach mal abzuschalten und alles, was sie beschäftigt, was zu tun und zu erledigen ist, hintanzustellen. Dafür bietet sich eine Meditationsreise an, die auch im Liegen auf Decken oder im Freien auf der Wiese durchgeführt werden kann. Fantasiereisen sind Entspannung und Erholung und bieten eine gute Reflexionsmöglichkeit auch im anschließenden Gruppengespräch. Meditationsreisen ermöglichen Lernprozesse, die auf Erfahrung beruhen und stärken auf ihre Weise als Methode und Inhalt zugleich das Gruppengefüge. Sie kommen sehr gut bei den Männern an, wenn sie von vornherein eine klare Struktur erkennen lassen: Am Beginn braucht es wie in Trance eine Einleitungs- und Entspannungsphase, dann folgt die eigentliche Fantasiereise und der Schluss kann die Reise in etwa drei Minuten mit einem freundlichen Lächeln hin zum Nachbarn ausleiten.

- **Begrüßung, Kreuzzeichen und Lied:** Der Geist des Herrn (Gotteslob 347)

- **Kyrie und Heilig-Geist-Litanei** (Gotteslob 565,1–4)

- **Gebet**

Allmächtiger Gott,
leuchte über uns,
und Christus erleuchte unsere Finsternis,
auf dass wir dich erkennen und bekennen.
Darum bitten wir durch Christus, unseren Herrn und Gott,
der in der Einheit des Heiligen Geistes mit dir lebt und herrscht
in alle Ewigkeit.
Amen.

- **Pfingstliche Fantasiereise**

Du kannst dich jetzt hinlegen und alles in dir und um dich herum ruhen lassen. Du spürst deine Beine, die dich tragen, dein Gesäß auf dem du liegst, du wanderst deiner Wirbelsäule entlang, die deinem Körper Halt und Form gibt. Um deine Körpermitte, im Sonnengeflecht, das ist der Bereich um deinen Nabel, wird es vielleicht schon warm und angenehm. Deine Arme sind schwer, dein Herz schlägt gleichmäßig bis zum Ende deiner Tage. Dein Kopf ist ganz auf Ruhe und Entspannung eingestellt.

Vielleicht spürst du noch die Osterfreude bis in deine Knochen? Wenn du willst kannst du dieser Freude jetzt stillen Raum geben. Vielleicht siehst du jetzt eine Wiese, eine Hängematte, einen Sonnenschirm, oder du hörst das Meer rauschen, oder das Plätschern eines Baches …

Möglicherweise riechst du frisches Obst, oder Grillfleisch. Sieh dich um. Schau dich um und hole dir das Bild heran, das dir am meisten Freude bereitet. Zoome es zu dir, wie es dir gefällt. Lass das weg, was du jetzt nicht brauchen kannst und genieße dein Bild in den Farben, wie sie dir gefallen, hell oder dunkel, matt oder glänzend …

Du kannst dir auch die Gefühle herholen, die dir jetzt guttun, die du mit Freude und Ferien, mit Freiheit und Liebe verbindest. Es sind deine Gefühle, du gibst ihnen Raum in deinem einmaligen Leben.

In der Bibel heißt es, dass die Jungen Träume haben, weil der Geist Gottes in ihnen lebt und braust. Dieser Hauch Gottes, der Freude ist und Freiheit, Liebe, Stärke und Freundlichkeit, er lebt auch in dir. Von Männern, die Visionen haben, ist die Rede. Von Träumen, die du leben darfst, die du täglich neu umsetzen und ausprobieren darfst. Und von Wundern spricht der Prophet – droben am Himmel. Siehst du sie? Hörst du sie?

Vielleicht vernimmst du jetzt die Worte: Es ist schön, dass du da bist. Es ist schön, dass es dich gibt! Du bist schön. Du bist ein angenehmer Mensch, der viel Freude und Liebe verbreitet. Vielleicht möchtest du es glauben, was du ja schon irgendwie verstehst: Du bist ein freier Sohn Gottes, du bist ein König. Niemand kann dir diese Würde rauben, weil Gott dich wunderbar gestaltet hat und dich liebt.

Wenn du willst, kannst du diese Worte in dich aufnehmen. Sie sprechen die Wahrheit, die dich zu einem glücklichen und liebevollen, geistreichen Mann befreit.

Lass die Bilder, die jetzt zu dir kommen, auf dich wirken, vor allem jene, die die Freude in dir stärken und die Freiheit und die Freundlichkeit. Du hast alle Freude dieser Welt, weil Gott dich liebt, weil Gott seinen Geist in dir fluten lässt wie Wasser, wie Feuer, das dich wärmt, wie angenehm duftendes Massageöl, das deinen ganzen Körper, deine ganze Seele herzerfrischend durchdringt.

Vielleicht siehst du oder hörst du Menschen, die dir nahestehen. Wenn du willst, kannst du ihnen von deiner Freude geben, von deiner Liebe und Barmherzigkeit. Tu dies auf eine Art wie sie zu dir passt in der Stille deines Herzens … mit einem Lächeln auf den Lippen … Du bist die Zukunft dieser Erde, du bist die Hoffnung dieser Welt!

Vielleicht siehst du deine Familie, deine Verwandten, Nachbarn … Du bist ein großzügiger König und schenkst jedem von deinem Überfluss an Liebe, Zuversicht und Hoffnung.

Möglicherweise gibt es Menschen in deinem Leben, die du nicht so magst, auch ihnen kannst du von deiner Freude, von deinem Mut, von deiner Kraft etwas schenken. Was ändert sich nun in deinem Leben, in deiner Wahrnehmung? Schau und spüre nach, wie sich die geisterfüllte Liebe auf alle niederlässt, sie lachen lässt und glücklich macht, so wie du es bist.

Lass dieses Glück, diese Pfingstfreude auf dich wirken, spüre ihr nach, atme sie in dein Herz so lange und so fest du willst. Es ist gut, dass du da bist. Du bist wunderbar gestaltet, du bist ein Segen, ein Geschenk für diese Welt!

Und wenn du möchtest, kannst du die Augen wieder öffnen, deine Arme strecken, in diesem Raum hier langsam ankommen und deinem Nachbarn ein freundliches Lächeln schenken … Du bist wieder da.

### ■ Reflexionsphase

Nach der Reise ist die Atmosphäre meist sehr ruhig und gechillt. Es empfiehlt sich mit einem Satz: „So, jetzt bin ich schon gespannt, wohin ihr gerade unterwegs wart! Wollt ihr darüber sprechen?", die Reflexionsphase einzuleiten. Folgende Fragen können dabei für den Austausch behilflich sein:
- Wer möchte sich zur Übung äußern?
- Was hat dich bei der Übung besonders angesprochen?
- Hat dich irgendetwas während der Fantasiereise gestört?
- Wie empfindest du die Gruppenatmosphäre? …

### ■ Perikope: Apg 2,1–36

### ■ Fürbitten

Herr Jesus, von dir kommt nur Heil und Erlösung für alle, die sich nicht verstehen und deines Geistes bedürfen.
- Zu dir beten wir für jene Männer, die sich mutig und entschlossen für dein Wort verwenden.

V: Alles, was Odem hat.
A: Lobe den Herrn.
- Zu dir beten wir für Männer, die an Jesus und an seine Auferstehung glauben.
- Zu dir beten wir für jene, deren Träume nicht in Erfüllung gehen.
- Zu dir beten wir für jene, die anderen Menschen das Leben bewusst schwer machen.
- Zu dir beten wir für alle, die die Freude am Glauben verbreiten.

Gruppenleiter: Vater, nimm unsere Bitten an, erneuere diese Welt in deinem Heiligen Geist durch Christus, unseren Herrn. Amen.

In Gruppenarbeiten (á 3–4 Männer) bearbeiten nun die Männer Charaktereigenschaften des Petrus und notieren sie mit Begründung auf ein Blatt:

Notiert Charaktereigenschaften des Petrus und begründet eure Entscheidung schriftlich. Antworten könnten sein:

- Petrus stellt den Sachverhalt der angeblichen und vorgeworfenen Trunkenheit der Jünger klar, er ist ehrlich und tritt für sie ein.
- Petrus tritt prophetisch auf, weil er Joels Worte hier und jetzt erfüllt sieht.
- Petrus wird zum Zeugen für Jesus, dessen Tod und Auferstehung er verkündet.
- Mit exegetischem Spürsinn bringt er David mit Jesus in Verbindung.
- Petrus ist mutig, er nimmt kein Blatt vor den Mund und beschuldigt die Juden, Jesus wie einen Schwerverbrecher gekreuzigt zu haben.

■ **Austausch unter Brüdern**

■ **Vaterunser**

■ **Schlussgebet** von allen Männern abwechselnd in Zweierreihen gebetet

### Heiliger Geist, der du lebst in mir

Heiliger Geist, der du lebst in mir,
gestalte mich zu einem neuen Menschen,
    lass mich Angst und Trägheit überwinden,
    fülle mich mit deinem Mut und deiner Kraft.

Heiliger Geist, der du lebst in mir,
führe mich auf deinen guten Wegen,
    bewahre mich von den Verlockungen des Bösen,
    lass mich Halt finden in dir.

Heiliger Geist, der du lebst in mir,
sei du meine heilige Mitte,
    sei du das Feuer, das mir nie erlischt,
    und der Atem, der mich ständig neu belebt.
Amen.

# Gottesdienste im Jahreskreis

## Der heilige Valentin – Patron der Verliebten
## (14. Februar; Phil 4, 4 ff.)

■ **Materialien:** Kapelle, Rosen am Altar, Gotteslob, Bibel, Wein und Brot, Papierherzen und Stifte, Teelichter

■ **Hinführung**

Der Priester und Märtyrer Valentin († 269 in Rom) gilt als Patron der Liebenden. Dies geht auf einen alten römischen Brauch zu Ehren der Göttin Juno zurück. In manchen Gegenden schickt man sich am Valentinstag heute noch heimlich Liebesbriefe. Valentin bedeutet: der Kräftige, der Gesunde. Möglicherweise handelt es sich bei Valentin, dem Priester aus Rom und Valentin, dem Bischof aus Terni, um ein und dieselbe Person? Auch dieser Valentin gilt als Märtyrer, auch er wurde enthauptet, weil er viele Menschen durch Krankenheilung zum Christentum gewann.

Bei diesem Gottesdienst stehen die Paare im Mittelpunkt des Geschehens. Die Frauen sind (mit den Kindern) zum Gottesdienst eingeladen. Sie sind der Schmuck ihrer Männer, sie sind die Perle und Leuchte des Hauses und sie zu loben ist eine große Freude für den modernen Mann. Vom Gruppenleiter zu besorgen sind rote Rosen, die in einer Vase auf den Altar gestellt werden. Außerdem werden Brot und Wein benötigt, die nach dem Gottesdienst vor der Kirche verabreicht werden. Rote Herzen werden vorbereitet und mit je einem Stift an die Männer und Frauen am Beginn des Gottesdienstes übergeben. Sie sind gelocht und die Herzen der Männer haben eine kleine Binde (für die Rose) dabei.

Nach dem Gottesdienst bietet es sich an, in ein vorbestelltes Lokal zu gehen, um dort diesen Tag der Liebe im Kreis der Freunde und Familien zu feiern.

■ **Begrüßung und Kreuzzeichen**

Jeder Mann und jede Frau erhält ein Herz und einen Stift.

■ **Lied:** Komm, Herr, segne uns (Gotteslob 451)

■ **Kyrie**

Herr, diese Paare treten vor dich hin, mit allem, was sie sind.
Kyrie: *(Gotteslob 104)*

Herr, diese Paare treten vor dich hin, mit ihrem Schmerz und ihrer Freude.
Kyrie: *(Gotteslob 104)*
Herr, diese Paare treten vor dich hin, komm in unsere Mitte.
Kyrie: *(Gotteslob 104)*

### ▦ Gebet

Lasset uns beten. Allmächtiger Gott, unser Bruder Valentin hat Verliebte gesegnet. Er hat sie im Glauben gestärkt und keine Mühe gescheut.
Lass uns heute voll Freude diesen Tag begehen durch Jesus Christus, unseren Herrn und Gott, der in der Einheit des Heiligen Geistes mit dir lebt und herrscht in alle Ewigkeit. Amen.

### ▦ Ruf zur Lesung: Danket dem Herrn, denn er ist gut (Gotteslob 867, 6)

### ▦ Perikope: Phil 4, 4–9

### ▦ Predigtgedanken

Es ist wirklich erstaunlich, dass Paulus aus dem Gefängnis von Ephesus so fröhliche Zeilen an die Philipper schreiben kann. Er hat die Christengemeinde in Philippi bei seiner zweiten Missionsreise um das Jahr 50 n. Chr. gegründet und betreut sie weiterhin mit seinem Brief. Die Freude ist ein wichtiges Merkmal im Leben eines gesunden Mannes. Und wenn sein Liebesleben mit Freude gekrönt ist, dann ist heute wirklich ein Grund zum Feiern. „Freut euch!", wiederholt Paulus und fügt hinzu: „Eure Güte werde allen Menschen bekannt. Der Herr ist nahe. Sorgt euch um nichts …" (Phil 4, 4 ff.) Paulus ist – entgegen seinen äußeren Umständen – voller Freude und Zuversicht. Der Grund seiner Freude ist der nahende Herr. Das Schicksal des Paulus ist bekannt, er wird in Rom als Märtyrer für Christus, seinen Herrn, enthauptet.

Ähnlich ist es dem heiligen Valentin ergangen. Er wurde geköpft, nachdem er in der Zeit der Christenverfolgung heimlich ein Ehepaar getraut hatte und Paaren in deren Krisenzeiten beistand. Dass er zum Patron der Liebenden wurde, hat auch damit zu tun, dass die Römer der Göttin Juno, der Schützerin von Ehe und Familie, Mitte Februar Blumen darbrachten. Christen haben diesen Brauch übernommen und bezogen ihn schon sehr bald auf ihren Valentin.

Wenn ihr Männer heute euren Frauen Blumen schenkt, sagt ihr damit: „Danke, dass du mich kennst und dennoch bei mir bleibst." Ihr sagt auch: „Ich habe dich lieb, ich bin gerne bei dir, ich weiß, was ich dir nach allen Jahren zu verdanken habe. Ich wünsche uns eine gute Zukunft."

Dieser Tag also ist für viele Paare ein Tag der Freude. „Es ist nicht gut, dass der Mensch allein ist. Ich will ihm eine Hilfe machen, die ihm ebenbürtig ist", heißt es im Buch Genesis (2, 18). Diese Hilfe, liebe Männer, besteht aus euren Frauen. Sie sind euch liebevoll zur Seite gestellt, damit ihr miteinander durch das Leben geht, damit einer für den anderen da ist und das auf gleicher Höhe – in ebenbürtiger Partnerschaft. Denkt einmal darüber nach, was ihr euren Frauen alles verdankt. Wo wärt ihr heute ohne sie? Schaut euch an und bedankt euch, dass ihr euch habt. Das ist ein großes Geschenk und kein Mensch kann es wirklich erklären, warum es funktioniert, warum Mann und Frau oft ein ganzes Leben zusammenbleiben, zusammenhalten, durch dick und dünn gehen, bis dass der Tod sie scheidet. Der heilige Valentin steht den Paaren zur Seite, er lässt sie nicht im Stich. Er ist ein verlässlicher Fürsprecher bei Gott.

### ■ Fürbitten (evtl. auch von den Kindern vorzulesen)

Gruppenleiter: Zu Gott, der uns wie ein Vater ist, bringen wir unsere Bitten mit Dank:

- Herr, wir bitten für alle Paare, die sich im Streit befinden, dass du sie wieder versöhnst.

A: Wir bitten dich, erhöre uns.

- Herr, wir bitten für die Kinder, dass sie bei ihren Vätern und Müttern gut aufwachsen.
- Herr, wir bitten für alle Paare, die sich nichts mehr zu sagen haben. Öffne du ihren Mund.
- Herr, wir bitten für die jungen Paare, die es rein wirtschaftlich oft nicht so leicht haben.
- Herr, wir bitten für die Eltern, dass sie ihrer Aufgabe gut und gerne nachkommen.
- Herr, wir bitten für die alten Ehepaare, dass sie einander weiterhin geduldig lieben und ertragen.
- Herr, wir bitten für alle verstorbenen Paare. Segne sie und führe sie zur ewigen Heimat bei dir.

Gruppenleiter: Vater, die Liebe ist das Band, das uns Menschen untereinander und mit dir verbindet. Auf die Fürsprache des heiligen Valentin lass diese Liebe in uns wachsen durch Christus, unseren Herrn. Amen.

### ■ Andacht (Gotteslob 678, 4)

Während der Andacht schreiben die Männer und Frauen eine liebevolle Zeile an ihre Partner auf das rote Herz.

### ■ Blumenübergabe und Dankessätze mit Kerzenlicht

Gruppenleiter: Liebe Männer, liebe Frauen, ich darf euch jetzt (mit euren Kindern) zum Altar bitten. Ihr seht hier einen großen Blumenstrauß, eure Männer werden euch jetzt mit einer roten Rose beschenken und euch bestimmt etwas Liebes dazu sagen.

Die Herzen für die Frauen werden an die Rose gebunden, die Herzen für die Männer werden diesen überreicht (z. B. als Andenken in der Geldbörse), danach nehmen sich die Männer und Frauen eine Kerze vom Altar.

Gruppenleiter: Nehmt euch jetzt jeder und jede eine Kerze und entzündet sie am Altarlicht. Dazu sprecht bitte einen Dankessatz. Wir antworten darauf mit dem Kehrvers:

Dankessätze mit Kerzen und dem Kehrvers, nach ca. drei bis vier Dankessätzen: Danket dem Herrn, denn er ist gut *(Gotteslob 867, 6)*.

Wenn alle einen Dankessatz gesprochen haben, gehen die Paare langsam zurück in die Bank.

■ **Vaterunser und Friedensgruß:** Wir reichen einander die Hände zum Zeichen des Friedens und Neuanfangs.

■ **Wein- und Brotsegnung**

Gruppenleiter: Herr, segne (+) dieses Brot und den Wein, den du dem Menschen zur Freude gegeben hast. Kohelet rät den Männern: „Also: Iss freudig dein Brot und trink vergnügt deinen Wein … Mit einer Frau, die du liebst, genieß das Leben alle Tage deines Lebens voll Windhauch, die er dir unter der Sonne geschenkt hat." (Koh 9, 7.9) In diesem Sinne mögen diese Gaben euch zur Freude am gemeinsamen Leben gereichen. Amen.

■ **Schlussgebet**

Guter Gott, der heilige Valentin hat Kopf und Kragen für seine Freunde riskiert.
Lass auch uns offenen Herzens durch das Leben gehen,
schenk den Paaren viel Vertrauen und Durchhaltevermögen.
Stärke ihre Liebe in der Kraft des Heiligen Geistes durch Christus, unseren Herrn.
Amen.

■ **Lied:** Herr, unser Herr, wie bist du zugegen (Gotteslob 414)

■ **Wein- und Brotverköstigung** vor der Kirche oder jedes Paar nimmt eine gesegnete Weinflasche und ein Stück Brot mit nach Hause.

# Der gerechte Josef (19. März; Mt 1,18–24)

- ■ **Utensilien:** Kapelle, Bodenbild, Waage, Seil oder drei Meter langer Strick

- ■ **Hinführung**

Der heilige Josef kann im Advent, am 19. März oder auch am Tag der Arbeit (1. Mai) liturgisch gefeiert werden. Hier geht es um den gerechten Josef, um den, der niemanden über das Ohr haut, weder seine Frau noch sein Kind vernachlässigt und auch seinem Herrn gegenüber im rechten Verhältnis steht. Die Liturgie ist mit der Waage recht anschaulich und das Seil-Ziehen macht den Männern erfahrungsgemäß sehr viel Freude.

- ■ **Begrüßung** mit Aperitiv und **Kreuzzeichen**
- ■ **Lied:** Ihr Freunde Gottes allzugleich (Gotteslob 542)
- ■ **Kyrie** (Gotteslob 128)

Herr, wir glauben an dich.
Christus, wir sind immer wieder vor schwierige Entscheidungen gestellt.
Herr, wir legen unser Leben in deine Hände.

- ■ **Gebet**

Lasset uns beten.
  Gütiger Gott, dein Sohn Josef hat für seine Familie gesorgt. Er hat sich zurückgenommen und doch so viel dabei gewonnen. Lass auch uns gerecht vor dir wandeln, wie es Josef getan hat. Darum bitten wir durch Christus, unseren Herrn, der in der Einheit des Heiligen Geistes mit dir lebt und herrscht in Ewigkeit. Amen.

- ■ **Evangelium** nach Mt 1,18–24 (mit Schwerpunkt: der gerechte Josef)

Gruppenleiter: Versucht die Waage mit den vorhandenen Gewichten ins Lot zu bringen. (Das geht nicht, weil die Summe der Unzen nicht durch zwei teilbar ist.)

Wofür steht die Waage? – Für Gerechtigkeit, für einen rechten Ausgleich, für ein aufrechtes, entsprechendes Maß, das dem Leben dient und Brücken über beschämende Verhältnisse in unserer Gesellschaft baut.

Josef wird im Evangelium zugesprochen, dass er gerecht sei, dass er zusagen im rechten Verhältnis zu sich selbst, zu Gott und den Menschen stehe. Aber wie soll das gehen? Wie wichtig ist uns dies überhaupt? Immerhin zählt die Gerechtigkeit mit der Klugheit, Tapferkeit und Mäßigung zu den vier philosophischen Kardinaltugenden der Antike. Auch im religiösen Leben des Ersten Testaments hat sie eine sehr große Bedeutung:

Im Buch Tobit lesen wir: „Gerecht bist du, Herr, und alle deine Werke sind gerecht und alle deine Wege sind Barmherzigkeit und Wahrheit." (Tob 3,2) Und etwas später heißt es in dem deuterokanonischen Buch: „Besser Gebet zusammen mit Wahrheit und Almosen zusammen mit Gerechtigkeit als Reichtum zusammen mit Unrecht. Almosen geben ist schöner als einen Goldschatz sammeln. Almosen retten aus dem Tod, sie reinigen von aller Sünde." (Tob 12,8 f.) Nun wird Barmherzigkeit mit Gerechtigkeit in Verbindung gebracht. Sie kommt von Gott, dem Wahren in Ewigkeit, sie ist also kein Menschenwerk und kann vom Menschen nicht durch eigene Leistung erbracht werden.

In Verbindung mit Gott, im Gebrauch unserer Vernunft, im mitfühlenden Blick auf das Leben, entsprechen wir heute dem echten – will sagen göttlichen – Bild von Gerechtigkeit. Von Josef hören wir kein einziges negatives Wort in der Bibel. Er schützt seine Frau, er liefert sie als Schwangere nicht dem Gericht aus und er folgt seinem Traum und wagt das Unmögliche: Er lässt sich auf die Frau mit dem Kind ein, begleitet und umsorgt sie.

Hier finden wir viele Impulse für ein gelingendes Männerleben. Sprüche wie „Gnade vor Recht ergehen lassen" oder „Träume nicht dein Leben, sondern lebe deinen Traum", „Barmherzigkeit will ich, keine Opfer", „Trau deinem Traum" fallen mir ein.

Josef ist die stille Antwort auf Gottes Ruf. Er ist mit Sicherheit kein Mann der großen Worte. Von Josef (hebräisch: Wachstum, Vermehrung) selbst ist bei den beiden Evangelisten Matthäus und Lukas kein einziges Wort überliefert. Spärlich tritt er in der Bibel auf und auch in der Kunstgeschichte übernimmt er eine bedeutsame Nebenrolle als alter Mann mit Bart und weißer Lilie, so etwa im (post-)weihnachtlichen Geschehen. Er ist übrigens einer der ganz wenigen Männer in der Bibel, über die nichts Negatives berichtet wird. Was ist denn von ihm biblisch überliefert?

Er gilt, wie besprochen, als gerecht und er wollte seine – nicht von ihm schwangere – Braut Maria heimlich verlassen, um sie vor dem Spott der Menge zu verschonen. Ein Engel ist es schließlich, der ihn daran hindert aus dem Leben Marias zu entschwinden, „denn das Kind, das sie erwartet, ist vom Heiligen Geist" (Mt 1, 20). Wer hindert die vielen modernen Väter daran, ihre Kinder und deren Mütter zu verlassen? Hören sie noch auf ihre Träume? Oder lassen sie sich vom Mainstream, von der Diktatur des Relativismus oder des grenzenlosen Egoismus, bei dem letztlich gar nichts mehr verbindliche Bedeutung hat, beeinflussen?

Das muss man sich jedenfalls einmal vorstellen: Da wird ein Mann mit einer verrückten Botschaft konfrontiert, glaubt sie auch noch, und zieht die Konsequenzen daraus! Josef übernimmt als Nährvater die volle Verantwortung für die Frau und deren Kind Jesus. Er erfüllt seine Aufgabe als Vater und schützt seine Familie. Als *Tekton*, d. h. (Bau-)Handwerker sorgt er für sie, flieht nach der Geburt mit den beiden vor dem wütenden Herodes nach Ägypten und wird dem kleinen Jesus bestimmt ein guter Zieh-Vater. Josef sorgt für seine kleine, ihm anvertraute Familie. Wie viel männliche (herodianische) Energie wird für die Zerstörung menschlichen Lebens und der Umwelt verschwendet? Wie viel Kraft vergeudet der Mann um die Macht des Stärkeren walten zu lassen? Josef ist in dieser Hinsicht ganz anders. Sein Verantwortungsbewusstsein entstammt – biologisch unabhängig – nicht einmal dem bisschen Erregung beim Geschlechtsakt. Es gilt dennoch uneingeschränkt und absichtslos dem Kind und seiner Mutter. Josef hat einen zuverlässigen Charakter und könnte auch ein Modell für viele moderne Patchworkfamilien, für Stief- oder Adoptivvaterschaften sein.

Was können wir von Josef lernen? Wenn er wirklich gerecht (hebräisch: צדק *zaddíq;* griechisch: δικαίως *díkaios*) ist, dann benachteiligt er niemanden und lebt genau das, was die Tora, sein Herz und sein gesunder Menschenverstand ihm anraten. Josef ist fromm im besten Sinn des Wortes: Er ist nicht nur als Arbeiter in dieser Welt zu gebrauchen, er macht sich in jeder Hinsicht – so auch als Nährvater für Jesus – nützlich, auf ihn ist Verlass.

Der gerechte Josef

■ **Fürbitten**

Allmächtiger Vater, das Leben ist nicht immer fair.
- Wir treten vor dich für jene, die ungerecht in den Dritten-Welt-Ländern ausgebeutet werden.

V: Du gerechter Gott.

A: Komm in diese Welt.
- Wir treten vor dich für jene, die auch bei uns schlecht entlohnt und benachteiligt werden.
- Wir treten vor dich für jene, die niemanden haben, der für sie eintritt.
- Wir treten vor dich für jene Männer, die für einen rechten Ausgleich sorgen.
- Wir treten vor dich für jene Männer, die Brücken über beschämende Verhältnisse unserer Gesellschaft bauen.

Diese und alle unausgesprochenen Bitten bringen wir vor dich mit dem Vertrauen, dass du uns erhörst. Amen.


■ **Austauschgespräch**

■ **Seil-Spiel: Ich brauche jetzt zwei Freiwillige ...**

Gruppenleiter: Das Spiel heißt: Wer ist der stärkste Mann?

Zwei (unterschiedliche) Männer stehen sich gegenüber und ziehen an den Seilenden, der Gewinner bleibt, der Verlierer geht. So lange, bis es keinen Spaß mehr macht. Wo ist der Clou bei diesem Spiel?

Die Kräfte sind nicht ausgewogen verteilt, die Männer sind unterschiedlich alt und manche leiden an körperlichen Kräften, die eine Wertung von vornherein ungerecht erscheinen lassen. Die Fragestellung ist also grundsätzlich falsch, sie müsste vielmehr lauten:

Wer hat Lust, seine Kräfte spielerisch auszuloten und sich mal so richtig ins Seil (für die Gerechtigkeit?) zu hängen?


■ **Nochmaliges Spiel**

■ **Vaterunser und Friedensgruß**

■ **Segen**

Der Herr segne uns und behüte uns;
der Herr lasse sein Angesicht über uns leuchten
und sei uns gnädig;
er wende uns sein Antlitz zu
und schenke uns seinen Frieden.
Das gewähre uns der allmächtige und gütige Gott
der Vater und der Sohn und der Heilige Geist.
Amen.

## Tag der Arbeit (1. Mai; Koh 4, 4.6)

- **Material:** Kirche, Gotteslob, Bibel

- **Hinführung**

Das Thema Arbeit ist ein Dauerbrenner im Leben eines Mannes. Arbeit ist wichtig. Sie sichert den Lebensunterhalt für uns und unsere Familien, sie ist Ausdruck unserer Schaffenskraft und unserer sozialen Fähigkeiten. Aber: Arbeit ist nicht alles im Leben. Vor allem dann, wenn sie in Gefahr ist zum Selbstläufer zu werden. Wenn Männer zu wirtschaftlichen Zwecken instrumentalisiert werden, gilt es aufzuhorchen und nachzudenken.

- **Begrüßung mit dem Kreuzzeichen**

- **Lied:** Alle meine Quellen entspringen in dir (Gotteslob 397)

- **Kyrie**

V: Unsere Arbeit wird uns manchmal zur Last.
A: Kyrie eleison
V: Unsere Arbeit kann uns auch zum Götzen werden.
A: Christe eleison.
V: Ohne Arbeit, ohne Aufgabe wird das Leben schal und leer.
A: Kyrie eleison.

- **Tagesgebet**

Lasset uns beten. Vater, manchmal arbeiten wir bis zur Erschöpfung im Schweiße unseres Angesichts. Dabei möchtest du, dass wir aus dem Vollen schöpfen und selbst kreative Gestalter unseres Lebens werden. Lass uns mit Freuden unserer Arbeit nachgehen. Darum bitten wir durch Christus, unseren Herrn. Amen.

- **Halleluja** (Gotteslob 724, 6)

- **Perikope:**

„Jede Arbeit und jedes erfolgreiche Tun bedeutet Konkurrenzkampf zwischen den Menschen. Auch das ist Windhauch und Luftgespinst ... Besser eine Handvoll und Ruhe als beide Hände voll und Arbeit und Luftgespinst." (Koh 4, 4.6)

„Ich habe keine Zeit, ich ersticke in Arbeit. Ich habe einen Termin!", so stöhnen sich viele Männer vor ihren Familien und Freunden davon und flüchten in die Arbeit. Das geht so weit, dass sich manche ganz über ihren Job definieren und beinah alles dafür geben: Familie, Gesundheit und Zeit ohne Ende. Workaholics nennen wir sie und sie sind in der Tat süchtig nach Arbeit, nach Anerkennung, nach Erfolg, nach Ansehen. Doch oftmals erweist sich dieses Treiben als Schein und Trug, als Seifenblase, die schnell zerplatzen kann. Etwa dann, wenn der Mann zu viel riskiert hat und durch einen plötzlichen Herzinfarkt aus dem Arbeitsleben herausgerissen wird, oder wenn er – wider Erwarten den Anforderungen seiner Arbeitgeber nicht entspricht und sozusagen auf den freien Markt zurückgesetzt wird.

Kohelet, ein finsterer und doch sehr lebensbejahender philosophischer Geselle aus dem 3. Jh. v. Chr., weiß um diese Versuchung des Mannes. Für ihn ist jedes erfolgreiche Tun des Menschen Konkurrenzkampf und Windhauch, Nichtigkeit und Eitelkeit. Er sagt: „Besser eine Handvoll und Ruhe als beide Hände voll und Arbeit und Luftgespinst." (Koh 4, 6) Ich bin mir nicht so sicher, ob wir wirklich nicht die Zeit zur Ruhe, zur Besinnung, zur gepflegten, zweckfreien Gemeinschaft haben: Wir konsumieren, wir produzieren, wir funktionieren auf vielen Ebenen, aber wir selbst und unsere Allerliebsten bleiben oftmals auf der Strecke. Es fehlt uns die Ruhe, die Muße, der absichtslose Raum.

Das ist natürlich oftmals leichter gesagt als getan, weil viele Männer unter enormem Leistungsdruck stehen und um ihre Arbeitsplätze fürchten müssen. Es gilt diese oder jene Gewinnmaximierung zu erreichen, es wird „auf Teufel komm raus" rationalisiert und tatsächlich bleiben viele – oft sind es ältere oder schwächere Arbeitnehmer – auf der Strecke. Befristete Verträge und Leiharbeiten erschweren die Arbeitsbedingungen für Männer.

Was ist also zu tun? Es ist gut, bei uns selbst anzufangen. Von Josef, dem Arbeiter, wissen wir aus der Bibel so gut wie nichts. Und doch ist er zum Patron der ganzen Kirche, der Arbeiter, Handwerker, Zimmerleute, Holzhauer, Schreiner, Wagner, Totengräber, Ingenieure, Erzieher … geworden. Ich bin mir sicher, dass er der Versuchung zur maßlosen Arbeit erfolgreich widerstanden ist.

Wir dürfen uns an ihm orientieren. Wir dürfen unsere Erwartungen getrost herunterschrauben, denn nicht selten sind wir selbst die größten Antreiber unserer maßlosen Erwartungen. Es muss ein „genug" geben. Der Sonntag ist eine immerwährende und freundliche Einladung hierfür. Er schützt uns vor Überarbeitung, vor Vergötzung der Arbeit, er führt uns mit unseren Liebsten wieder zusammen. „Sechs Tage kannst du deine Arbeit verrichten, am siebten Tag aber sollst du ruhen, damit dein Rind und dein Esel ausruhen und der Sohn deiner Sklavin und der Fremde zu Atem kommen", heißt es im Buch Exodus (23, 12).

Kohelet gibt einen brauchbaren Rat, der die Freude am Leben lebendig erhält: „Also: Iss freudig dein Brot und trink vergnügt deinen Wein; denn das, was du tust, hat Gott längst so festgelegt, wie es ihm gefiel. Trag jederzeit frische Kleider und nie fehle duftendes Öl auf deinem Haupt! Mit einer Frau, die du liebst, genieß das Leben alle Tage deines Lebens voll Windhauch, die er dir unter der Sonne geschenkt hat, alle deine Tage voll Windhauch! [...] Alles, was deine Hand, solange du Kraft hast, zu tun vorfindet, das tu!" (Koh 9, 7–10)

Männer, die aus ihrer inneren Schaffenskraft heraus wirken, brennen nie aus, sie versiegen nicht, sie haben immer etwas zu geben. Ihr Schaffen ist wie sichtbar gewordene Liebe. Das ist sozusagen das Ideal, das wir Männer nie aus den Augen verlieren sollten, das wir anstreben dürfen, um es täglich Stück für Stück – Brett für Brett, Blatt für Blatt – umzusetzen. Wenn wir so lebten, ersparten wir den Krankenkassen immense Kosten, denn die so genannten Freigesetzten und Krankgeschriebenen müssen ja letztlich doch wieder von der Allgemeinheit, so auch von den Steuerzahlern, aufgefangen werden.

Wenn wir tatsächlich aus unserer inneren Vitalität heraus wirken, nehmen wir Anteil an Gemeinschaftsaufgaben, profitieren auch andere von unserer Tätigkeit, sorgen wir für andere, ermöglichen wir anderen Zutritt zur Arbeitswelt, bereiten wir Jüngere auf ein gelingendes Arbeitsleben vor und zudem schützen wir unseren Lebensraum Erde. Ich sage das deshalb, weil ich kürzlich mit Schülern über den Krieg und seine Moral gesprochen habe. Ich fragte sie nach einem langen Gespräch über die wirtschaftlichen Ursachen von Kriegen, denen zumeist Unschuldige zum Opfer fallen: „Könnt ihr euch vorstellen, dass ihr bei Heckler & Koch für € 3.500,– einsteigen würdet?" Drei von zwölf haben geantwortet: „Ja, wenn es so gut bezahlt wird, warum nicht?"

Ich kann mir ganz schwer vorstellen, dass ein heiliger Josef diesem Entschluss zugestimmt hätte, er ist einen mühsamen, aber sehr gerechten Weg als einfacher Arbeiter und Familienernährer gegangen.


### ▪ Fürbitten

Gott, du Schöpfer des Lebens, an dich wenden wir uns jetzt:
* Wir beten für Menschen, die ohne Arbeit und ohne Perspektive leben müssen.


### ▪ Liedruf: Misericordias Domini (Gotteslob 657, 6)

* Wir beten für Männer, die sich die Arbeit zum Religionsersatz machen.
* Wir beten für Männer, die trotz harter Arbeit ihre Familien nicht ausreichend ernähren können.
* Wir beten für Männer, die unter Burnout oder anderen Krankheiten leiden, dass sie wieder an Leib und Seele gesunden.
* Wir beten für fortbildungsbereite und fleißige Männer.
* Wir beten für Männer, die unter schwierigen und menschenunwürdigen Arbeitsbedingungen leben müssen.

- Wir beten für Männer, die bereits im Ruhestand sind und sich nicht mehr gebraucht fühlen.

Gruppenleiter: Alle unsere Bitten bringen wir vor dich durch Christus, unseren Herrn. Amen.

■ **Wechselgebet in Zweierreihen**

**Beter 1:**
Wie groß sind deine Werke, oh Herr:
In meinen Gedanken – du.
In meiner Arbeit – du.
Du Herr, meiner Tage.

**Beter 2:**
Du Schöpfer des Lebens, du bist bei uns:
wenn wir unsere Arbeit sorgfältig und gerne verrichten.
wenn wir aneinander leiden,
wenn wir füreinander einstehen,
wenn wir uns verschenken.

**Beter 1:**
Wie groß sind deine Taten, Herr:
Auf meinen Wegen – du.
Wo ich auch bin – nur du.
Du Gott meines Lebens.

**Beter 2:**
Du bist mit uns Männern:
Wo wir herausgefordert sind,
wo wir abgeben müssen,
wo wir ringen um Gerechtigkeit,
wo wir nach deinem Willen fragen,
wo wir dein Reich ersehnen.

■ **Lied:** Die Herrlichkeit des Herrn (Gotteslob 412)

■ **Vaterunser**

■ **Schlussgebet**

Burnout
Zum Lernen war ich in der Klinik
Ich war gescheitert: Burnout

Ich wollte alles richtig machen
Als Kirchenmann stand ich für
richtig oder falsch
Von außen war es so
und in mir war diese Stimme
und dieses dauernde „Entweder-oder"

In allen Lebensbereichen
Gelernt von Kindesbeinen,
weil „so das Leben eben ist"
Endlich: Ich durfte scheitern
Es mir eingestehen
Ich durfte zugeben,
was schon längst deutlich war,
ich eigentlich schon lange wusste
Doch: Ich schämte mich.

Der Chefarzt in der Klinik war ein weiser Mann
Frag lieber, ob es günstig oder ungünstig ist
für dein Leben

Roter Strich durch richtig oder falsch
Ist es günstig für ein lebenswertes Leben,
wenn ich das tue, jene lasse
Oder scheint es ungünstig

Ich begann zu lernen
Nicht nur in den Klinikwochen
Übe es immer noch
Und der Weg erweist sich als sehr günstig

Jesus,
du schlägst mir vor,
freundschaftlich und liebevoll zu sein
und dabei wach und klar
dass sei günstig … sagst Du
und hast es einfach getan

(© Kuno Kohn)[1]

---

[1] Ebert, Andreas/Moser, Gregor (Hrsg.), Männergebete, München 2015, S. 48 ff.

Tag der Arbeit

# Vatertag – Christi Himmelfahrt (Mk 16,15–20)

■ **Materialien:** Bereitung für den Gabengang (PC-Tastatur, Brot, Werk-zeugkasten, Tennisschläger, Brieftasche, Wein, Kreuz)

■ **Hinführung**

In Bayern feiert man den Vatertag an Christi Himmelfahrt – neun Tage vor dem Pfingstfest. Oft wird der Vatertag als feucht-fröhlicher Männerausflug gesehen. Der Vater steht jedoch am heutigen Tage im Mittelpunkt seiner Familie und so wird zumindest vor dem Väter-Ausflug noch ein gemeinsamer Familiengottesdienst im Freien angeboten. Anschließend fahren die Väter mit den Rädern ins Grüne.

■ **Begrüßung** der Familien und Väter

■ **Kreuzzeichen und Lied:** Erfreue dich Himmel (Gotteslob 467)

■ **Kyrie**

Gruppenleiter: Wir beten zu unserem Vater im Himmel:
Vater, die Männerwelt ist oft rau und hart.
Kyrie eleison.
Vater, unsere Familien brauchen uns und wir sie.
Christe eleison.
Vater, wir begrüßen dich in unserer Mitte.

■ **Tagesgebet**

Du, unser Vater. Ein guter Vater sorgt für seine Kinder, für seine Familie. Er lässt sie nicht im Stich, er ist immer für sie da. Lass auch uns gute Väter sein, die ihren Familien liebevoll und stark vorstehen und ihre Frauen als ebenbürtige Partnerinnen betrachten, durch Christus, unseren Herrn. Amen.

■ **Perikope und Predigtgedanken**

Das Markusevangelium endet mit den kraftvollen Aussendungsworten des Auferstandenen: „Geht hinaus in die ganze Welt und verkündet das Evangelium der ganzen Schöpfung", heißt es da (Mk 16,15). Das sind starke Worte und wir alle wissen, dass es bei dem gesprochenen Wort niemals bleiben kann. Die Jünger werden dazu beauftragt, Dämonen auszutreiben, in neuen Sprachen zu reden, Kranke zu heilen und vieles mehr. Was bedeutet dies für uns Männer und für unsere Familien?

Ich deute diese Perikope so, dass Christsein im stillen Kämmerlein der Familien beginnt. Christsein findet seinen Ausdruck im Du, in der Beziehung zur Frau, zu den Kindern, in der Gemeinschaft. Väter haben – ebenso wie die Mütter – in der Familie eine große Rolle. Sie sind sozusagen Vorbilder wider Willen. So wie sie auf ihre Söhne und Töchter schauen, werden diese viele Jahre auf sie und ihr Leben blicken. So, wie Väter präsent und greifbar – auch manchmal streitbar – sind, werden Söhne und Töchter Halt im Leben finden oder auch nicht. Kinder brauchen die Bestätigung und die Korrektur des Vaters. So wie Väter in dieser oder jener Situation handeln oder auch nicht handeln, werden es ihnen die Kinder vermutlich unbewusst eine Zeit lang nachmachen.

Ich kenne viele Jugendliche, die unter ihren Vätern leiden. Zumeist deshalb, weil sie für sie nicht wirklich greifbar sind, entweder weil sie ausgezogen sind und eine neue Familie gegründet haben, oder weil sie ihrer Arbeit den absoluten Vorrang gegeben haben, oder auch aus anderen Gründen.

Aber da ist in der Perikope dieses: „Geht hinaus!" Männer müssen raus, sie müssen in die Welt, sie müssen diese Welt verändern, sie müssen ihre Macht in der Welt ausloten. Das heißt nicht zwingend, dass sie viel reisen müssen, aber sie müssen raus aus ihren Gewohnheiten, sie sprechen andere, Fremde an, sie probieren in der Firma Neues aus, sie überraschen ihre Frauen mit einem guten Mittagessen oder einem Ticket zu der Gruppe „Coldplay". Auch Kinder müssen raus, sie bekommen Flügel, damit sie die Welt erkunden und ihre eigenen Lebensräume entdecken. Dasselbe gilt natürlich auch für die Frauen, die traditionellerweise an Kinder, Küche und Kirche gebunden waren.

Normalerweise lieben Väter ihre Kinder und umgekehrt, einfach deshalb, weil sie Väter sind. Viele leiden an einer Vaterwunde, das ist eine schwere Last, die einem Mann ein Leben lang zusetzen kann. Das ist der Fall, wenn der Vater zu autoritär oder unberechenbar war, oder wenn er der Alkoholsucht erlegen ist. Eine Vaterwunde heilt in der Regel über einen männlichen Mentor, meist ist es ein älterer Freund, geistlicher Begleiter, Verwandter oder Angehöriger. Er muss dem Jüngeren viel Mut zusprechen, bis er endlich begreift, dass es gut für ihn ist, da zu sein.

Jesus kehrt nach seiner Aussendungsrede an die Jünger zu seinem himmlischen Vater zurück. Dort sind alle unsere Sehnsüchte und Wünsche längst schon erfüllt und überboten in eine Liebe, die sogar unseren Tod übertreffen wird.

### ■ Fürbitten

Gruppenleiter: Vater im Himmel, wir bitten für unsere Väter auf Erden:
- Wir bitten für alle Familien, die mit Sucht, Gewalt oder Abwesenheit ihrer Familienväter belastet sind.

V/A: Wir bitten dich, erhöre uns.
- Wir bitten für die Kinder und Jugendlichen, dass sie von ihren Vätern gesegnet aufwachsen.
- Wir bitten für die Frauen und Mütter, dass sie als ebenbürtige Partnerinnen respektiert werden.

- Wir bitten für die Großfamilien, dass sie auf die Worte ihrer Großväter hören.
- Wir bitten für die Väter, dass sie ihre Familien gut erhalten und ernähren können.
- Wir bitten für unsere Verstorbenen Väter, dass sie uns viel Freude hinterlassen und selbst Heimat finden bei Gott.

Gruppenleiter: Vater im Himmel. Wir tragen dir unsere Bitten mit großem Vertrauen vor. Dafür danken wir durch Christus, unseren Herrn, Amen.

■ **Gabengang von hinten zum Altar**

■ **Lied: Herr, wir bringen in Brot und Wein (Gotteslob 184)**

Kinder und Mütter bringen die Gaben zum Altar, sie werden vom Ambo aus mit wenigen Worten vorgestellt und versinnbildlichen die Lebenswelt des Mannes.

**PC-Tastatur:** Viele von uns arbeiten stundenlang am PC, das ist ein großer Teil unserer Welt.

**Brot:** Der Tisch bildet die Mitte der familiären Zusammenkünfte. Hier wird gegessen, getrunken, geredet und auch manchmal gestritten.

**Werkzeugkasten:** Männer lieben es, ihre Welt zu gestalten, zu formen, zu verändern. Wir basteln in der Regel sehr gerne.

**Tennisschläger:** Wir Männer lieben den Sport. In uns ist auch noch ein legalisierter Platz für den spielerischen Krieger.

**Brieftasche:** Geld ist nicht alles in unserem Leben, aber es ist wichtig. Damit können wir auch sehr viel Gutes tun.

**Wein:** Wein erfreut das Herz des Mannes. Wir versuchen ihn in Maßen zu genießen.

**Kreuz:** Das Kreuz sagt uns Männern, dass dieses Leben kein Ponyhof ist. Wir werden sterben und wir werden auferstehen.

■ **Vaterunser**

■ **Gebet**

Vater, du hast uns nach deinem Bilde erschaffen. Und wir entsprechen diesem Bilde, wenn wir auf dich schauen und deinen Willen tun. Lass uns immerfort auf dich hören und uns von dir leiten, bis wir einst für immer zu dir kommen. Amen.

■ **Schlusslied:** Geht hinaus

Ref.: Geht hi-naus und ver-kün-det mein Wort! Geht hi-naus und ver-

kün-det al-len Völ-kern

Ich bin mit euch an je-dem
Geht, nemt nichts mit auf eu-rem
Wer an den Pflug die Hand ge-
Ich will, dass Wun-der ihr voll

Tag.      Wohl bis zum En-de der Welt.
Weg!      Lasst lie-gen Brot-sack und Geld!
legt      und wer dann noch rück-wärtschaut,
bringt,   dass mei-ne Macht ihr be-zeugt.

Ich nehm euch al-le Last und je-de Plag.      Ich
Nehmt an, was ich in eu-re Hän-de leg.      Von
der wird wie Spreu vom Wei-zen weg-ge-fegt,      weil
Ich bin mit euch, dass je-des Werk ge-lingt      und

ha-be euch für die-sen Dienst be-
mir seid ihr ge-sandt und aus-er-
solch ein Mensch für Got-tes Reich nicht
je-des Knie vor mir dem Herrn sich

stellt.   (Mt 28,28)                Geht hi-naus!
wählt.    (Lk 10,4)
taugt!    (Lk 9,62)
beugt.    (Mt 10,7. Röm 9,17. Phil 2,10)

Melodie und Text: Christian Kuster, Linz

# Das Johannifeuer am 23./24. Juni (Mk 1,1–8)

■ **Material:** Feuerkorb oder Lagerfeuer, Holz, Bibel, Bänke, Speisen und Getränke für die Agape

■ **Hinführung**

Das Jahr ist zur Hälfte um, der Weizen wird allmählich reif und die Tage werden wieder kürzer. In diese Zeit hinein gedenken wir eines Mannes, der für Herausforderung, für das Wilde und für die Wahrhaftigkeit steht. Es ist Johannes, sein Name bedeutet auf Hebräisch: Gott ist gnädig. Johannes gilt als der ungezähmte, archaische Prophet, der Jesus getauft und selbst ein asketisches Leben in Kamelhaaren zugebracht hat. Mit wildem Honig und Heuschrecken hat er sich in der Wüste ernährt und unablässig auf den hingewiesen, der größer war als er selbst – auf Jesus. Das Datum seines Gedenktages wurde drei Monate nach Mariä Verkündigung und sechs Monate vor Weihnachten gelegt. Deshalb kam man auf das Datum der Sommersonnenwende. Der 24. Juni gilt als längster Tag des Jahres und war ursprünglich ein keltisches Sonnenwendfest. Es ist der Sieg der Sonne und des Lichtes über Dunkelheit und Tod. Seinen Grund findet dies in der Aussage des Täufers: „Er muss wachsen, ich aber geringer werden." (Joh 3,30). Das bedeutet spirituell gesehen, dass die Tage des Mannes gezählt sind, dass er sich im günstigsten Falle für einen stark macht, der größer ist als er selbst und auch, dass er Platz macht für die jüngere Generation. Bereits Ende des 4. Jh. ist der liturgische Termin in Afrika bezeugt und später auch durch Aurelius Augustinus bestätigt worden.

Das Johannifeuer leitet also den Sommer ein – die Nächte werden wieder länger. Das Feuerritual bietet den Männern Gelegenheit, sich darüber zu besinnen, was in ihrem Leben auf die zweite Jahreshälfte hin anders, vielleicht sogar besser laufen könnte. Das Ritual wird natürlich im Freien, bei anbrechender Dunkelheit begangen und mit einer Agape am Feuerkorb beendet.

■ **Begrüßung**

Gruppenleiter: Ich begrüße euch Männer zu unserem Johannifeuer-Fest. Das Jahr ist zur Hälfte um und die Tage neigen sich allmählich dem großen Weihnachtsfest zu. Wir hören bald eine Perikope von Johannes dem Täufer, dem wilden und mutigen Propheten, der sich zur Stimme seines Herrn gemacht hat. Zuvor singen wir ein Lied:

■ **Lied:** Gottes Wort ist wie Licht in der Nacht (Gotteslob 450)

■ **Kyrie** (Gotteslob 134)

Zu Jesus, der gekommen ist, Feuer auf die Erde zu werfen, lasst uns beten:
Herr, wir sind heilige Propheten und wissen es nicht.
Herr, wir sind heilige Könige und es ist uns nicht immer bewusst.
Herr, wir sind heilige Priester und probieren es nicht aus.

■ **Perikope:** Mk 1,1–8

■ **Predigtgedanken**

Der wilde Prophet aus der Wüste, Johannes der Täufer, hat mit seiner ganzen Kraft auf einen Größeren verwiesen, auf das sanfte und duldende Lamm Gottes. Seine ganze Lebensaufgabe hat er darin gesehen, den Weg für ihn zu bereiten und ihm eine Stimme zu sein. Johannes kleidet sich in Kamelhaaren und wirkt demnach animalisch auf seine Umwelt. Er lebt den wilden Animus, jedoch nicht unkontrolliert und unbedacht. Er ist mit seinen Urinstinkten in der Wildnis in Berührung, er ist ihnen vertraut, er lebt ganz aus der Intuition und behält doch einen kühlen Kopf. Er wird seinen Kopf verlieren, da er dem Vasallenkönig Herodes ins Gesicht sagt, dass sein Verhältnis zur Frau seines Bruders verwerflich ist.

Wilde Männer trotzen allen scheinheiligen, oberflächlichen und seichten Konventionen, sie sind der Wahrheit verpflichtet, die sie ein Leben lang suchen, verlieren, suchen und finden. Sie muten den Menschen die Wahrheit zu. Ihr Weg ist krumm, aber es ist ihr Weg und sie gehen ihn entschlossen. Sie gehen sehr oft in der Dunkelheit und sie gehen vielfach vaterseelenallein, aber sie gehen weiter, sie sind Krieger, die der Stimme ihres Herzens folgen, die eine Schlacht kämpfen, die diese Schlacht verlieren und doch gewinnen. In diesem Paradox von Schwäche und Stärke, Ohnmacht und Kraft lebt der wilde Mann. Er weiß, dass er es letztlich alleine gar nicht schafft. Er verbündet sich mit Männern, die mit ihm auf dem Weg sind. Er hat es nicht nötig in Konkurrenz mit anderen zu stehen, er sucht sich heilige und freie Räume, in denen er endlich unter Brüdern so sein darf, wie er ist. Das sind spirituelle Areale, wie sie uns die Religionen und vor allem deren mystische Dimensionen bieten.

■ **Fürbitten**

Auf die Fürsprache des heiligen Johannes, des wilden Täufers, bitten wir:
• Lass uns nicht klein auf dieser Erde wandeln.
Liedruf: Mache dich auf und werde licht *(Gotteslob 219)*
• Wir möchten einem dienen, der größer ist, als wir.
• Segne alle mutigen und wahrhaftigen Männer.
• Bewahre in uns die männliche Wildheit.
• Lass uns in Gemeinschaften leben, die uns Halt und Stärkung bieten.

### ■ Ablauf des Rituals

Gruppenleiter: Männer, geht jetzt hinaus in den Garten und sucht euch Brennbares von den Bäumen und Wiesen. Es soll darauf verweisen, was kleiner werden soll in eurem Leben, z. B. ein Ast, der euren Hochmut, eure Faulheit, eure Unzufriedenheit symbolisiert. Es kann aber auch etwas sein, das euch belastet und das ihr loswerden wollt, von dem ihr euch bis Weihnachten hin verabschiedet haben wollt, z. B. eine verkorkste Beziehung, eine unangenehme Gewohnheit, ein unmäßiges Verhalten, eine Krankheit … Feuer hat reinigende Kraft, es vermag unser Ungemach zu verwandeln und es vermag uns in neue, wilde Männer umzugestalten.

*Die Männer suchen sich im Garten Äste, Blätter, Laub, Blumen, Dornen, die sie zum Lagerfeuer bringen, um sie dort als symbolische Lasten zu verbrennen.*

### ■ Austausch unter Brüdern

Gruppenleiter: Nun kommt beim Feuer zusammen und jeder darf erzählen, warum er dieses oder jenes Symbol verbrennen möchte. Dazwischen singen wir das Lied:

- ■ **Lied:** Mache dich auf und werde licht (Gotteslob 219)
- ■ **Vaterunser und Agape**
- ■ **Segnung der Männer und der Speisen**

Vater, du bist groß und du bist großzügig. Auf die Fürsprache des wilden Propheten Johannes des Täufers mache uns heute zu neuen Männern. Lass uns Gefallen finden bei dir. Segne uns und alle, die uns anvertraut sind: unsere Frauen und Kinder. Segne auch die Gaben, die wir jetzt miteinander teilen, durch Christus, unseren Herrn. Amen.

# Der heilige Christophorus (24. Juli; 1 Kor 2, 2)

■ **Materialien:** Christophorus-Ikone, Bodenbild, Gotteslob

■ **Hinführung**

Der heilige Christophorus (griechisch: Christus-Träger) ist aus der Liste der kanonischen Heiligen gestrichen worden, weil seine Existenz legendär sei, aber im deutschen Diözesankalender ist er noch erhalten. Sein Typus ist wild und männlich und vermag uns heute viel zu sagen. Obwohl er kein biblischer Heiliger ist, ist sein Leben sehr christozentrisch und von daher auch für dieses biblische Werkbuch gut zu gebrauchen.

■ **Begrüßung, Kreuzzeichen, Lied:** Ihr Freunde Gottes allzugleich
(Gotteslob 542)

■ **Perikope**

„Denn ich hatte mich entschlossen, bei euch nichts zu wissen außer Jesus Christus, und zwar als den Gekreuzigten." (1 Kor 2, 2)

■ **Die Legende von Christophorus**

Christophorus war ein Riese, groß und kräftig von Gestalt. Als Lebensziel hatte er sich in den Sinn gesetzt, dem Mächtigsten zu dienen. Mächtige Menschen – das waren zu jener Zeit die Könige. So bot er seine Dienste dem mächtigsten König Vorderasiens an. Er diente ihm so lange, bis er merkte, dass der König zusammenzuckte, wenn vom Teufel die Rede war.

Der starke König fürchtet sich vor dem Teufel, also musste dieser mächtiger sein, dachte Christophorus und machte sich auf, den Teufel zu suchen. Er fand ihn und kam in seine Dienste. Eines Tages ritten sie zu zweit am Rande der Wüste entlang. Da kamen sie an eine Weggabelung, an der ein Holzkreuz stand. Der Teufel machte einen Umweg, um nicht am Kreuz vorüber reiten zu müssen. Christophorus ließ nicht locker, bis der Teufel ihm erklärte, das Kreuz stünde als Zeichen für den gekreuzigten und von Gott auferweckten Jesus Christus. Mit dem wolle er nichts zu tun haben, denn mit Gott könne man nicht ringen.

Da machte sich der Riese auf, Jesus zu suchen. Ein Eremit in der Wüste sagte ihm: „Jesus findest du durch Beten und Fasten." Das war nichts für Christophorus. „Gibt es denn keinen anderen Weg?" fragte er verzweifelt und der Einsiedler riet ihm: „Geh an den Fluss und trage schwache und alte Menschen durch die Furt. So dienst du Gott und den Menschen".

Eines Abends, schon im Halbschlaf, hörte Christophorus den Ruf „Hol mich herüber". Es war eine leise Stimme, die eines Kindes. Aber der Riese sah niemanden und legte sich wieder hin. Erst beim dritten Mal entdeckte er das Kind und wunderte sich, dass ein kleiner Junge so spät unterwegs war.

Er setzte ihn auf seine Schulter, nahm seinen Wanderstab und stieg in den Fluss. Der Strom war reißend, und nie war ihm eine Last so schwer vorgekommen. Fast war es ihm, als drückte das Kind seinen Kopf unter Wasser. Ächzend kam er mit seiner Last am anderen Ufer an.

Verwundert schüttelte er den Kopf: „Du bist nur ein Kind. Mir war es, als hätte ich die ganze Welt getragen." „Du hast die ganze Welt getragen, und mehr als das", sagte das Kind und fuhr fort: „Ich bin Jesus Christus, dem du dienst. Ich taufe dich auf den Namen Christophorus – Christusträger." Da strahlte der Riese, denn er hatte sein Lebensziel erreicht. Er hatte den Stärksten getragen, der uns und die Sünden der Welt trug.

### ■ Predigtgedanken

Er ist ein Riese, ein kräftiger Mann namens Ophorus. In anderen Legenden wird er auch Reprobus – der Verworfene genannt. Er setzt seine Macht für einen König ein, das ist ein edles Motiv, doch dabei bleibt es nicht. Ophorus verkörpert den Archetypus des „wilden Mannes", der in der Wüste lebt und mit wilden Tieren kämpft. Vordergründige Macht ist jedoch auch für ihn trügerisch, sie ist im Grunde eine Lüge, der viele Männer erliegen, die sich an männlichen Statussymbolen festbeißen: Autos, Erfolg, schöne Frauen, viel Geld. Der König fürchtet den Teufel und der Riese möchte fortan diesem dienen, weil er meint, dieser sei noch mächtiger. Der Riese geht auf seiner Reise weiter, er bleibt nicht stehen, er kämpft sich von Erfahrung zu Erfahrung. Als er erfährt, dass Christus noch stärker sei und man mit Gott nicht ringen könne, will er in dessen Dienste treten. Er setzt sozusagen seine Vitalkraft für einen Größeren in seinem Leben ein und ist bereit, alles dafür zu geben. Ein geistlicher Begleiter, ein Seelenkundiger, ein Mönch bzw. erfahrener Christ, rät ihm zu beten und zu fasten. Da er dies nicht vermag, empfiehlt er ihm klugerweise, seine Fähigkeiten dahingehend zu verwenden, dass er alte und schwache Menschen über die Furt trägt. Der Seelenkundige überfordert ihn nicht, er lässt ihn das tun, was er tun kann und bestärkt ihn darin.

Nach mehreren Versuchen trägt Ophorus schließlich ein Kind über den Fluss und er erkennt schon beinah im Untergehen, dass er die Last der Welt schleppt, dass es Christus selbst ist, den er über den Fluss trägt. Nun wird er vom Jesuskind getauft. Er heißt nun Christusträger und sein Stab blüht an der anderen Seite des Flusses. Christophorus bringt sozusagen Frucht, er hat seinen Platz in der Welt gefunden, er ist ein frommer Mensch geworden, gut und nützlich für die Welt.

Die Legende erzählt von einem Kampf, von einem Todeskampf des Ophorus. Er befindet sich in der Krise. In einer narzisstischen, ichbezogenen, zerstörerischen Gesellschaft sind Krisen eine Gefahr, im Glaubensleben sind sie eine große Chance. Ophorus muss bis über die Grenzen seiner Möglichkeiten gehen, er muss „sterben", um mit Christus aufzuerstehen. Nur durch Umkehr, nur durch Konversion werden wir in einem ständigen Prozess des Neuwerdens zu dem, der wir sind. Das ist der geistliche Weg eines jeden Mannes. Wenn er nur untätig bleibt, wenn er nur Bücher liest, ohne das Gelesene auch zu tun, gleicht sein Leben einem unfruchtbaren Stock. Phallische Energie will Leidenschaft, sie sucht das Wilde, das Ekstatische, sonst bleibt der Mann tot, er entfaltet sich nicht, es passiert nichts in seinem Dasein. Wir Männer sind „Samenträger" im besten Sinne des Wortes. Wir wollen säen und das ununterbrochen: Wir säen Glauben, Hoffnung und Liebe, das ist unsere Profession. Tatsächlich verbreiten Heilige eine segensreiche Atmosphäre um sich. Wo sie sind, lachen die Menschen, sie atmen auf, die Blumen kommen zum Blühen, ihr Blick ist gütig, manchmal streng, zumeist freundlich. Sie versöhnen, sie begrenzen, sie lindern, stärken und sie heilen.

### ▪ Fürbitten

Gruppenleiter: Auf die Fürbitte des heiligen Christophorus beten wir nun voll Zuversicht:
• Führe die vielen Irrenden auf deinen guten Weg.
Liedruf: *(Gotteslob 181, 1)*
• Schenke allen Menschen eine sinnvolle Aufgabe, die sie erfüllt.
• Richte die schlapp Gewordenen mit neuem Mut wieder auf.
• Lass uns Rituale entdecken, die uns ansprechen und weiterhelfen.
• Lass uns erkennen, dass wir dir im Dienst an den Menschen näherkommen.

Gruppenleiter: Wir danken dir, dass du unsere Bitten erhörst durch Christus, unseren Herrn, der in der Einheit des Heiligen Geistes mit dir lebt und herrscht. Amen.

### ▪ Austausch unter Brüdern

### ▪ Vaterunser

### ▪ Schlussgebet

Der Herr ist mir erschienen und hat mich gesegnet.
Er hat zu mir gesagt:
Siehe, ich mache dich fruchtbar und vermehre dich,
ich mache dich zu einer Schar von Völkern
und gebe dieses Land deinen Nachkommen zu ewigem Besitz.
(nach Gen 48, 3 f.)

# Maria Himmelfahrt (15. August; 1 Kor 15, 20–26)

■ **Material:** Kirchenraum, Blumen für die Männer, Vase, Marienstatue- oder Bild, Gotteslob

■ **Hinführung**

Was hat eine Frau in der Männerarbeit zu tun? Es tut uns Männern gut, unsere Anima, die weibliche Seite, in unser Leben zu integrieren. Maria kann uns dabei helfen. Sie hat einen weicheren, einen weiblicheren Zugang zu Gott, das ist auch für uns sehr heilsam. Nun zum heutigen Festtag: „Wir verkünden und erklären es als ein von Gott geoffenbartes Dogma, dass die unbefleckte, allzeit jungfräuliche Gottesmutter nach Ablauf ihres irdischen Lebens mit Leib und Seele in die himmlische Herrlichkeit aufgenommen wurde."[1] Das sind doch gewagte Aussagen über einen Menschen? Und was hat das mit uns Männern zu tun? Können und wollen wir überhaupt Maria verehren? Ist das nicht zu kitschig, zu frömmelnd und ausschließlich Frauensache?

Dieser Gottesdienst ruft Maria, eine einfache Frau aus Nazaret, ins Gedächtnis der Männer. Sie ist unsere Schwester im Glauben und sie ist unsere Mutter, sie hat uns unseren Herrn Jesus geboren. Das ist eigentlich schon alles, es ist wenig und – beim genaueren Hinschauen und feiern – doch unglaublich viel. Die Blumen können von den Männern vor dem Gottesdienst gepflückt oder auch im Blumenhandel erworben werden.

■ **Begrüßung, Kreuzzeichen und Lied:** O Maria, sei gegrüßt
(Gotteslob 523)

■ **Kyrie**

Herr Jesus, du Sohn der Jungfrau Maria.
Kyrie eleison.
Herr Jesus, du Sohn des ewigen Vaters im Himmel.
Christe eleison.
Herr Jesus, du Bruder der Menschen.
Kyrie eleison.

■ **Gloria** (Gotteslob 168,1)

---

[1] Schott-Messbuch. Für die Sonn- und Festtage des Lesejahres C, Benediktiner der Erzabtei Beuron (Hrsg.), Freiburg i. Br. 1987. Pius XII. hat am 1. November 1950 die Lehre von der Aufnahme Mariens in den Himmel verkündet.

■ **Eröffnungsgebet**

Allmächtiger Gott,
du hast Maria erwählt, deinen Sohn zu gebären.
Wir glauben, dass du sie in den Himmel aufgenommen hast.
Sie ist dort, wo wir hinmöchten.
Lass uns einst dort ankommen.
Darum bitten wir durch ihn, Christus Jesus,
deinen Sohn, unseren Herrn und Gott,
der in der Einheit des Heiligen Geistes
mit dir lebt und herrscht in Ewigkeit.
Amen.

■ **Halleluja** (Gotteslob 643, 5)

■ **Perikope und Predigtgedanken**

Die Welt liegt immer noch in Trümmern. Männer, vorwiegend Männer, haben Europa und viele Landstriche anderer Kontinente dem Erdboden gleichgemacht. Zwei Atombomben sind über Japan gefallen, sie ließen Zehntausende von Menschen bei lebendigem Leib verglühen. Ein unvorstellbares Leid ist über sehr viele jüdische Familien gekommen …

In diese Zeit hinein spricht ein Papst das Wort von einer jungen Frau, die in den Himmel aufgenommen worden sei – mit Leib und Seele. Das klingt zunächst befremdlich, ist aber die Realkonsequenz unseres christlichen Glaubens.

Es ist sehr gewagt und mutig. Gerade mal fünf Jahre sind seit dem verheerenden Weltkrieg, in dem der Mensch auf so grausame Weise millionenfach gemordet, missachtet und gedemütigt worden ist, vergangen. Und nun verkündet die Kirche ihre ganze Hoffnung auf die leibhaftige Auferstehung. Sie konzentriert diese Hoffnung beispielhaft auf die Gottesmutter Maria. Maria steht exemplarisch für alle Gläubigen. Pius XII. verkündet es als öffentliches Dogma (verbindliche Glaubenslehre).

Damit bejaht die Kirche nicht nur Maria, sondern die ganze Menschheit, von der sie hofft, dasselbe Ziel zu erreichen wie Maria: den Himmel als Erfüllung und endlose Überbietung aller menschlichen Sehnsucht. Die Kirche träumt sozusagen in die Ewigkeit hinein. Sie träumt sich einen Menschen, so wie er von Gott ursprünglich gedacht ist. Und das ist Maria, unsere Schwester und Fürsprecherin im Glauben.

Was für Maria gilt, gilt für uns alle. Ich weiß, dass sich manche Katholiken und wohl auch viele Protestanten mit diesem Gedanken der leiblichen Aufnahme Mariens in den Himmel schwertun. Sie sehen Maria als Geschöpf, welches sie ja auch ist und immer bleiben wird. Ihnen missfällt die Sichtweise auf Maria, als die inthronisierte, exponierte Himmelskönigin. Nichtsdestotrotz möchte ich dieses Hochfest am 15. August, welches in der katholischen Kirche bereits seit dem 7. Jh.

gefeiert wird, ausdrücklich behandelt wissen. Es ist für uns Männer sehr aussagekräftig, es zeigt uns eine Seite des Mannseins, die wir vielleicht manchmal übersehen. Was sagt uns dieses Hochfest?

Im Grunde konzentriert es sich, wie alle kirchlichen Feste ganz auf Jesus. „Nun aber ist Christus von den Toten auferweckt worden als der Erste der Entschlafenen", heißt es in der Pauluslesung (1 Kor 15,20). Jede andere Interpretation der Marienfeste geht an dieser Kernaussage vorbei. Nun hat sich nach unserer Glaubensvorstellung das Vergängliche des Menschen mit Unvergänglichkeit und das Sterbliche mit Unsterblichkeit bekleidet. Und somit ist das Wort der Schrift im erlösten Menschen erfüllt, wo es heißt: „Verschlungen ist der Tod vom Sieg. Tod, wo ist dein Sieg? Tod, wo ist dein Stachel?" (1 Kor 15,54 f.)

Maria, so habe ich es in der wunderschönen und sehr eindrucksvollen Dormitio-Kirche am Berg Zion in Jerusalem meditiert, ist nicht „gestorben". Sie gilt als Entschlafene, sie gilt als in den Himmel Aufgenommene. Sie lebt dort, wo wir alle, die wir uns danach ausrichten und danach leben, einst ankommen werden. Sie ist zum lebendigen Tabernakel, zur lebenden Bundeslade für ihren Sohn Jesus geworden. Sie wurde in den Himmel emporgehoben – par exzellence für uns alle, die wir uns auf das Wort und den Willen unseres Herrn einlassen.

Zugegebenermaßen sind diese Überlegungen nur Bilder einer schöneren Welt. Vieles über Maria Gesagte lässt sich nicht wirklich beweisen. Wir können es glauben, malen, singen und feiern. Wir können es an den bunten Kräuterbüscheln riechen, es lässt sich in Marmorblöcke formen und auf „heilige" Wände malen. All das bleibt ein schönes Bild vom Menschen und von seiner grandiosen Zukunft. Die Auferstehung ist jetzt kein theologisches Abstraktum mehr, sondern praxisbezogener Glaube – er hat ein Gesicht in der Jungfrau und Gottesmutter Maria. „So werden in Christus alle lebendig gemacht werden. Es gibt aber eine bestimmte Reihenfolge: Erster ist Christus; dann folgen, wenn Christus kommt, alle, die zu ihm gehören." (1 Kor 15,22 f.)

Es ist durchaus mutig, vernünftig und konsequent zu schwärmen, zu glauben und zu lehren, dass Maria, die Frau, die Jesus als Mutter sehr nahegestanden haben muss, und demnach als enge Vertraute und Angehörige zu ihm gehört, für immer ins ewige Leben der Himmel emporgetragen wurde. Es ist auch vernünftig zu glauben, dass ihr Einfluss auf uns Männer auch heute noch sehr groß und heilsam ist.

### ▪ Marienverehrung

*Die Männer kommen mit Blumen in Zweierreihe zur Marienstatue und legen eine Blume mit einer leichten Verbeugung vor der Statue ab, dazu kann man meditative Orgelmusik spielen.*

- **Glaubensbekenntnis** (Gotteslob 3)

- **Fürbitten**

Gruppenleiter: Zu unserem Vater im Himmel lasst uns beten:
- Wir beten für uns, dass wir das ewige Leben erlangen dürfen.
Liedruf: *(Gotteslob 181, 2)*
- Wir beten für die Aufwertung des Leibes in einer sexistischen Zeit.
- Wir beten für alle Geschundenen und Geknechteten dieser Erde.
- Wir beten für alle Männer, dass sie Halt finden im Leben.
- Wir beten für unsere Kinder und Jugendlichen, dass sie behütet sind.
- Wir beten für unsere Kranken und Verzweifelten.
Gruppenleiter: Vater im Himmel, höre unser Rufen in der Not dieser Tage, und lass alle Menschen in Sicherheit leben, durch deinen Sohn, unseren Herrn und Heiland Jesus Christus, der mit dir lebt und herrscht in Ewigkeit. Amen.

- **Vaterunser**

- **Gebet zu Maria** (Gotteslob 10, 2)

- **Segenslied:** Segne, du Maria (Gotteslob 535)

# Erntedank für Männer (Lk 10, 21 f.)

■ **Material:** Kirche, Bibel, Gotteslob, Apfel, Brot, Wein, Wasserkrug, Hammer, Kleidungsstück, Uhr ...

■ **Hinführung**

Der Erntedankgottesdienst kann sowohl in einer Kirche, als auch im Freien statt-finden. Möglich wäre es auch, dass Männer im Vorfeld etwas mitbringen, dem sie dankbar verbunden sind (z. B. Foto der Frau, Uhr des Vaters, Zeichnung eines Kindes ... und womit sie später ihre Dankessätze symbolisch untermauern). Zur Wortgottesfeier sammeln sich die Männer in Zweierreihen und verneigen sich vor der Heiligen Schrift am Altar. Die Gegenstände zur Segensfeier werden vom hinteren Kirchgang zu zweit zum Altar gebracht.

■ **Begrüßung und Lied:** Nun danket alle Gott (Gotteslob 405) oder: Erde singe, dass es klinge (Gotteslob 411)

Gruppenleiter: Wir Männer kommen heute zusammen, um zu danken. Danken ist die wohl höchste Form des Denkens und befreit das Herz des Menschen. Er schwingt ein in den großen Dank der Kirche für alles, was sie am Leben erhält und für ihren Retter und Herrn Jesus Christus, der dieser Welt ein barmherziges und gütiges Gesicht gibt.

■ **Kyrie**

V: Herr Jesus, von dir lernen wir, dem Vater zu danken.
V/A: Herr, erbarme dich unser. *(Gotteslob 137)*

V: Herr Jesus, du machst unser Leben fruchtbar.
V/A: Christus, erbarme dich unser.

V: Herr Jesus, wir begrüßen dich, der uns zur Ernte des Lebens führst.
V/A: Herr, erbarme dich unser.

■ **Gebet**

Guter Vater, wir danken dir für unser tägliches Brot
und für alles, was du uns gelingen lässt.
Lass uns sorgsam mit deinen Gaben umgehen,
damit wir vielen eine Freude damit bereiten können.
Darum bitten wir durch Christus, unseren Herrn,
der mit dir und dem Heiligen Geiste lebt
von Ewigkeit zu Ewigkeit. A: Amen.

- **Psalm 103** (Gotteslob 57, 2)

- **Halleluja** (Gotteslob 66, 2) mit Evangeliumsprozession vom Altar zum Ambo mit Ministranten- und Kerzenbegleitung

- **Evangelium:** Lk 10, 21–22

*Anschließend wird das Evangelium mit Ministranten- und Kerzenbegleitung wieder zum Altar getragen und gut sichtbar aufgestellt.*

- **Predigtgedanken**

„Uns geht's so schlecht, unsere Regierung ist so korrupt, unser Essen ist vergiftet, die Wohnungen sind unbezahlbar …", so hört man bisweilen Menschen in Deutschland reden. In der Tat gibt es sehr viel versteckte Armut bei uns, so vor allem unter Kindern und älteren Leuten. Das ist ein großes soziales Unrecht und muss dementsprechend ernst genommen und bekämpft werden. Aber es gibt auch sehr viel Grund zur Dankbarkeit: Die meisten arbeitsfähigen Menschen bei uns haben eine Anstellung, sie genießen Bildung, eine medizinische Grundversorgung, ihnen fehlt es in der Regel nicht an Lebensnotwendigem.

Warum dann dieser Pessimismus, warum dieses Schwarzmalen, diese resignative Stimmung an vielen Orten?

Ich kann es mir nur so erklären, dass manche Männer verlernt haben zu danken. Ihnen gehen spontane Dankesgebete wie z. B. „Danke, dass ich einen neuen Tag beginnen darf!", oder „Danke, dass ich eine Familie an meiner Seite habe", oder „Danke, dass die Sonne scheint!" ab.

Wer sich in der Dankbarkeit nicht täglich übt, kann in der Tat zum Griesgram werden. Und wer hindert uns daran, dass wir nicht auch dann danken dürfen, wenn etwas schiefläuft, wenn persönliche Erwartungen unerfüllt bleiben, wenn uns Leid und Misserfolg treffen. Diese Erfahrungen gehören genauso zum Leben eines Mannes dazu, wie der Regen nach dem Sonnenschein. Und wer sagt denn, dass es nicht noch viel schlimmer hätte kommen können?

Jesus dankt voll Freude seinem Vater, weil er in Lebensgeheimnisse eindringen darf, die den Gescheiten verborgen bleiben. Jesus lebt aus der Kraft des Vaters. Die ständige Verbundenheit mit seinem Vater ist die immerwährende Quelle seines Lebens, die nie versiegt, auch nicht im Tod. Dem Sohn ist vom Vater alles übergeben worden, er hat alles und beansprucht doch nichts für sich.

Wenn wir heute Erntedank feiern, ist es angebracht, kurz zu überdenken, was unser Leben so reich macht: z. B. unsere Frauen und Kinder, unser Lebensraum, unsere Freunde, unsere Arbeit, die Wiesen, Wälder und Berge um uns … um nur einige zu nennen.

Es ist letztlich alles eine Frage der Wahrnehmung und der Interpretation. Wirklich ist das, was und wie es auf mich wirkt und das bestimme zu einem großen Teil immer noch ich als Mann.

- Glaubensbekenntnis (Gotteslob 3, 4)
- Dankessätze (evtl. mit mitgebrachten Symbolen, z. B. Fotos, Anhängern ...)

Gruppenleiter: Ich lade euch Männer dazu ein, aus den Reihen heraus einen Dankessatz selbst zu formulieren. Und alle antworten nach drei Dankessätzen mit: Danket, danket dem Herrn *(Gotteslob 406)*

### Verehrung des Wortes Gottes

Gruppenleiter: Liebe Brüder,
Jesus ist uns in seinem Wort ganz nahe.
Wer die Heilige Schrift kennt, kennt Christus,
den wir jetzt in seinem Wort verehren.

Ich lade euch ein,
nach vorne zu kommen und euch vor der Heiligen Schrift am Altar zu verneigen.
Ihr könnt sie auch mit der Hand berühren.
Es ist das Wort des Lebens.

Verehrung des Wortes durch die Männer zu meditativer Musik oder zum Gesang:
Gottes Wort ist wie Licht in der Nacht *(Gotteslob 450)*

### Vaterunser in den Bänken

### Segensfeier

Die Gaben werden von zwei Männern abwechselnd nach vorne getragen. Nach dem Herzeigen sprechen alle Männer: Herr, wir danken dir.

*Beim Zeigen eines Kleidungsstückes*
Herr, wir haben Kleidung, wir haben warme Wohnungen, du schützt uns vor Kälte und Hitze und bewahrst unsere Würde als Männer.

**Herr, wir danken dir.**

*Beim Zeigen des Apfels*
Herr, du sorgst für uns und lässt Äpfel wachsen. Sie bereichern unseren Speiseplan und schenken uns kostbare Vitamine.

*Beim Zeigen des Wasserkruges*
Herr, wir haben fließendes Mineralwasser aus der Leitung zur Verfügung. Es ist rein und kostbar, es erfrischt uns, es ist der Ursprung allen Lebens.

*Beim Zeigen des Brotes*
Herr, du beschenkst uns mit Nahrung, die viele fleißige Menschen für uns bereiten. Wir dürfen uns sättigen, weil du unser Leben erhältst.

*Beim Zeigen des Hammers*
Herr, wir Männer dürfen diese Welt gestalten. Wir dürfen Hand anlegen und uns einbringen. So erleichtern wir uns und vielen anderen das Leben.

*Beim Zeigen der Weinflasche*
Herr, du hast uns Wein zur Freude und zum Genuss gegeben. Du möchtest, dass wir gerne leben und glücklich sind.

*Beim Zeigen der Uhr*
Herr, wir Männer lieben die Technik, wir freuen uns, wenn uns etwas gelingt. Du schenkst uns die Fähigkeit, in das Wunder des Lebens einzugreifen und sie dem Menschen nutzbar zu machen.

### ■ Gebet

Gruppenleiter: Lasset uns beten.
Guter Gott,
wir danken dir für den Himmel und die Erde,
die du geschaffen hast und die wir staunend bewundern.
Du hast uns Männer zu dazu erwählt,
die Erde zu behüten, zu bewahren und zu pflegen.
Segne diese Gaben deiner Schöpfung (+),
die wir dankbar von dir entgegennehmen.
Lass uns die Armen, die Hungernden, die Unglücklichen
bitte nicht vergessen,
auch sie sollen haben, was sie zum Leben brauchen.
Segne auch uns Männer (+),
die wir hier versammelt sind.
Darum bitten wir durch Christus, unseren Herrn,
der in der Einheit des Heiligen Geistes
mit dir lebt und herrscht in alle Ewigkeit. Amen.

### ■ Schlusslied: So viel Gutes, so viel Schönes für uns da (Gotteslob 803)

Gruppenleiter: Gehet hin in Frieden, Halleluja.
A: Dank sei Gott, dem Herrn. Halleluja.

# Franziskus – Narr Gottes (4. Oktober; Gal 2,19bf)

- ◼ **Materialien:** Bodenbild, Liedzettel, Bibel, Mantel (für das Spiel)
- ◼ **Hinführung**

Bruder Franz von Assisi ist ein Mann, der auf eindrucksvolle Weise Spuren bis in unsere Zeit hinein hinterlassen hat. Er gilt als erster Mensch, der die Stigmata (Wundmale) Jesu an seinem Leibe trug und ist auch in anderen Völkern und Religionen sehr beliebt. Die heutige Erzählung zeigt uns einen völlig verrückten jungen Mann, der alles für seinen Herrn zu tun bereit ist. Nicht umsonst wird er pazzo di Dio – „Narr Gottes" genannt.

Diese Andacht lässt sich zum Beispiel am Namenstag des Heiligen (4. Oktober) einrichten. Sie möchte die Männer ermutigen, „ver-rückte" Wege zu gehen, sich nicht im alltäglichen Trott zu verlieren, sondern wirklich den ureigenen Lebensweg zu finden und mit Mut zu gehen. Das Rollenspiel mag dies unterstützen.

- ◼ **Begrüßung, Kreuzzeichen und Lied**

**Er war ein Pilger hier auf Erden**

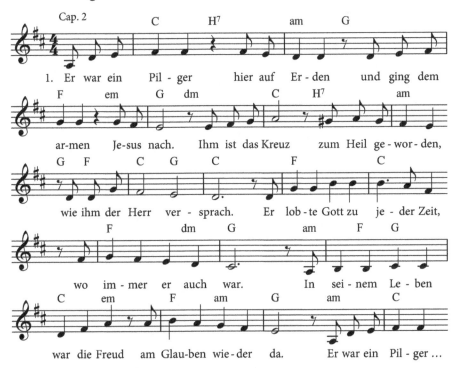

Melodie und Text: Christian Kuster, Jerusalem

2. Er liebte Gottes schöne Welt und sucht die Einsamkeit.
   Der Himmel war sein weites Zelt, für Gott war er bereit.
3. Er lebte arm und ehelos für Christus und die Welt.
   Die Schar der Brüder wurde groß, die Gott ihm beigesellt.
4. Er sang dem Herrn ein neues Lied von Menschen, die verzeihn.
   Die Vögel sangen alle mit: ein Chor im Sonnenschein.

■ **Perikope** (Gal 2,19bf)

■ **Predigtgedanken**

Im letzten Winter fuhr ich spätabends mit meinem Fahrrad durch ein bayerisches Dorf. Rauch stieg vor mir auf und ich dachte spontan an ein Feuer. Da sah ich zu meiner großen Verwunderung ca. zwanzig nackte Männer in einem – mit heißem Wasser gefüllten – Bau-Container stehen. Sie hatten ihren Spaß und waren umringt von Schaulustigen. Einer erklärte mir, dass es sich dabei um einen Firmenwettbewerb (Challenge) handelte. Wer nicht mitmachte, musste ein großes Bierfass spendieren.

Ähnliches, aber aus völlig anderen Motiven wird Bruder Franz von Assisi tun. Franziskus ist im Jahre 1182 in Assisi geboren. Er heißt Giovanni, aber alle nennen in Franziskus – Französlein. Er ist Sohn eines stinkreichen Tuchhändlers. Seine Bestrebungen als Ritter sind gescheitert, er bekehrt sich, geht in sich und wird zum Freund der Armen und Bettler. Sein Vater schlägt ihn, er sperrt ihn ein, um ihn wieder auf die richtige Spur zu bringen. Franziskus wirft die kostbaren Kleider aus dem Geschäft seines Vaters zum Fenster hinaus, in die Hände des Volkes. Mit dem Geld seines Vaters restauriert er ein kleines Kirchlein.

Seinem Vater missfällt dies verständlicherweise und er fordert sein Geld zurück. Er geht zum Bischof Guido. Es kommt zu einer öffentlichen Verhandlung und dann passiert, was passieren muss: Franziskus entledigt sich seiner Kleider, gibt sie seinem Vater zurück und bekennt sich ganz zu seinem Vater im Himmel. Er sagt: „Bis jetzt habe ich Petrus Bernardone meinen Vater genannt; aber weil ich mir vorgenommen habe, Gott zu dienen, gebe ich jenem das Geld zurück, um dessentwillen er in Unruhe war, und alle Kleider, die ich von seiner Habe besessen habe. Von nun an will ich sagen: ‚Vater unser, der du bist im Himmel, nicht mehr Vater Petrus Bernardone.'"[1] Bischof Guido bekleidet den Nackten mit seinem Mantel und schließt ihn in seine Arme, der Vater ist erzürnt und beschämt.

Franziskus war früher kein Kostverächter, er war bei jedem Fest dabei und zog schließlich als reicher Bürgerssohn und Ritter in den Krieg, in die Nachbarschaft von Perugia. Dort, in der Gefangenschaft, aus der ihn sein Vater freikaufte, und in den Wochen danach, erfährt er eine starke Wesensveränderung, die ihn besonders

---

[1] Grau, Engelbert (Hrsg.), Die Dreigefährtenlegende des Heiligen Franziskus von Assisi, Dietrich-Coelde 1993, S. 104.

Franziskus – Narr Gottes

zum Gekreuzigten hinzieht. Sein Vater geht diesen Wandlungsprozess offensichtlich nicht mit.

Diese Geschichte aus der Dreigefährtenlegende (ab 1244) hat für uns Männer von heute auch noch eine große Aussagekraft:

- Franziskus löst sich von Fremdbestimmung, von Vereinnahmung und von einem überdimensionalen Vater, der seine eigenen nicht gelebten Wünsche in den Sohn hineininterpretiert. Franziskus wendet dabei keine Gewalt an, er wird nicht unverschämt, er greift nicht zur Waffe, er holt sich auch keine Hilfe. Er entblößt sich dermaßen, dass den Leuten die Worte im Hals stecken bleiben. Er ist in seiner Verwundbarkeit sehr mächtig.
- Sein Verhalten trägt aus heutiger Sicht manische Züge, aber es ist ja nicht nur die Autobiographie eines einzelnen Menschen. Diese Geschichte spiegelt die gesellschaftlich tolerierte, himmelschreiende Ungerechtigkeit zwischen den aufstrebenden Bürgern, der superreichen und äußerst machtvollen Kirche ihrer Zeit und den vielen Armen Italiens wieder. Heute würde man vom Nord- Südgefälle sprechen, durch das so viele Menschen unter die Räder kommen, während die Menschen in den Industrieländern in verhältnismäßig großem Wohlstand leben. Wie stehen wir, die wir in einer Wegwerf- und Vergeudungsgesellschaft leben, zu diesem Tatbestand?
- Franziskus liefert sich ganz Gott aus, um ein Leben in vollkommener Bedürfnislosigkeit zu leben. Wie sieht es mit unserer Hingabe an Gott aus? Rechnen wir noch mit ihm? Was ist unsere Berufung? Was wollen wir eigentlich?
- Der Bischof schützt Franziskus: Er reicht ihm seinen Mantel – sein pallium. Davon leitet sich das Wort Palliativmedizin ab. Der Mantel erinnert an den heiligen Martin und an alle, die den Grundauftrag der Kirche – nämlich die Nächstenliebe – ernst nehmen. Dienen wir mit unserem Leben den Nächsten, den Jüngeren, den Alten? Leben wir nachhaltig? Ist uns bewusst, dass wir Männer in Zukunft in den Pflegedienst für die wachsende, ältere Generation eingebunden werden?
- Mit seinem Nacktauftritt will Franziskus die Menschen aufrütteln. So kann es nicht weitergehen. Aber er macht das ohne Vorwürfe, er fängt einfach ganz radikal bei sich an. Ein Gebet lautet sinngemäß: „Herr, erneuere deine Kirche und fang bei mir an!" Franziskus hat das bis zum Exzess umgesetzt und dabei mit Sicherheit oft maßlos übertrieben. Es gab zu seiner Zeit viele Armutsbewegungen, z.B. die Waldenser und die Katharer. Sie wurden grausam verfolgt, ganze Dörfer wurden niedergebrannt. Franziskus wandelt so gesehen stets am Abgrund zur Ketzerei.

Franziskus hat sich wahrscheinlich mit seinem Vater nie mehr richtig ausgesöhnt. Im Gegenteil: Vielmehr hat ihn sein Vater, als er ihm als minderer Bettel-Bruder begegnete, in seiner Verzweiflung verflucht. Franz weiß sich zu helfen: Er bittet einen Bruder, wann immer sein Vater ein schlimmes Wort über ihn spricht, ihm stattdessen ein segnendes Wort ins Ohr zu flüstern. Das ist der Anfang einer heilsamen „Therapie", die ihm hilft, diese schwere Vaterwunde zu überwinden, bzw. in eine große Liebe zum armen Leben zu verwandeln und schließlich seinem Wege als Minderbruder treu zu bleiben.

Nackt und völlig wehrlos, bar jeglicher weltlichen Schutzmacht, hat sich Bruder Franz Jahre später auf den Boden der Portiunkula (kleine Kirche) zum Sterben hingelegt. Er trug die Wundmale Jesu an seinem Leibe. Er ist – wie Paulus – mit Christus gekreuzigt. Er lebt nicht mehr sich selbst, sondern Christus lebt in ihm. Und nun singt er zum letzten Mal seinen berühmten Sonnengesang. Wie er auf die Welt gekommen ist, so geht er von ihr und so hat er auch viele Jahre als Bettelbruder zugebracht: arm und wehrlos, ehelos und gehorsam, den Ärmsten und der ganzen Schöpfung innig verbunden.

### ■ Rollenspiel

Gruppenleiter: Es gibt folgende Rollen zu vergeben:
1. Vater Bernardone
2. Franziskus
3. Bischof Guido
4. Zuschauer

Schlüpft in eine der vier Rollen und spielt die Geschichte nach. Es geht dabei nicht um große schauspielerische Fertigkeiten, sondern darum, dass ihr euch in die Charaktere hineinversetzt. Ich frage euch danach, wie ihr euch gefühlt habt, was ihr jetzt gebraucht hättet.

Dieses Spiel lässt sich mehrmals mit verteilten Rollen spielen, bis es keinen Spaß mehr macht bzw. die Zeit – ungefähr eine Stunde für 8 Männer – um ist.

### ■ Glaubensbekenntnis, Freie Fürbitten

Wir antworten stets mit: Wir bitten dich, erhöre uns.

### ■ Vaterunser und Segen

Gruppenleiter: Stellt euch zu zweit auf. Dann flüstert jeder dem anderen ein gutes Wort, einen erbaulichen Segenssatz ins Ohr.

### ■ Schlussgebet

Lasset uns beten: Gott, am Fest des heiligen Franziskus dürfen wir erfahren, dass es nie zu spät ist für ein gutes und versöhntes Leben als Mann. Lass uns diesen Weg der dankbaren, gesegneten Erneuerung gehen im Namen des Vaters (+) und des Sohnes (+) und des Heiligen Geistes (+). Amen.

# Allerheiligen mit Lebensübergabe (Mt 5,1–12a)

■ **Materialien:** Weihrauch und Weihrauchfass, Gebet von Bruder Klaus, Gotteslob, Bibel

■ **Hinführung**

Das Fest Allerheiligen ist gewissermaßen ein Erntedankfest der Kirche, weil es den Ernstfall der Auferstehung mit allen ganz bei Gott Angekommenen darstellt. Bereits im 4. Jh. gibt es in den Ostkirchen ein besonderes Fest für alle bei Gott Vollendeten. Im Westen wird es in Gallien im 8. Jh. gefeiert und ein Jahrhundert später ist es auch in Rom bekannt. Das Hochfest Allerheiligen wird in allen Diözesen begangen. Gregor III. hat im 8. Jh. für die Stadt Rom den 1. November zum Allerheiligentag erkoren. In der Ostkirche feiert man Allerheiligen am ersten Sonntag nach Pfingsten.

Die Heiligen bilden nach der Offenbarung „eine große Schar aus allen Nationen und Stämmen, Völkern und Sprachen; niemand konnte sie zählen" (vgl. Offb 7,9).

Zunächst wurde der Märtyrer am Altar gedacht, später auch der Einsiedler und anderer Glaubenszeugen. Sie alle bilden durch ihr beispielhaftes Leben eine „Wolke von Zeugen" (vgl. Hebr 12,1), mit der wir Lebenden als pilgerndes Gottesvolk verbunden bleiben.

Man kann diesen Gottesdienst in der Kirche oder besser in einer kleineren Kapelle mit Verneigung oder Prostratio feiern. Ziel der Feier ist die Lebensübergabe, die Erkenntnis, dass Heiligsein sehr viel mit mir und meinen Fehlern zu tun hat. Meine Berufung besteht nicht darin, vollkommen zu sein, sondern mich in meiner Unvollkommenheit und Gebrechlichkeit auf das Abenteuer Gott einzulassen, der Großes aus meinem Leben machen kann.

■ **Eröffnungslied:** Der Himmel geht (Gotteslob 873)

■ **Kyrie** (Gotteslob 156)

V: Herr Jesus Christus, der du gepriesen wirst von allen unseren Namenspatronen.
Liedruf
V: Herr Jesus Christus, der du gepriesen wirst von allen Heiligen und Seligen.
Liedruf
V: Herr Jesus Christus, der du gepriesen wirst von allen Männern dieser Erde.
Liedruf

■ **Eröffnungsgebet**

Allmächtiger, gütiger Gott, heute feiern wir voll Freude alle Männer, die bei dir angekommen sind.

Auf ihre Fürsprache erfülle du unsere Hoffnung und schenke uns dein Erbarmen.
Darum bitten wir in der Kraft des Heiligen Geistes,
durch Jesus Christus, deinen Sohn. Amen.

▪ **Halleluja** (Gotteslob 725), **Evangelium:** Mt 5,1–12a

▪ **Predigtgedanken**

„Selig, die arm sind vor Gott; denn ihnen gehört das Himmelreich." Mit diesen Worten beginnt die Seligpreisung als Auftakt zur Bergpredigt im Matthäusevangelium (5, 3). Diese Feststellung und Verheißung zugleich stellt die Werteordnung dieser Welt auf den Kopf und zugleich sagt sie uns, wohin unsere Reise als Männer nur gehen kann – hinein in die Selbstentäußerung, in die Armut, in das Loslassen alles uns Bindenden und Liebgewordenen. Wenn Gott unser Reichtum in Fülle geworden ist, wird man uns Heilige nennen, Angekommene, Glückliche, die nichts mehr bedürfen, die dort waren, die alles haben und doch nichts.

Wenn ich an heilige Männer denke, dann fallen mir Leute wie der stille Josef, der stürmische und hervorpreschende Petrus, der bedacht liebende Johannes ein. Wir müssen uns davor hüten, die heiligen Männer allzu sehr von ihren positiven Seiten her zu betrachten. Sie sind keine fertigen Ausstellungsstücke männlicher Tugend in Reinkultur. Heilige haben, wie wir alle, sehr viele Fehler. Doch offensichtlich bedient sich Gott ihrer Fehler und Makel, um etwas Großes aus ihnen zu machen. Vielleicht sind die Fehler und Schwächen sogar die Bedingung, oder besser die Landefläche, für die heilsame Kraft des Heiligen Geistes?

Jedenfalls ist es für uns zu wenig, wenn wir hierstehen, unsere Heiligen feiern und dann genau so wieder nach Hause gehen, wie wir gekommen sind. Es ist unsere einmalige Berufung heilig zu sein. „Denn in ihm hat er uns erwählt vor der Grundlegung der Welt, damit wir heilig und untadelig leben vor ihm", heißt es im Epheserbrief (1, 4). Wir sind gut damit beraten, alles zu tun, um dieser Berufung jetzt schon zu entsprechen. Aber wie geht das? Das ist doch nicht so einfach, oder doch?

Es gibt ein paar Eckpfeiler auf unserer Reise zur Heiligkeit:

1. Reflektiere dein Leben, prüfe dich täglich, denk über dich nach und suche nach den Beweggründen für dein Verhalten. Erst wenn du dich liebend verstehst, kannst du dich im guten Sinne weiterentwickeln.
2. Wenn du gut sein willst, dann tu einfach Gutes und freu dich daran. Setze deinem Tun ein kleines „Für" voran und du wirst selbst glücklich sein und reich beschenkt werden.
3. Es geht nicht darum, die Bibel auswendig zu beherrschen, aber wenn du das wenige Wertvolle täglich zu leben versuchst, das du darin gefunden hast, sollte das genügen.
4. Übe dich darin, niemandem sonst gefallen zu wollen, als deinem Gott. Dann wirst du frei werden von menschlichen Bindungen, du wirst bescheiden und einfach leben und jetzt schon zu den Glücklichen gehören.

5. Denk nicht nur an dich, denk auch an die Anderen, die es nicht so gut haben wie du, die deiner Hilfe bedürfen und setz dich nach Möglichkeit für ein gerechtes Leben ein.
6. Nichts macht einen Mann so sympathisch wie seine Fähigkeit zu Humor. Lebe ihn in barmherziger und kraftvoller Umsetzung.
7. Wenn manches in deinem Leben schiefläuft, darfst du dich – so paradox das klingen mag – wirklich glücklich schätzen, denn dann bist du dem Himmelreich schon sehr nahe.

### ▓ Allerheiligenlitanei (Gotteslob 556) mit Weihrauch-Inzens

Vor Beginn der Litanei wird die Kohle in der Sakristei entzündet, dann wird das Weihrauchfass dem Wortgottesdienstleiter übergeben, der Gruppenleiter legt Weihrauchkörner auf die Kohle, und segnet mit dem Fass die anwesenden Männer drei Mal. Wenn wenige Männer anwesend sind und es die Räumlichkeiten in der Kapelle erlauben, können sich die Männer ausgestreckt in Prostratio-Gebets-Haltung auf den Boden legen oder sich alternativ vor dem Kreuz knieend verneigen.

### ▓ Seligpreisungen für Männer

Selig seid ihr, wenn ihr sagen könnt:
Das brauch ich nicht! Ihr werdet reich beschenkt.
Selig seid ihr, wenn ihr euren Tränen freien Lauf lasst,
denn ihr bekommt klare Sicht.
Selig ihr Männer, wenn ihr niemandem mehr etwas beweisen müsst,
denn ihr seid wirklich frei.
Selig seid ihr, wenn ihr auch mal nachgiebig seid, ihr werdet Nachsicht erfahren.
Selig ihr Männer, die ihr für die Schwächeren da seid, denn auch euch wird geholfen werden.
Selig die Männer, die sich selbst nicht so wichtig nehmen,
denn sie werden Beachtung finden.
Selig die lauteren Männer, denn sie werden gut schlafen können.
Selig, die ihr versöhnlich seid, denn ihr tut euch selbst den größten Gefallen.
Selig die Männer, die nicht mehr im Alleingang die Besten sein müssen,
denn sie kommen ans Ziel.
Selig, die ihr leidet und traurig seid, denn ihr reift zu starken Männern heran.

### ▓ Lebensübergabe an Gott

Gruppenleiter: Bist du bereit, dein Leben ganz unserem Herrn Jesus anzuvertrauen?
A: Ich bin es. – Die Männer stehen auf, wenn sie vorher in der Prostratio verharrten.
Gruppenleiter: Bist du bereit, dein Leben ganz unserem Vater im Himmel zu übergeben?

A: Ich bin es.

GL: Bist du bereit, dein Leben aus der Kraft des Heiligen Geistes gestalten zu wollen?

A: Ich bin es.

GL: So sprechen wir gemeinsam das Gebet des hl. Klaus von der Flüe:

A: Mein Herr und mein Gott,
nimm alles von mir,
was mich hindert zu Dir.

Mein Herr und mein Gott,
gib alles mir,
was mich fördert zu Dir.

Mein Herr und mein Gott,
nimm mich mir
und gib mich ganz zu eigen Dir.[1]

### ▓ Fürbitten

Gruppenleiter: Wir bringen nun unsere Fürbitte frei mit Dank vor Gott und antworten jeweils mit dem Liedruf: Die Freude an Gott *(Gotteslob 869, 2)*

Gruppenleiter: Allmächtiger Gott, du hast deinen Sohn aus Grab und Tod ins ewige Leben gerufen. Erfülle die ganze Welt mit seinem nie endenden Leben. Darum bitten wir durch ihn, Christus, unseren Herrn.

A: Amen.

### ▓ Vaterunser und Segen

Wir leben nicht uns alleine und wir sind den Heiligen verbunden.
Auf ihre Fürsprache segne Gott unsere Augen, damit wir sehen, wie schön diese Welt sein kann.
Er segne unsere Hände, damit wir tun, was er von uns verlangt.
Er segne unsere Beine, damit wir standfest bleiben in einer orientierungslosen Zeit.
Er segne unser Herz, auf dass es einfach und rein bleibe und für die Liebe schlage.
Er segne unsere Gedanken, damit wir denken, was vor ihm recht ist.
Er segne unseren Mund, damit wir Heiliges sprechen in eine unheile Welt.
Das gewähre uns der große Gott,
der Vater (+) und der Sohn (+) und der Heilige Geist (+). Amen.

---

[1] Ebert, Andreas/Moser, Gregor, Männergebete, München 2015, S. 38.

# Allerseelen – ein Friedhofsbesuch (1 Thess 4,13–18)

- **Material:** ein Friedhof, Zettel, Stifte, Bibeln, Gotteslob
- **Hinführung**

Normalerweise verdrängen Männer den Tod. Viele wähnen sich beinah unsterblich und meinen immer jung und vital bleiben zu können. Es gehört ein gewisses Maß an Überwindung dazu, den Friedhof zu besuchen, dort zu singen und zu beten, aber es ist heilsam, sich mit der Vergänglichkeit des Lebens auseinanderzusetzen. Für diese Form des „freien" Gottesdienstes wäre eine Gruppe von fünf bis zwölf Männer angemessen. Es sollte noch hell sein, wenn der Friedhof besucht wird, damit man die Gräber gut erkennen kann.
*Wir stehen am Tor des Friedhofs.*

- **Begrüßung**

Gruppenleiter: Der Name des Herrn sei gepriesen.
A: Von nun an bis in Ewigkeit.

- **Kreuzzeichen und Lied:** Ich steh vor dir mit leeren Händen
  (Gotteslob 422)
- **Kyrie**

Herr Jesus Christus, du bist das lebendige Wort des Vaters.
A: Herr, erbarme dich.
Dein Wort ist Licht auf unseren Wegen.
A: Christus, erbarme dich.
Du hast Worte des ewigen Lebens.
A: Herr, erbarme dich.

- **Tagesgebet**

Gott, wir danken dir, dass du uns an diesem heiligen Ort zusammengeführt hast. Lass uns erkennen, wo wir sind und was noch alles vor uns liegt. Lass uns glauben, dass die vielen Verstorbenen bei dir ihre Vollendung finden. Darum bitten wir durch Jesus Christus, deinen Sohn, unseren Herrn und Gott, der in der Einheit des Heiligen Geistes mit dir lebt und herrscht in alle Ewigkeit. Amen.

- **Perikope:** 1 Thess 4,13–18 und **Predigtgedanken**

Liebe Männer, wir sind heute an einem ungewöhnlichen Ort zusammengekommen um Gottesdienst mal anders zu feiern. Wie fühlt ihr euch an diesem Ort? Ich persönlich genieße die Ruhe, die sich hier unter den Bäumen breitmacht, mich sprechen die vielen Lichter sehr an, die später bei aufkommender Dunkelheit immer heller werden. Und die Botschaft von Paulus aus dem ersten Thessalonicherbrief trägt mich. Es ist übrigens einer der ältesten Texte im Neuen Testament und er spricht unmissverständlich von der Hoffnung, die die ersten Christen hatten. Sie lassen die Hinterbliebenen nicht im Regen stehen, „damit ihr nicht trauert wie die anderen, die keine Hoffnung haben. Denn wenn wir glauben, dass Jesus gestorben und auferstanden ist, so wird Gott die Entschlafenen durch Jesus in die Gemeinschaft mit ihm führen." (1 Thess 4, 13 f.)

Das sind keine leeren Worte, das ist unsere große, unglaubliche Hoffnung als Christen. Wir gehen der Auferstehung entgegen, jeden Tag sind wir unserem Heil ein Stück näher. Deshalb leben wir so, dass es heute schon Gott gefällt.

Alle, die hier liegen haben gelebt, haben geliebt, haben gefehlt und sie alle sind gestorben. Soll das jetzt etwa alles gewesen sein? Unser Glaube sagt, dass Christus auferstanden ist und dass wir immer beim Herrn sein werden. Das ist unser Trost und das darf uns vorerst auch genügen.

Gruppenleiter: Ihr Männer geht jetzt über den Friedhof und schaut euch die Gräber genauer an. Notiert euch Grabessprüche und skizziert christliche Zeichen. Sammelt so ca. zwölf Zeichen und Sprüche und betet jeweils für die Verstorbenen, an deren Gräbern ihr euch befindet ein kurzes: „Herr, sei ihm/ihr gnädig." In einer halben Stunde kommt ihr wieder an diesen Eingangsort zurück.
*Männer besuchen die Gräber.*

Gruppenleiter: Lasst uns beten, wie es uns der Herr Jesus gelehrt hat. Wir fügen dem Gebet ein Gegrüßet seist du Maria hinzu und beten um eine gute Sterbestunde:

- ■ **Vaterunser und Gegrüßet seist du Maria**

- ■ **Gebet**

Herr, wir sind an diesem heiligen Ort zusammengekommen, um über uns und unser Leben nachzudenken. Wir beten für die vielen Kinder, Männer und Frauen, deren Gebeine hier ihre letzte Ruhe gefunden haben, dass du dich ihrer erbarmen mögest. Hole sie zu dir heim, darum bitten wir dich durch Christus, unseren Herrn, der in der Einheit des Heiligen Geistes mit dir lebt und herrscht in Ewigkeit. Amen.
*Wir gehen in den Pfarrsaal oder kommen an einem anderen Ort zusammen.*

- ■ **Austauschgespräch unter Brüdern über die Symbole und Grabinschriften**

Mögliche Symbole
- Alpha und Omega = Jesus ist der Anfang und die Vollendung

- Kreuz = Jesus ist gestorben und auferstanden
- Ähre = Jesus ist das Brot des Lebens
- Jona mit dem Fisch = wie Jona war Jesus drei Tage unter der Erde/bzw. unter dem Wasser und ist am dritten Tage auferstanden
- Engel = ein Bote einer anderen, unsichtbaren Welt
- Pelikan = Jesus hat sich für uns geopfert, wie ein Pelikan sich für seine Jungen die Brust aufreißt und sie füttert
- Hirte, Schafe = Jesus ist der gute Hirte
- Lebensbaum = Jesus ist der neue Baum des Lebens
- Taube mit Ölzweig = Symbol für den ewigen Frieden bei Gott
- IHS = Abkürzung für Jesus
- Fisch = $IX\Theta Y\Sigma$ = Abkürzung für: Jesus Christus, Gottes Sohn, Erlöser

## Mögliche Grabinschriften
- Auferstehung ist unser Glaube, Wiedersehen unsere Hoffnung, Gedenken unsere Liebe. (Augustinus)
- Das einzig Wichtige im Leben sind die Spuren von Liebe, die wir hinterlassen, wenn wir ungefragt weggehen und Abschied nehmen müssen. (Albert Schweitzer)
- Das Schönste, was ein Mensch hinterlassen kann, ist ein Lächeln im Gesicht derjenigen, die an ihn denken.
- Das Sichtbare vergeht, doch das Unsichtbare bleibt ewig.
- Die aber am Ziel sind, haben den Frieden.
- Die Bande der Liebe werden mit dem Tod nicht durchschnitten. (Thomas Mann)
- Stark wie der Tod ist die Liebe. (Hld 8, 6)
- Der HERR ist mein Hirt, nichts wird mir fehlen. (Ps 23, 1)
- Auch wenn ich gehe im finsteren Tal, ich fürchte kein Unheil. (Ps 23, 4)
- Ich hoffte, ja ich hoffte auf den HERRN. Da neigte er sich mir zu und hörte mein Schreien. (Ps 40, 2)
- Wann darf ich kommen und erscheinen vor Gottes Angesicht? (Ps 42, 3)

### ▨ Schlussgebet

Der Friede Gottes, der alles menschliche Verstehen übersteigt, segne uns und unsere Gedanken. Und so behüte uns der allmächtige Gott, der Vater und der Sohn und der Heilige Geist. A: Amen.

### ▨ Entlassung

Singet Lob und Preis.
A: Dank sei Gott, dem Herrn.

# Eine Bildbearbeitung im Totenmonat November
## (1 Kor 15, 49)

- ■ **Material:** z. B.: Bild von Marc Chagall

- ■ **Hinführung**

Männer lieben Bildbetrachtungen. Sie schauen gerne, sie beschreiben gerne und sie interpretieren ihr Gesehenes gerne. Es empfiehlt sich ein Bild zu wählen, zu dem der Gruppenleiter selbst eine gute Beziehung hat, das er kennt, das ihm gefällt und das für ihn eine große Bedeutung hat. Bilder sagen oft viel mehr als Worte und können auch über einen langen Zeitraum (ca. zwei Stunden) auf folgende Weise bearbeitet werden.

- ■ **Perikope:** Wie wir nach dem Bild des Irdischen gestaltet wurden, so werden wir auch nach dem Bild des Himmlischen gestaltet werden. (1 Kor 15, 49)

Marc Chagall, Dem anderen Licht entgegen, © VG Bild-Kunst, Bonn 2018

- ■ **Bilddeutung**

Paulus schreibt den Korinthern, dass wir Männer nach dem Bild des Irdischen gestaltet wurden. Dieses Bild ist vergänglich, es ist sterblich und dem Wandel und Vergehen in der Zeit unterworfen. Wir werden aber auch nach dem Bild des

Himmlischen gestaltet werden, dieses ist unsterblich, denn „was auferweckt wird, [ist] unverweslich" (1 Kor 15, 42). Marc Chagall tanzt in seinem Bild zwischen diesen beiden Welten. Er ist – religiös gesehen – schon mehr drüben als hier auf dieser Erde. Das ist das letzte Bild des weißrussischen Künstlers Marc Chagall. Marc als Engel, der selbst von einem Engel abgeholt wird und am Kopf (wie Elija an der Fontanelle, am Puls des Lebens, vgl. 1 Kön 19, 5), berührt wird.

Der vielversprechende Titel des Bildes lautet: „Dem anderen Licht entgegen". Es wurde am 28. 03. 1985, an seinem Todestag, gemalt. Marc Chagall war zu diesem Zeitpunkt bereits 97 Jahre alt. Im Spiegel zeigen sich evtl. die Eltern des Künstlers oder auch bestimmte Frauen aus seinem Leben. Der Blumenstrauß verbindet sozusagen die Welten, der Kreis (mittig oben) symbolisiert bei Chagall zumeist Gott selbst, die Flügel an den Schultern Chagalls sind wohl ein Hinweis auf die baldige „Heimfahrt". Insofern passt das Wort des Apostels Paulus sehr gut auf Marc Chagall, da heißt es: „Wie wir nach dem Bild des Irdischen gestaltet wurden, so werden wir auch nach dem Bild des Himmlischen gestaltet werden." (1 Kor 15, 49) In Chagalls letztem Bild sind zwei Welten angedeutet: die vergängliche, irdische Welt und die kommende, himmlische Welt. Das Bild bietet also Einblick in unser Leben und öffnet zugleich den Horizont für das, was kommt.

### ▧ Ablauf

- das Bild wird zunächst in Stille betrachtet,
- dann sagt/schreibt jeder, was er darauf sieht (sachliche Beschreibung)
- und später teilt er mit, wie er das Bild persönlich interpretiert, wie es auf ihn wirkt, was der Künstler wohl damit sagen wollte (persönliche Deutung/Interpretation)
- aus dem Austauschgespräch heraus, werden auch allgemeine Infos (Zusammenhänge, Künstler, etc.) gemeinsam erarbeitet

### ▧ Vaterunser im Kreis

### ▧ Segen

Unser Vater im Himmel! Der Künstler Marc Chagall hat noch an seinem letzten Tag an dich geglaubt und mit dir gerechnet. Er hat deine drängende Nähe vernommen und gespürt, dass er bald heimkommen wird. Wir möchten uns wie er auf dich ausrichten. Darum bitten wir durch Christus, unseren Herrn.
Im Namen des Vaters (+) und des Sohnes (+) und des Heiligen Geistes (+). Amen.

# Der heilige Martin (11. November; Mt 25, 31–46)

- **Materialien:** Schwert, Mantel, Bibel, Gotteslob

- **Hinführung:**

Der heilige Martin von Tours gilt als Patron Europas. Er verkörpert beide männlichen Anteile – den kämpferischen und den zärtlichen – auf eindrucksvolle Weise: Er ist als Soldat zum Kämpfen bereit und dann zeigt er große Solidarität gegenüber einem Bettler, mit dem er den kaiserlichen Militärmantel teilt. Der Gottesdienst hebt den voradventlichen Heiligen hervor, weil er uns Männern heute noch sehr viel zu sagen hat. Die Tauferinnerung verbindet uns mit allen Christen, so auch mit dem heiligen Martin, der zu einem glaubwürdigen Zeugen christlicher Diakonie wurde. Sie ist ein einfaches Ritual, das am Schluss des Gottesdienstes eingesetzt werden kann.

- **Begrüßung und Kreuzzeichen**

- **Lied:** Herr, du bist mein Leben (Gotteslob 456)

- **Kyrie** (Gotteslob 137)

Großer Gott, wir beten zu dir:
Herr, wir nützen unsere Kraft oft zum Zerstören.
Herr, oft fehlt uns die Großherzigkeit zum Teilen.
Herr, du bist unsere Freude und Liebe in Fülle.

- **Halleluja** (Gotteslob 724, 6), **Perikope:** Mt 25, 31–46

- **Predigtgedanken**

Da lebt ein Mann vor 1600 Jahren und heute noch kennt ihn jedes Kind. Jeder weiß um diese voradventliche Lichtgestalt, die als Soldat einen Mantel geteilt hat, die als Bischof von Tours Geschichte geschrieben hat. Martin hat getan, was Matthäus in seinem Gleichnis vom Gericht des Menschensohnes in seiner Herrlichkeit angekündigt hat. Eigentlich bedürfen seine Worte keiner großen Auslegung, oder doch?

Matthäus weiß, dass wir Christus nur im Bruder finden. Im leidenden Menschen vor mir, gibt sich Jesus zu erkennen. Das ist ein gewaltiger, ethischer Auftrag, Martin ist ihm nachgekommen. Er, der Krieger, nach dem Kriegsgott Mars benannt, schützt den Schwachen mit seinem Schwert. Das ist ein sehr freundlicher Umgang mit einem Kriegsgerät – oder ist auch dies nur eine Sache der Auslegung?

Martin ist der Prüfstein und der gelebte Ernstfall der christlichen Solidarität, der Diakonie oder Caritas, wie sie auch genannt wird. Was hat das mit uns Männern von heute zu tun? Wir kennen wenig Bettler und die meisten sind ja ohnedies

Anhänger irgendwelcher organisierten Banden aus Rumänien und außerdem sind sie Alkoholiker – oder etwa nicht? Arme gibt es immer unter uns: Egal, ob es sich um Trauernde, Einsame, Verzweifelte, um Verwirrte, Unglückliche, Ratlose oder Unwissende handelt.

Wie geht es euch, wenn ihr an den heiligen Martin denkt? Mir wird warm ums Herz und ich bewundere seinen Mut. Er hat nämlich eine saftige Rüge – immerhin drei Tage Arrest – für den geteilten Mantel eingeholt, weil er sich am kaiserlichen Eigentum vergriffen hat. Er war ein guter Soldat und wurde sehr schnell zum Offizier bestellt. Drei Jahre hat er sich auf die Taufe vorbereitet. Erst nach Beendigung von 25 Jahren Dienstzeit wurde ihm als 40-Jähriger die Entlassung aus dem Heeresdienst ermöglicht. Man sagt von ihm, dass er später sehr umsichtig und klug als Bischof gewirkt hat. Er hat viele Pfarreien gegründet.

Ein Schwert und ein Mantel, das habe ich heute mitgebracht. Wenn wir unsere kriegerischen Instinkte mit großer Leidenschaft für das Leben einsetzen, wird viel Liebe frei. Martin ist klug, denn er gibt nicht den ganzen Mantel, er sorgt auch ausreichend für sich und seine Bedürfnisse. Mit seinem kaiserlichen Stoff ummantelt er den Bettler. Und wir Männer? Wen ummanteln wir mit unserer Fürsorge, mit unserem Beschützerinstinkt? Unsere Nächsten sind zuallererst unsere Frauen und Kinder. Im Umgang mit ihnen bewährt sich unser Glaube. „Ich war krank und ihr habt mich besucht" (Mt 25, 36), sagt Jesus beim Weltgericht. Er identifiziert sich mit den Fremden, Leidenden, mit den Kranken und Hungernden. Die Armen werden wir immer bei uns haben, so gesehen geht uns die Arbeit nie aus.

### ■ Glaubensbekenntnis für Männer (in Zweierreihen)

Ich glaube an einen starken und überaus zärtlichen Gott,
den Vater, der uns Männer zu seinen Söhnen macht,
und den Sohn, der unser Bruder ist, in allem, was wir tun,
und den Heiligen Geist, der uns nie vergessen lässt, wer wir sind.
    Ich glaube an die Liebe, die den Tod vernichtet
      und ins Abseits stößt.
    Ich glaube an Gott, der meine Schwächen nutzt, damit
      ich Großes vollbringe in seinem Namen.
Ich glaube an meine Brüder, die das Brot mit mir teilen und den Wein,
die mit mir durch das Dunkel gehen – dem Licht entgegen.
Ich glaube an die wunderbare Zukunft, die wir jetzt schon spüren dürfen:
    Kein Hunger wird mehr sein,
      keine Träne, keine Mühsal.
      Wir werden vollendet in ihm.
Ich glaube an ihn, den Herrn, der uns aus dem Nichts ins Leben gerufen hat,
Ich glaube die Kirche, die ihn verkündet,
oft mehr schlecht als recht.
    Ich glaube und werde nicht müde, mich von ihm bestärken zu lassen.

Auf meinem Weg durch die Zeit,
bis zum letzten Ende, das ein glorreicher Anfang ist.
Amen.

■ **Freie Fürbitten** mit dem Liedruf: Meine Hoffnung und meine Freude
(Gotteslob 365)

■ **Tauferinnerung**

Gruppenleiter: Liebe Brüder! Das Wasser erinnert uns daran, dass wir alle in der Taufe von Gott erwählt sind. Der hl. Martin hat sich drei Jahre lang als Soldat auf die Taufe vorbereitet, um dann so viel Gutes als Christ und Verkündiger des Glaubens zu tun.

Die Männer gehen in einer Prozession zum Taufort und bekreuzigen sich mit dem Wasser.
Währenddessen wird das Lied „Ich bin getauft und Gott geweiht" *(Gotteslob 491)* oder das folgende gesungen:

■ **Tauflied**

|  | F | dm | B | C | F |
|---|---|---|---|---|---|
| Kir | - che, | das | Him - mel - reich ist | nicht mehr | fern. |
| fül | - len, | da | brauch ich al - le, | so auch | dich. |
| ru | - fen, | der | mit mir durch das | Dun - kel | geht. |
| El | - tern | und | je - dem, der mich | liebt und | mag! |

Melodie und Text: Christian Kuster, Klagenfurt

Gruppenleiter: Liebe Männer, ihr seid getauft auf Christi Tod und hineingenommen in sein Geheimnis der Auferstehung. So frage ich euch:
Seid ihr bereit, wie der hl. Martin, euer Schwert des Glaubens zum Schutz und zum Wohl der bedürftigen Menschen zu schwingen, so antwortet: Ich bin es.
A: Ich bin es.
Seid ihr bereit, euer Leben in den Dienst der Bedürftigen zu stellen und sie mit dem Mantel eurer Liebe zu bekleiden, so antwortet: Ich bin es.
A: Ich bin es.
Seid ihr bereit, euer Leben aus dem Wasser der Taufe zu gestalten, und es fruchtbar zu machen für ein starkes und zärtliches Leben im Dienst an den Schwächeren, so antwortet: Ich bin es.
A: Ich bin es.

Gruppenleiter: Lasset uns beten.
Gott, du Schöpfer des Lebens, du schenkst uns deine Nähe in sichtbaren Zeichen. Lass uns dieses Wasser ein Zeichen für das neue Leben in Christus sein, verbinde uns mit allen Getauften dieser Erde, allen voran dem heiligen Martin. Erneuere in uns die Fähigkeit zu kämpfen und zu lieben, darum bitten wir durch Christus, unseren Herrn. Amen.

Prozession zum Platz in der Kirche mit dem Lied: Wo die Güte und die Liebe wohnt, dort nur wohnt der Herr *(Gotteslob 442)*

■ **Vaterunser und Friedensgruß:** Gruppenleiter: Reicht einander die Hände zum Zeichen des Friedens und der Vergebung!

■ **Segensgebet**

Guter Gott, wir sind getauft auf deinen Namen, du lebst in uns und führst unser Schwert des Glaubens, der Hoffnung und der Liebe. Du führst unser Schwert, das ist dein Wort, das Wort des Lebens. Lass uns barmherzig sein in einer oft so gleichgültigen Welt. Darum bitten wir in der Kraft des Heiligen Geistes durch Christus, unseren Herrn. Amen.

# Literatur

Gotteslob. Katholisches Gebet und Gesangbuch (Katholische Bibelanstalt GmbH) Stuttgart 2013.

## Weiterführende Literatur

- Adam, Emmerich (Hrsg.), Männeralltag. Anregungen aus der Bibel für Tief-stapler, Überflieger und Bodenständige, Marienheide 2011.
- Adam, Emmerich (Hrsg.), Männersache. Anregungen aus der Bibel für Machos, Softies und Normalos, Marienheide 2011.
- Biddulph, Steve, Männer auf der Suche. Sieben Schritte zur Befreiung, München ⁴2003.
- Birnstein, Uwe, Väter in der Bibel. 20 Portraits für unsere Zeit, Freiburg i. Br. 2013.
- Bly, Robert, Der Eisenhans. Ein Buch über Männer, München ²2006.
- Ebert, Andreas, Moser, Gregor (Hrsg.), Männergebete, München 2015.
- Eldredge, John, Der ungezähmte Mann. Auf dem Weg zu einer neuen Männlichkeit, Gießen 2007.
- Fuchs, Guido (Hrsg.), Es muss nicht immer Messe sein. Andachten, Wort-Gottes-Feiern und kleine liturgische Formen, Regensburg 2014.
- Gahr, Matthias, Du schenkst mir Kraft – Männergebete, Münsterschwarzach 2016.
- Gerland, Manfred, Männlich glauben. Eine Herausforderung für den spirituellen Weg, Freiburg i. Br. 2014.
- Hecht, Anneliese (Hrsg.), Frauenwerkbuch Bibel. Bibelarbeiten, Gottesdienste, Rituale in Gruppe und Gemeinde, Stuttgart 2016.
- Hofer, Markus, Franz für Männer. Was uns der Mann aus Assisi zu sagen hat, Innsbruck-Wien 2001.
- Hofer, Markus, Männersache. Gedanken zum Mannsein, Innsbruck/Wien 2009.
- Hofer, Markus, Die zweite Halbzeit entscheidet. Strategien für Männer ab 40, Innsbruck/Wien 2011.
- Hofer, Markus, Glauben und das Leben genießen: Lebenskunst in der Bibel, Innsbruck 2017.

- Hofer, Markus, Männerspiritualität. Rituale-Modelle-Gottesdienste, Innsbruck/Wien 2005.
- Hofer, Markus (Hrsg.), Mannsein bewusst leben. Ein Intensivkurs für Männer (Werkmappe).
- Kugler, Tilman/Hochholzer, Martin (Hrsg.), Werkbuch Männerspiritualität. Impulse – Bausteine – Gottesdienste im Kirchenjahr, Freiburg i. Br. 2007.
- Kuster, Christian, Ankommen. Ein Adventskalender für Männer, Würzburg 2010.
- Kuster, Christian, Karriere wohin? Eine biblische Wegbestimmung für Männer, Paderborn 2010.
- Kuster, Christian, Mann, wo bist du? Ein Männerbuch mit biblischen Impulsen, Paderborn 2010.
- Kuster, Christian, Männersache Fastenzeit, Stuttgart 2018.
- Kuster, Christian, Mutausbrüche. Das christliche Abendland in Zeiten des Umbruchs, Paderborn 2017.
- Kuster, Christian, Verzögerte Zeit. Ein Adventskalender für Väter, Würzburg 2011.
- Lautenbacher, Benedikt/Ruffing, Andreas, Männer Gottes. 12 Porträts aus Bibel und Tradition. Ein Jahresbegleiter, München 2013.
- Modler, Peter, Für Wanderer und Krieger: Männergebete, Freiburg i. Br. 2004.
- Rohr, Richard, Die Männerbibel. Meditationen auf dem Weg zur Freiheit, München 2011.
- Rohr, Richard, Vom wilden zum weisen Mann, München 2006.
- Rohr, Richard, Reifes Leben. Eine spirituelle Reise, Freiburg i. Br. 2012.
- Rohr, Richard, Der wilde Mann. Geistliche Reden zur Männerbefreiung, München [19]1997.
- Rohr, Richard, Das wahre Selbst. Werden, wer wir wirklich sind, Freiburg i. Br. 2013.
- Rohr, Richard, Werde, der du wirklich bist, Freiburg i. Br. 2017.
- Rosowski, Martin/Ruffing, Andreas (Hrsg.), Kraft-Räum. Gedanken und Gebete für Männer, Kevelaer 2006.
- Sander, Ulrich (Hrsg.), Begleitet von guten Mächten. Segensworte für ein ganzes Leben, Freiburg i. Br. 2004.
- Sauter, Hanns, Seniorenwerkbuch Bibel. Bibelarbeiten, Gottesdienste, Rituale in Gruppe und Gemeinde, Stuttgart 2017.
- Troyer, Franz, Ihren Spuren folgen. Die Botschaft biblischer Gestalten für die Menschen von heute, Innsbruck 2013.
- Süfke, Björn, Männer.Erfindet.Euch.Neu. Was es heißt, ein Mann zu sein. München 2016.

# Bildnachweis

Seite 70    © mauritius images/Stockbroker RF
Seite 121   © Christian Kuster, Ev. Erlöserkirche Rosenheim
Seite 155   © Christian Kuster, Kreuzwegbild aus dem Bildzyklus „Stationen" der
            Künstlerin Petra Winterkamp (München), Ev. Erlöserkirche Rosen-
            heim
Seite 164   © Christian Kuster
Seite 193   © Christian Kuster

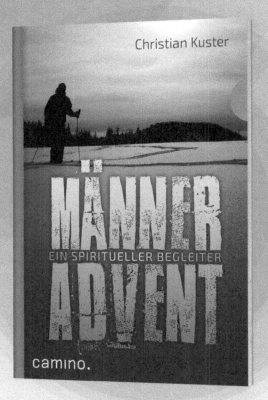